„… damit sie Jesus Christus erkennen“

„… damit sie Jesus Christus erkennen“

Die neue Karfreitagsfürbitte für die Juden

Herausgegeben von Walter Homolka und Erich Zenger

HERDER

FREIBURG · BASEL · WIEN

www.herder.de
Umschlaggestaltung: Finken&Bumiller, Stuttgart
Satz: dtp studio mainz, Jörg Eckart
Herstellung: fgb · freiburger graphische betriebe
www.fgb.de
Gedruckt auf umweltfreundlichem, chlorfrei gebleichtem Papier
Printed in Germany

ISBN 978-3-451-29964-3

Inhalt

Vorwort der Herausgeber 8

Dokumentation

„Neue Belastung der christlich-jüdischen Beziehungen“. Stellungnahme des Gesprächskreises „Juden und Christen“ beim Zentralkomitee der deutschen Katholiken (ZdK) zur Karfreitagsfürbitte „Für die Juden“ in der Fassung für den außerordentlichen Ritus von 2008. 10

Die Entwicklung der Karfreitagsfürbitte für die Juden 1570–2008 15

Verlautbarung des Vatikanischen Staatssekretariats zur neuen Karfreitagsfrübitte vom 4. April 2008 21

Jüdische Stellungnahmen

Rabbiner Henry G. Brandt, Zu leicht befunden 24

Micha Brumlik, Zur Rationalität der erneuerten, lateinischen Karfreitagsliturgie 28

Günther B. Ginzel, Vorwärts, wir gehen zurück 36

Rabbiner Walter Homolka, Respekt braucht Anerkennung. Katholische Kirche und Judentum entzweien sich über den Anspruch, dass Jesus der Heilbringer für alle Menschen sei 47

Nathan Kalmanowicz, Ohne Verantwortung und Feingefühl 66

Rabbiner Jonah Sievers, Sind wir alle nur Mimosen? . . 74

Rabbiner Michael A. Signer, Wenn ein Gebet kein Segen ist 78

Katholische Stellungnahmen

Johannes Brosseder, Die Juden in der christlichen Karfreitagsfürbitte 91

Elias H. Füllenbach, Die Stellungnahme Kardinal Kaspers zur neuen Karfreitagsfürbitte. 106

Albert Gerhards, Die Fürbitte für die Juden in ihrem liturgischen Kontext 115

Hanspeter Heinz, So darf die Kirche nicht beten! 126

Hans Hermann Henrix, Bewahrung jüdischer Treue zum Bund und Liebe zum göttlichen Namen. Zum kirchlichen „Hauptgebet" und zur Karfreitagsfürbitte 2008 134

John T. Pawlikowski, Wir müssen die Stagnation im katholisch-jüdischen Verhältnis überwinden! 149

Heinz-Günther Schöttler, Von Heilswegen und Holzwegen – Die Karfreitagsfürbitten für die Juden und ihre Theologien 159

Knut Wenzel, Christlicher Heilsuniversalismus und jüdisches Gotteszeugnis. Überlegungen zu ihrem Verhältnis aus Anlass der revidierten Karfreitagsfürbitte 176

Josef Wohlmuth, Die Karfreitagsfürbitte für die Juden als Indikator des Grundverhältnisses von Juden und Christen. 191

Erich Zenger, Das Nein heutiger Juden zu Jesus als ihrem Retter ernst nehmen. 205

Die Autoren 222

Vorwort

Am 7. Juli 2007 hat Benedikt XVI. den Messritus von 1570 als außerordentliche Form der Liturgie wieder zugelassen. Daraufhin erhob sich internationale Kritik an der Fürbitte „Für die Juden" in der tridentinischen Karfreitagsliturgie.

Viele hofften, der Papst werde für den außerordentlichen Ritus die dem Zweiten Vatikanum entsprechende Fürbitte des ordentlichen Ritus von 1970 übernehmen. Doch er entschied sich für eine Neufassung, die von jüdischer Seite als Geringschätzung ihrer Religion beurteilt wurde. Seit ihrer Veröffentlichung am 4. Februar 2008 löste sie empörte jüdische Reaktionen.

Auch katholische Stimmen wandten sich gegen die Formulierung, die auszudrücken scheint, dass Juden nur durch Jesus Christus zum Heil gelangen könnten. Nicht wenige halten die Formulierung Benedikts XVI. für einen Rückschritt hinter das Zweite Vatikanum und eine Schädigung des katholisch-jüdischen Dialogs. Doch gibt es auch Positionen, die den Vorgang anders beurteilen und die neue Fassung der Karfreitagsfürbitte sogar positiv lesen.

Die am 4. April 2008 veröffentlichte Stellungnahme des Vatikanischen Staatssekretariats wird die Debatte nicht beenden können. Zwar drückt sie den Respekt der katholischen Kirche gegenüber dem jüdischen Volk aus und verurteilt jeden Antisemitismus. Aber die eigentlichen Probleme bleiben ohne Antwort. Gerade deshalb hoffen wir, mit diesem Buch einen Beitrag zur Fortsetzung des katholisch-jüdischen Gesprächs zu leisten.

Rabbiner Prof. Walter Homolka — Prof. Erich Zenger

Dokumentation

Neue Belastung der christlich-jüdischen Beziehungen

Stellungnahme des Gesprächskreises „Juden und Christen" beim Zentralkomitee der deutschen Katholiken (ZdK) zur Karfreitagsfürbitte „Für die Juden" in der Fassung für den außerordentlichen Ritus von 2008

Nach seiner Erklärung zur erweiterten Zulassung des Tridentinischen Ritus vom April 2007 hat der Gesprächskreis in seiner Februarsitzung 2008 die verschiedenen Fassungen der Karfreitagsfürbitte erneut beraten und dazu folgende Stellungnahme verabschiedet:

Die von Papst Benedikt XVI. am 4. Februar 2008 promulgierte Karfreitagsfürbitte „Für die Juden" in der Fassung für den außerordentlichen Ritus hat internationale Proteste von Juden und Christen ausgelöst. Sie trifft jenen Nerv, der für Juden, gleich welcher religiösen Richtung, an ein historisches Trauma rührt: Bekehrung zum Glauben an Jesus Christus! Denn das Gebet für die Juden hatte seit dem Mittelalter am Karfreitag zu harten Demütigungen und gefährlichen Ausschreitungen gegen die „perfiden" und „verblendeten" Juden geführt. Dieses Vokabular traditioneller Judenfeindschaft kommt in der neuen Fürbitte zwar nicht vor, aber die dort formulierte Hoffnung auf die Erleuchtung der Herzen der Juden und ihre Erkenntnis Jesu Christi hat alte jüdische Ängste wieder wachgerufen.

Der von Papst Benedikt autorisierte neue Text lautet in deutscher Übersetzung:

„Lasst uns auch beten für die Juden. Dass unser Gott und Herr ihre Herzen erleuchte, damit sie Jesus Christus erkennen, den Heiland aller Menschen.
(Beuget die Knie. – Stille – Erhebet Euch.)
Allmächtiger ewiger Gott, der du willst, dass alle Menschen gerettet werden und zur Erkenntnis der Wahrheit gelangen [vgl. 1 Tim 2,4], gewähre gnädig, dass beim Eintritt der Fülle aller Völker in deine Kirche ganz Israel gerettet wird [vgl. Röm 11,25f]. Darum bitten wir durch Christus, unseren Herrn."

Irritierende Fragen sind durch diese Fürbitte aufgeworfen worden. Wenn im Tridentinischen Ritus von 1570 (zuletzt im Römischen Messbuch von 1962) von Verblendung und Finsternissen die Rede war, jetzt aber um Erleuchtung gebetet wird, meldet sich die Frage, ob dies nicht lediglich eine freundlicher klingende Formulierung derselben Sache ist. Wenn die Juden zur Erkenntnis und damit Anerkenntnis Jesu Christi als Erlöser aller Menschen gelangen sollen, müssen sie sich dann zum Glauben an ihn bekehren – sei es im Laufe der Geschichte oder erst an deren Ende? Oder werden sie den Erlöser der Welt *schauen*, wenn die Geschichte, die Zeit des *Glaubens*, zu Ende ist? Ist das Ja der Juden zu Jesus Christus – wann und wie auch immer sie es geben – Bedingung für ihr Heil? Oder gibt es zwei Heilswege: für die Völker mit dem Eintritt in die Kirche, während es für Israel ein Weg zum Heil ohne Kirche ist? Bleibt es beim Gott anheim gegebenen Hoffen und Beten der Kirche für die Rettung ganz Israels, oder soll und muss die Kirche durch die Evangelisierung – gewiss ohne jede Nötigung und ohne jeden Zwang – die Juden zum Glauben an Jesus Christus und das Evangelium einladen?

Solche Fragen und Ängste hat die von Papst Paul VI. im Sinne des Konzils erneuerte Karfreitagsliturgie nicht geweckt. Im Römischen Messbuch von 1970 lautet die Fürbitte in der Übersetzung der authentischen Ausgabe für die deutschsprachigen Bistümer:

„Lasst uns auch beten für die Juden, zu denen Gott, unser Herr, zuerst gesprochen hat: Er bewahre sie in der Treue zu seinem Bund und in der Liebe zu seinem Namen, damit sie das Ziel erreichen, zu dem sein Ratschluss sie führen will.
(Beuget die Knie. – Stille – Erhebet euch.)
Allmächtiger, ewiger Gott, du hast Abraham und seinen Kindern deine Verheißung gegeben. Erhöre das Gebet deiner Kirche für das Volk, das du als erstes zu deinem Eigentum erwählt hast: Gib, dass es zur Fülle der Erlösung gelangt. Darum bitten wir durch Christus, unseren Herrn."

Der Unterschied dieses Gebets zur neu formulierten Bitte ist augenfällig: Zum einen äußert die Kirche im Gebet von 1970, das im ordentlichen Ritus fast überall in der römisch-katholischen Kirche gebetet wird, unmissverständlich ihre Wertschätzung für die Würde Israels, Gottes erwähltem Volk, dem Gott – gemäß der Erklärung des Zweiten Vatikanischen Konzils „Nostra aetate", 4 – die Verheißungen und den Bund geschenkt hat, den er nie gekündigt hat noch je kündigen wird (vgl. Röm 9,4 und 11,29). Zum anderen bekennt die Kirche, dass die Juden in der Treue zu Gottes Bund und in der Liebe zu seinem Namen leben, also bereits auf dem Weg des Heils sind. Sie bittet darum, dass Gott sie auf diesem Weg zum Ziel, zur Vollendung führt. Vom Bekenntnis der Juden zu Jesus Christus als Bedingung für das Heil spricht die Kirche hier nicht, weil sie darauf vertraut, dass die Treue zu ihrem Gottesbund die Juden zum Heil führen wird. Diese Überzeugung hat auch unser Gesprächskreis in seiner Erklärung „Juden und Christen in Deutschland" vom 13. April 2005 klar formuliert: „Jesus Christus ist nach christlichem Bekenntnis das ‚Ja und Amen' (2Kor 1,20) der unwiderruflichen Treue Gottes zu Israel und der ganzen Welt. Dennoch gibt es – um der Treue desselben Gottes willen – ein Heil für Israel ohne Glauben an Jesus Christus."

Der Vergleich der beiden Gebete macht überdeutlich, dass die Fürbitte von Papst Benedikt XVI. ein Rückschritt hinter die Fürbitte von Papst Paul VI. ist und hinter die wegweisenden Worte und Gesten von Papst Johannes Paul II. zurückgeht. Wir sind enttäuscht und bestürzt, dass Papst Benedikt nicht die Formulierung der „ordentlichen Form" des Messbuchs von 1970 unverändert auch für die „außerordentliche Form" des Ritus übernommen hat. Im Motu proprio vom Juli 2007, das den erweiterten Gebrauch des Tridentinischen Ritus erlaubt, heißt es zwar, der nachkonziliare Ritus von 1970 sei die Regel, während der zum allgemeinen Gebrauch frei gegebene Ritus von 1962 nur die Ausnahme sei. Aber es wird dort auch betont, dass beide Formen des Ritus authentisch den Glauben der Kirche bezeugen (lex orandi - lex credendi). Die Zulassung der beiden Formen wiegt besonders schwer bei einem historisch so belasteten Thema wie der Karfreitagsfürbitte für die Juden. Die sich in zwei unterschiedlichen Formen äußernde Uneindeutigkeit des Betens irritiert die Gläubigen in der Kirche und beschädigt das gewachsene Vertrauen zwischen Katholiken und Juden schwer.

Es wurde auch als unnötige Beschädigung dieses Vertrauens und als Ärgernis empfunden, dass Papst Benedikt, so weit bekannt ist, weder vor Veröffentlichung seines Motu proprio im vorigen Jahr noch vor der Promulgation der neuen Karfreitagsfürbitte jüdische Dialogpartner zu Rate gezogen hat, um sich zu vergewissern, ob sein Vorhaben deren religiöse Gefühle verletzt. Zahlreiche briefliche und öffentliche Stellungnahmen - etwa die Erklärung unseres Gesprächskreises vom April 2007 - haben die Brisanz des Vorhabens unmissverständlich deutlich gemacht. Umso weniger verständlich ist es, dass trotzdem die neue Karfreitagsfürbitte für die Juden kommentarlos in Kraft gesetzt wurde und die zu erwartenden heftigen Reaktionen in Kauf genommen wurden. So war die nachfolgende Erklärung von Kardinal Kasper wenig überzeugend, die Aufregung beruhe auf Missverständnissen, weil der Text doch nur die endzeitliche Hoffnung der Kirche ausdrücke.

Wir hoffen darauf und bitten Papst Benedikt darum, dass er seine Entscheidung revidiert und für den gesamten Römischen Ritus nur die Karfreitagsfürbitte von 1970 zulässt.

Bonn, den 29. Februar 2008

Im Namen des Gesprächskreises „Juden und Christen"
beim ZdK

Prof. em. Dr. Hanspeter Heinz
Landesrabbiner em. Dr. h.c. Henry G. Brandt

Die Entwicklung der Karfreitagsfürbitte für die Juden 1570–2008*

Die Fürbitte im Missale Romanum von 1570

Oremus et pro perfidis Judaeis: ut Deus et Dominus noster auferat velamen de cordibus eorum; ut et ipsi agnoscant Jesum Christum, Dominum nostrum.	Lasset uns auch beten für die treulosen Juden, daß Gott, unser Herr, wegnehme den Schleier von ihren Herzen, auf daß auch sie erkennen unsern Herrn Jesus Christus.
Non respondetur Amen, nec dicitur Oremus, aut Flectamus genua, aut Levate, sed statim dicitur:	Hier unterläßt der Diakon die Aufforderung zur Kniebeuge, um nicht das Andenken an die Schmach zu erneuern, mit welcher die Juden durch Kniebeugungen um diese Stunde den Heiland verhöhnten.
Omnipotens sempiterne Deus, qui etiam judaicam perfidiam a tua misericordia non repellis: exaudi preces nostras, quas pro illius populi obcaecatione deferimus; ut, agnita veritatis tuae luce, quae Christus est, a suis tenebris eruantur. Per eundem Dominum. R.: Amen	Allmächtiger, ewiger Gott, der du sogar die treulosen Juden von deiner Erbarmung nicht ausschliessest, erhöre unser Flehen, das wir ob jenes Volkes Verblendung dir darbringen: auf daß es das Licht deiner Wahrheit, welche Christus ist, erkenne und seinen Finsternissen entrissen werde. Durch denselben.
Wortlaut in: Missale Romanum. Ex decreto Ss. Concilii Tridentini restitutum S. Pii V Pont. max. jussu editum, editio vigesima juxta typicam vaticanam, Regensburg 1937, 174f.	Wortlaut in: Das Messbuch der hl. Kirche lateinisch und deutsch mit liturgischen Erklärungen für die Laien bearbeitet von Anselm Schott, Freiburg i. Br. [18]1913, 281f.

* Bearbeitet von Albert Gerhards.

Erklärung der Ritenkongregation vom 10. Juni 1948

„Es wurde die Frage aufgeworfen, welche die genaue Bedeutung dieses lateinischen Ausdruckes sei, vor allem deshalb, weil diese Worte in verschiedenen Übersetzungen in moderne Sprachen zum Gebrauch der Gläubigen durch Ausdrücke wiedergegeben wurden, die für dieses Volk [= das jüdische Volk] verletzend schienen. Auf diese Anfrage hin sieht sich die Heilige Kongregation imstande, nur folgendes zu erklären: ‚Nicht zu tadeln bei Übersetzungen in moderne Sprachen sind die Bedeutungen Untreue, treulos in Glaubensdingen.'" (in: AAS 9 [1948] 342)

Reform durch das Dekret der Ritenkongregation „Maxima redemptionis nostrae mysteria" vom 16. November 1955

Zwei Änderungen: Einführung einer Überschrift; Einführung des Niederkniens, das bisher bei der Fürbitte für die Juden entfiel.

8. Pro conversione Iuadaeorum	**8. Für die Bekehrung der Juden**
Oremus et pro perfidis Iuadeis: ut Deus et Dominus noster auferat velamen de cordibus eorum; ut et ipsi agnoscant Iesum Christum, Dominum nostrum.	Lasset uns auch beten für die ungläubigen Juden, daß Gott, unser Herr, den Schleier von ihrem Herzen hinwegnehme, auf daß auch sie unsern Herrn Jesus Christus erkennen.
Oremus. V. Flectamus genua. R. Levate	P. Oremus. Diakon: Flectamus genua, Stilles Gebet. Diakon: Levate
Omnipotens sempiterne Deus, qui etiam iudaicam perfidiam a tua misericordia non repellis: exaudi preces nostras, quas pro illius populi obcaecatione deferimus; ut, agnita veritatis tuae luce, quae Christus est, a suis tenebris eruantur. Per eundem Dominum nostrum. Omnes: R. Amen.	Allmächtiger, ewiger Gott, du schließest sogar die ungläubigen Juden von deiner Erbarmung nicht aus. Erhöre unsere Bitten, die wir ob der Verblendung jenes Volkes vor dich bringen, damit sie das Licht deiner Wahrheit, welches Christus ist, erkennen und ihrer Finsternis entrissen werden. Durch ihn.
Wortlaut in: Ordo hebdomadae sanctae instauratus, editio iuxta typicam vaticanam, Regensburg 1956, 96.	Wortlaut in: Texte zur wiederhergestellten Liturgie der heiligen Karwoche, M.-Gladbach 1956, 29.

Änderung durch die Entscheidung der Ritenkongregation vom 19. Mai 1959

Streichung der Worte „perfidis" und „iudaicam perfidiam", Einfügung des Wortes „Iudaeos" zwischen „qui" und „etiam". Diese Fassung wurde in die Missale-Ausgabe von 1962 übernommen.

8. Pro conversione Iuadaeorum	**8. Für die Bekehrung der Juden**
Oremus et pro Iuadeis: ut Deus et Dominus noster auferat velamen de cordibus eorum; ut et ipsi agnoscant Iesum Christum, Dominum nostrum.	Lasset uns auch beten für die Juden: Gott, unser Herr, möge den Schleier von ihrem Herzen wegnehmen, auf dass auch sie unsern Herrn Jesus Christus erkennen.
Oremus. V. Flectamus genua. R. Levate	Lasset uns beten. Beuget die Knie! Erhebet euch.
Omnipotens sempiterne Deus, qui Iudaeos etiam a tua misericordia non repellis: exaudi preces nostras, quas pro illius populi obcaecatione deferimus; ut, agnita veritatis tuae luce, quae Christus est, a suis tenebris eruantur. Per eundem Dominum nostrum. Omnes: R. Amen.	Allmächtiger ewiger Gott, Du schließest auch die Juden von Deiner Erbarmung nicht aus; erhöre unsre Gebete, die wir ob der Verblendung jenes Volkes vor Dich bringen: mögen sie das Licht Deiner Wahrheit, das Christus ist, erkennen und ihrer Finsternis entrissen werden. Durch Ihn, unsern Herrn.

Wortlaut in: Missale Romanum, Editio typica, Vatikan 1962, 173f.

Änderungen durch Dekret der Ritenkongregation vom 7. März 1965

Weitreichende Veränderungen des Textes.

8. Pro Iudaeis	**8. Für die Juden**
Oremus et pro Iudaeis: ut Deus et Dominus noster faciem suam super eos illuminare dignetur; ut et ipsi agnoscant omnium Redemptorem, Iesum Christum Dominum nostrum.	Lasset uns auch beten für die Juden. Unser Gott und Herr lasse über sie leuchten sein Angesicht, damit auch sie erkennen den Erlöser aller Menschen, unsern Herrn Jesus Christus.
Oremus. Flectamus genua. Levate	Lasset uns beten. Beuget die Knie. – Erhebet euch.
Omnipotens sempiterne Deus, qui promissiones tuas Abrahae et semini eius contulisti: Ecclesiae tuae preces clementer exaudi; ut populus acquisitionis antiquae ad Redemptionis mereatur plenitudinem pervenire. Per Dominum nostrum. Omnes: R. Amen.	Allmächtiger ewiger Gott, dem Abraham und seiner Nachkommenschaft hast du deine Verheißungen gegeben; erhöre in Güte die Bitten deiner Kirche; und jenes Volk, das du in alter Zeit angenommen als eigen, laß gelangen zur Fülle des Heils: Durch unsern Herrn. Omnes: R. Amen.

Wortlaut in: Lateinisch-deutsches Altarmessbuch. Band II: Vom zweiten Passionssonntag bis zum Samstag nach Pfingsten. Ausgabe für den liturgischen Gebrauch, Einsiedeln und Köln/Freiburg–Basel–Wien 1965, 40f.

Fassung des Missale Romanum vom 26. März 1970

Der lateinische Text mit deutscher Übersetzung sowie die seit dem 1. Fastensonntag 1976 für das deutsche Sprachgebiet verpflichtenden Fassung:

VI. Pro Iudaeis	**VI. Für die Juden**	**6. Für die Juden**
Oremus et pro Iudaeis, ut, ad quos prius locutus est Dominus Deus noster, eis tribuat in sui nominis amore et in sui foederis fidelitate proficere.	Lasset uns auch beten für die Juden, damit der Herr, unser Gott, ihnen, zu denen er zuerst gesprochen hat, schenke, in der Liebe zu seinem Namen und in der Treue zu seinem Bund voranzuschreiten.	Laßt uns auch beten für die Juden, zu denen Gott, unser Herr, zuerst gesprochen hat: Er bewahre sie in der Treue zu seinem Bund und in der Liebe zu seinem Namen, damit sie das Ziel erreichen, zu dem sein Ratschluß sie führen will.
Oratio in silentio.	*Gebet in der Stille.*	(Beuget die Knie. – Stille – Erhebet euch.)
Omnipotens sempiterne Deus, qui promissiones tuas Abrahae eiusque semini contulisti, Ecclesiae tuae preces clementer exaudi, ut populus acquisitionis prioris ad redemptionis mereatur plenitudinem pervenire. Per Christum Dominum nostrum. Amen.	Allmächtiger, ewiger Gott, der du Abraham und seinen Nachkommen deine Verheißungen gegeben hast: Erhöre gnädig die Bitten deiner Kirche, damit das Volk der ersten Erwerbung es erreiche, zur Fülle der Erlösung zu gelangen. Darum bitten wir durch Christus, unseren Herrn. Amen.	Allmächtiger, ewiger Gott, du hast Abraham und seinen Kindern deine Verheißung gegeben. Erhöre das Gebet deiner Kirche für das Volk, das du als erstes zu deinem Eigentum erwählt hast: Gib, daß es zur Fülle der Erlösung gelangt. Darum bitten wir durch Christus, unseren Herrn.

Wortlaut in: Missale Romanum. Ex decreto Sacrosancti Oecumenici Concilii Vaticani II instauratum auctoritate Pauli Pp. VI promulgatum, editio typica, Vatikan 1970, 254.	Übersetzung von Heinz-Günther Schöttler	Wortlaut in: Die Feier der Heiligen Messe. Messbuch für die Bistümer des deutschen Sprachgebietes. Authentische Ausgabe für den liturgischen Gebrauch, Teil I, Freiburg 1975, 48.

Neufassung der Fürbitte für den „älteren Usus" durch Benedikt XVI. vom 6. Februar 2008

Pro Iudaeis	**Für die Juden**
Oremus et pro Iudaeis Ut Deus et Dominus noster illuminet corda eorum, ut agnoscant Iesum Christum salvatorem omnium hominum.	Lasst uns beten auch für die Juden, dass Gott, unser Herr, ihre Herzen erleuchte, damit sie Jesus Christus als den Heiland aller Menschen erkennen.
Oremus. Flectamus genua. Levate.	Lasset uns beten. Beuget die Knie. Erhebet euch.
Omnipotens sempiterne Deus, qui vis ut omnes homines salvi fiant et ad agnitionem veritatis veniant, concede propitius, ut plenitudine gentium in Ecclesiam Tuam intrante omnis Israel salvus fiat. Per Christum Dominum nostrum. Amen.	Allmächtiger ewiger Gott, der Du willst, dass alle Menschen gerettet werden und zur Erkenntnis der Wahrheit gelangen. Gewähre gnädig, dass, indem die Heidenvölker in Deine Kirche eintreten, ganz Israel gerettet werde. Durch Christus unseren Herrn. Amen

Wortlaut in: Radio Vatican Newsletter 5. 2. 2008; Übersetzung: Josef Wohlmuth

Verlautbarung des Vatikanischen Staatssekretariats zur neuen Karfreitagsfürbitte vom 4. April 2008*

Nach der Veröffentlichung des neuen Gebets für die Juden „Oremus et pro Iudaeis“ für das Missale Romanum von 1962 haben Teile der Jüdischen Gemeinschaft ihre Enttäuschung zum Ausdruck gebracht, dass es mit den offiziellen Aussagen und Erklärungen des Heiligen Stuhls über das Jüdische Volk und seinen Glauben nicht in Einklang stünde, die die Entwicklung freundschaftlicher Beziehungen zwischen den Juden und der Katholischen Kirche seit vierzig Jahren geprägt haben.

Der Heilige Stuhl möchte versichern, dass die neue Formulierung des Gebets, die einige Aussagen des Missale von 1962 modifiziert, nichts an dem Respekt der Katholischen Kirche gegenüber den Juden zu ändern beabsichtigt, der sich auf der Grundlage des Zweiten Vatikanischen Konzils entwickelt hat, speziell der Erklärung „Nostra aetate“. Papst Benedikt XVI. hat am 15. September 2005 in einer Audienz für die Oberrabbiner Israels sogar festgestellt, dass dieses Dokument „sich als Meilenstein auf dem Weg zur Versöhnung von Christen mit dem Jüdischen Volk erwiesen habe“. Dass das Gebet im Missale von 1970 im vollen Gebrauch bleibt und die ordentliche Form katholischen Betens ist, zeigt, dass die Position von „Nostra aetate“ nach wie vor Gültigkeit hat.

Im Kontext anderer Konzilsaussagen – über die Heilige Schrift (Dei Verbum, 14) und über die Kirche (Lumen Genti-

* Übersetzung: Rabbiner Prof. Walter Homolka und Prof. Albert Gerhards.

um, 16) – legt „Nostra aetate“ die grundlegenden Prinzipien dar, die bis heute die Bande der Wertschätzung, des Dialogs, der Liebe, Solidarität und Zusammenarbeit aufrechterhalten haben. Gerade im Blick auf das Mysterium der Kirche ruft „Nostra aetate“ das einzigartige Band in Erinnerung, dass das Volk des Neuen Testaments mit dem Stamm Abrahams geistig verbindet, weist jede geringschätzige oder diskriminierende Gesinnung gegen Juden zurück und distanziert sich klar von jeder Form des Antisemitismus.

Der Heilige Stuhl hofft, dass diese Erläuterungen dazu beitragen, jedes Missverständnis zu klären. Er bekräftigt das unerschütterliche Verlangen, dass gegenseitiges Verständnis und wachsende Hochachtung zwischen Juden und Christen greifbare Fortschritte machen und sich weiter entwickeln werden.

Stellungnahmen

Zu leicht befunden

von Landesrabbiner em. Henry G. Brandt

Die Kontroverse um die Formulierung der Karfreitagsfürbitte für die Juden in der außerordentlichen lateinischen Messe der Katholischen Kirche gibt Anlass zu Enttäuschung, Frustration und Zorn. So berechtigt die Frage von Prof. Signer ist, wieso man hier überhaupt eine neue Fürbitte schreiben musste, ist diese nun einmal ein Tatbestand, ein Teil unserer Realität, mit dem wir uns auseinanderzusetzen haben. Nicht, dass hier eine Kehrtwende des Vatikans in Hinsicht auf seine Theologie des Judentums klar erkennbar wäre; man beobachtet vielmehr, zumindest vordergründig, einen unmöglichen Spagat zwischen zwei sich anscheinend widersprechenden Positionen. Gelehrte Theologen können versuchen, die neue lateinische Version hermeneutisch im Sinne des Textes von 1970 zu deuten, doch wird dies an der allgemeinen Rezeption bei den normalen Betern wenig bewirken. Sie werden die neue Formulierung nach normalem Sprachgebrauch verstehen. Als Jude sehe ich das genau so und die Alarmglocken schrillen!

Würde die katholische Kirche in einem vom Rest der Gesellschaft hermetisch abgesonderten Raum agieren, könnte man diese Problematik interessiert, neugierig, auch teilnahmslos, wie ein wissenschaftliches, vielleicht exotisches Experiment, beobachten. – Doch sie ist eine bedeutende, weltweit verbreitete und einflussreiche Glaubensgemeinschaft und ihr Tun und Lassen hat oft weitreichende Auswirkungen. Angesichts der sich fast zwei Jahrtausende erstreckenden unheilvollen Beziehungen der Kirche mit dem

Judentum und im Lichte der wohl dokumentierten furchtbaren Auswirkungen derer Lehren, Verlautbarungen und Gebete in diesem Bereich bedarf es hier keiner weiteren Beweisführung, dies zu belegen.

In Folge dessen ist es verständlich, wenn all die vielen Menschen, Juden wie Christen, die sich in den letzten Jahrzehnten – nicht ohne Erfolge – um eine grundlegende Änderung des christlich-jüdischen Verhältnisses bemüht haben, enttäuscht und verletzt reagieren. Hatten doch die Schriften des Zweiten Vatikanischen Konzils, das Wirken von Papst Johannes Paul II., wie auch die durch sie geschaffene Stimmung, Anlass zur Hoffnung gegeben, dass sich die katholische Kirche ein für allemal von ihrer Judenverachtung lossagen werde, nachdem sie sich der Früchte ihrer bisherigen Einstellung bewusst geworden war. War man sich der Gefahr nicht bewusst, dass dieser neue Text – wenn in seiner vorsichtigeren Formulierung auch nicht so drastisch wie seine früheren Vorgänger – den Verdacht schüren würde, der Leopard könne seine Flecken einfach nicht ändern [Jer 13,29]?

Die feineren theologischen und textuellen Betrachtungen seien Berufeneren überlassen. Katholische Kollegen werden analysieren, in wie weit diese Kontroverse eine innerkirchliche Begründung hat und eigentlich nur indirekt oder sogar unbeabsichtigt jüdische Belange tangiert. Der jüdische Betrachter sieht sich einfach einer realen Situation gegenüber gestellt und diese verlangt von ihm Einspruch und den Wunsch nach Klarstellungen im Sinne des Fürbittentextes von 1970.

Ich unterstelle dem Papst keine bösen Absichten und akzeptiere seine Versicherungen, des öfteren ausgesprochen, dass er im Sinne des zweiten Vatikanischen Konzils und seines Vorgängers wirken will; auch hinsichtlich der erneuerten Beziehungen zum Judentum. Deshalb verstehe man die überraschte Verwirrung und das weitverbreitete Unverständnis, welches sein Handeln in Sache der Karfreitagsfürbitte für die Juden ausgelöst hat. Lehrten doch jüdische Rabbiner schon vor fast 2000 Jahren: Oh, Weise, seid vorsichtig mit euren Worten.

Als Jude konnte ich den Text der Fürbitte von 1970, der Respekt für den jüdischen Glauben und sein Bibelverständnis zum Ausdruck bringt, nur begrüßen. Mit ihm können Juden und Christen gut leben. Die neue lateinische Version – auch in ihrer „milden“ Form und auch wenn eschatologisch interpretiert – ist für mich in keiner Weise und Form annehmbar. Auch wenn man nicht die Absicht hegt, daraus einen Auftrag Juden zu missionieren abzuleiten, wird sie trotzdem weitgehend so verstanden werden; und wenn nicht, eine Geringerschätzung des jüdischen Selbstverständnisses enthalten die Worte allemal! Sonst bräuchten die Juden keine besondere „Erleuchtung“!

Aus jüdischer Sicht ist es unsere felsenfeste Überzeugung, dass Gottes Berufung, Verheißung, Aufgabenstellung und seine Treue unverbrüchlich und unabänderlich ihre Gültigkeit haben. Nichts ist so verlässlich wie seine Gnade und seine Treue. Wir wissen aber auch, dass wir die ultimative und perfekte Wahrheit nicht besitzen und nie besitzen werden; dass wir immer nur Suchende und Fragende bleiben werden. Solange wir auf Erden weilen, sind wir zu jeder Zeit konfrontiert mit der Notwendigkeit, zu wählen zwischen Gut und Böse, dem Leben und dem Tod (Deuteronomium 30). Vorprogrammiert durch unser Menschsein sind Fehlentscheidungen und Irrtümer; jedoch besteht gleichermaßen immer die Möglichkeit der Korrektur, der Um- und Rückkehr und die Annahme in die grenzenlose Gnade Gottes – durch die Tore der „Teschuwah“. Das hier Ausgesprochene gilt aber nicht nur für uns Juden, es gilt gleichermaßen für alle Menschen, wo auch immer. Es ergibt sich daraus: Juden sehen die Kirche und ihre Würden- und Entscheidungsträger in einem anderen Licht als ihre Gläubigen. Auch hier kann es keinen Anspruch auf endgültige Wahrheiten geben und schon gar nicht ein Sprechen und Handeln an Stelle Gottes. Daraus folgt der Schluss, dass die Texte dieses oder jenes Gebetes der Kirche für den Juden eigentlich für sich selbst genommen keine Bedeutung haben, denn der Mensch kann ja seine Wünsche ruhig Gott anvertrauen, da die Antwort alleine ihm überlassen ist. Andererseits aber sind sie Ausdruck der Einstellung des Betenden und sie zeitigen Wirkung auf ihn selbst und auf sein Umfeld; sie haben gesellschaftsrelevante Auswirkungen und Folgen. Das geht uns an!

In diesem Kontext ist die Geringschätzung und Abwertung anderer Glaubensrichtungen unannehmbar, weil sie ihre menschliche Würde und Gefühle verletzt. Im schlimmsten Fall ist solch eine Haltung arrogant, überheblich, gefährlich und einladend zur Gewalt und Ausgrenzung. Wenn man schon um „Erleuchtung“ beten will, darf man sich selbst aus dieser Bitte nicht ausschließen, denn Erleuchtung tut uns allen Not. Da sitzen wir – Juden und Christen – in einem Boot.

Ein tröstlicher Gedanke soll meine kurzen Überlegungen zu diesem Thema abschließen: Die Tore der Umkehr bleiben – nach aufrichtiger und bescheidener Selbstkritik – immer offen!

Zu diesem Zeitpunkt und bei der momentanen, noch weitgehend unbereinigten Sachlage, sind auch die Zugänge zum interkonfessionellen Dialog nicht versperrt.

Zur Rationalität der erneuerten, lateinischen Karfreitagsliturgie

von Micha Brumlik

Mit dem Beitrag von Kardinal Kasper in der FAZ vom 20. März 2008, er ist in ganzer Länge im Beitrag von E. Füllenbach dokumentiert, hat sich die katholische Kirche in der Frage der erneuerten lateinischen Karfreitagsliturgie ehrlich gemacht. Jetzt ist offiziell bestätigt, was zuvor hinter einem Wust halbherziger Dementis, relativierender Kommentare und nebulöser Hinweise verborgen war: jetzt ist amtlich, dass die von Benedikt XVI. verfügte Liturgie tatsächlich die Juden zur Menschengruppe mit verfinstertem Herzen erklärt.

Der Kardinal hat es zudem gewagt, die nicht einmal besonders harschen Reaktionen von Rabbinern, hohen jüdischen Laien und Intellektuellen gönnerhaft als „weithin nicht rational, sondern emotional begründet“ zu bezeichnen und gleichwohl angefügt, dass dabei nicht Überempfindlichkeiten, sondern eine berechtigte Reaktion angesichts der Geschichte des christlichen Antijudaismus bis hin zum Holocaust am Werk sei.

Wer anderen einen Mangel an Rationalität vorhält, verpflichtet sich seinerseits, rational zu handeln und das heißt zunächst, für das eigene Handeln (in diesem Fall des Handeln der katholischen Kirche) nachvollziehbare und in der Sache überzeugende Gründe anzugeben.

Welches waren also – nach den gewiß bevollmächtigten Aussagen des Kardinals – die Gründe für Benedikt XVI., folgenden Text zu autorisieren: „Laßt uns auch beten für die Juden. Daß unser Gott und Herr ihre Herzen erleuchte, damit sie Jesus Christus erkennen, den Heiland der Menschen.“

Kasper nennt folgende Argumente:

1. Sei diese Bitte im Ganzen des Neuen Testaments begründet und spreche nur aus, „was schon bisher als selbstverständlich vorausgesetzt, aber offensichtlich nicht hinreichend thematisiert wurde."

2. Sei Die Bitte selbst kein Aufruf zur (aktiven) Judenmission, was aber noch keine Klärung in der theologischen Sache darstelle. Theologisch aber gelte mit dem Apostel Paulus:

3. „Gott hat aber den Großteil seines Volkes mit Ausnahme eines heiligen Rests wegen dessen Unglauben verstockt. Die Verstockung der Juden gereicht den Heiden zum Heil ... Wenn die Fülle der Heiden in das Heil eingeht, wird ganz Israel gerettet werden."

4. Das Eintreten aller Völker in die Kirche werde schlussendlich den Juden zum Heil gereichen und „für die Welt den eschatologischen Frieden" heraufführen.

5. Israel bleibe also deswegen – nach Paulus – Träger der Verheißung des Heils und des Segens, weil die Kirche durch Gottes Wille die Heiden zum christlichen Glauben bekehrt.

Diesen Argumenten lässt sich folgendes entgegnen:

Ad 1. Tatsächlich wurde durch das Zweite Vaticanum sowie die von Paul VI. neu formulierte, Juden nicht mehr als defizitär bezeichnende Karfreitagsbitte im normalen Ritus sowie vor allem durch die Aktivitäten vor Johannes Paul II. der begründete Anschein erweckt, als sei die Kirche auch von sublimierten Formen des Antijudaismus abgerückt. Dieses so wahrgenommen und verstanden zu haben, lag durchaus nahe, weshalb eine deutliche Reaktion auf eine enttäuschte, durch das Handeln von Kirche und Päpsten über Jahrzehnte anders gehandhabte Praxis keineswegs „irrational" ist. Irrational wäre es vielmehr gewesen, hätten Juden die Änderung umstandslos und achselzuckend akzeptiert: „So sind sie eben!" Schließlich kann überhaupt kein Zweifel daran bestehen, dass ohne die wesentlichen

Änderungen seit dem Zweiten Vaticanum der Dialog niemals so weit gediehen wäre, wie geschehen und z. B. in der Erklärung „Dabru Emet“ dokumentiert. Kaspers Bewertung jüdischer Reaktionen ist daher selbst irrational, weil sie den sachlichen Kern einer getäuschten Erwartung nicht wahr- und schon gar nicht ernst nimmt. Zudem dementiert die kürzlich erfolgte Erklärung des Vatikans, die erneuerte Fürbitte sei nicht gegen die Juden gerichtet und stelle keinen Rückfall hinter „Nostra aetate“ dar, eben diesen Vorwurf des Irrationalismus – um den Preis, dass die Haltung des Vatikans nunmehr regelrecht schizophren wirkt.

Ad 2. Hier ist dem Kardinal zunächst zuzustimmen – jedenfalls dann, wenn man sich unter „Mission“ das Verteilen von Wohltaten, das unfaire und aggressive Zugehen auf religiös ungebildete jüdische Immigranten etwa aus den GUS Staaten sowie das Drucken und Verteilen von Traktätchen vorstellt. Tatsächlich missioniert die katholische Kirche nicht in dieser Weise, will jedoch mit der erneuerten lateinischen Karfreitagsliturgie missionieren lassen: nämlich Gott selbst. Entgegen dem Vertrauen auf Gottes Allmacht am Ende der Tage, an dem er sich den Menschen so zeigen wird, wie er es will, bittet ihn die katholische Kirche schon heute darum, zum wenn geistig-geistlichen Judenmissionar zu werden. Das ist jedoch – wenn auch mit etwas taktvolleren Mitteln – nichts anderes als ein Aufruf zur Mission.

Ad 3. Tatsächlich ist im neutestamentlichen Text – anders als Kasper das unterstellt – nichts davon zu lesen, dass Gott einen *„Großteil* seines Volkes“ verstockt habe. („Gott hat aber den Großteil seines Volkes mit Ausnahme eines heiligen Rests wegen dessen Unglauben verstockt“ so Kasper. Vielmehr schreibt Paulus in Rö 11,25 von einem „Teil Israels“ – eine Größe, die er keineswegs beziffert oder gar prozentuiert hat. Im griechischen Text des NT lesen wir „apo merous“. Und dabei ist noch nicht einmal klar, ob für Paulus die Verstockung in der Weigerung der meisten damaligen Juden bestand, den nach seinem Glauben auferweckten Kyrios als Moschiach – denn nur darum geht es – anzuerkennen, oder ob es um etwas anders geht – etwa mangelnde Treue zur Tora.

Ad 4. Gewiss schreibt Paulus in Röm 11,31, dass ein Teil der Juden Gottes Erbarmung der paganen Jesusanhänger wegen ungehorsam geworden sei, indes: Paulus war bekanntlich ein okkasionaler Autor und es ist durchaus denkbar, dass sich dieses Sendschreiben lediglich auf eine jesusgläubige Gemeinde in Rom und deren interne Streitigkeiten zwischen Juden und Jesusanhängern aus den Völkern bezieht, nicht aber auf die grundsätzliche Beziehung zwischen Juden und paganen Jesusgläubigen.

Mit Sicht auf die Juden insgesamt jedoch konstatiert Paulus (Röm 11,28) unmissverständlich: „Im Hinblick auf das Evangelium sind sie allerdings Feinde um euretwillen, im Hinblick auf die Erwählung aber sind sie Lieblinge um der Väter willen. Denn unbereubar sind die Gnadengaben und die Berufung Gottes." Damit können nun allerdings nur alle Juden gemeint sein, da nur sie alle und ausnahmslos in der Folge der Väter stehen.

Dies ist theologisch entscheidend und die jetzt von katholischer Kirche, Papst und Kardinal vorgenommene Umdeutung, dass Gottes unbereubare Gnade von einer Kondition, nämlich von der Missionierung der Heiden abhängt, findet im Text schlicht keine Basis. Dort steht lediglich, dass zu dem Zeitpunkt, da die Vollzahl der Heiden über den Glauben an den Kyrios Jesus zum Gott Israels gekommen sein wird, Israel gerettet werden wird: einfach deshalb, weil dann, wenn alle zu Juden geworden sind, es auch keine Judenfeindschaft mehr geben wird.

Noch immer wird übrigens in diesem Zusammenhang fälschlich davon ausgegangen, dass Paulus zum Christentum oder gar zum Katholizismus missionieren wollte – tatsächlich wollte er lediglich ein universales Judentum mit einer eigenen, sehr speziellen Messiaslehre verbreiten. Was jedoch im Unterschied dazu das spezielle Verhältnis zwischen Gott und Israel betrifft, reicht es voll und ganz, so darf man den Apostel verstehen, Gott zu vertrauen – nichts anderes war der Sinn der Karfreitagsformulierung von Paul VI.

Aber sogar in dieser Frage bleibt Paulus, durch die hellenistische Popularphilosophie gewitzt, vorsichtig und skeptisch: In Röm 11,33 folgende beschwört er nicht umsonst die Unerforschlichkeit von Gottes Wegen: „Denn wer hat den Sinn des Herrn erkannt? Oder wer ist sein Ratgeber gewesen? Oder wer hat ihm zuerst gegeben, dass er es ihm vergelten müsste…? Mit diesen Aussagen relativiert Paulus sein eigenes eschatologisches Hoffen: als dogmatischen, fest gefügten Besitz jedenfalls können seiner Meinung nach derartige Spekulationen nicht gelten. Im Anspruch, über fest gefügtes Wissen zum Eschaton zu verfügen, geht die katholische Kirche weit über Paulus hinaus und kann sich also nicht mit guten Gründen – rational – auf ihn berufen.

Ad 5. Aus alledem folgt, dass es, wie schon Kasper selbst bestätigt hat, für die Kirche als Institution keinen göttlichen Missionsauftrag hinsichtlich der Juden gibt. Nicht rational und schlicht unlogisch ist daher Kaspers Einlassung, dass die Verwirklichung dieser Hoffnung nicht in der Vollmacht der Kirche, sondern ganz in Gottes Händen liege, die Christen aber die Hände gleichwohl nicht in den Schoß legen sollen: „Selbstverständlich müssen Christen ihren „älteren Brüdern und Schwestern im Glauben Abrahams (Johannes Paul II.) dort, wo es angebracht ist, Zeugnis geben von ihrem Glauben und von dem Reichtum und der Schönheit ihres Glaubens an Jesus Christus".

Eine rationale Argumentation erfordert wiederum eine begründete Antwort auf die Frage, warum Christen das nicht etwa nur tun sollen, sondern – so Kasper – „müssen", das heißt einem wie auch immer begründeten Zwang folgen. Hier bricht ein weiterer Widerspruch auf: wenn es nach Paulus so ist, dass die Rettung der Juden ohnehin bei Gott und nur bei Gott liegt, ist es schlicht überflüssig, sinnlos und ein weiteres Mal nicht rational, den Juden von dem Zeugnis abzulegen, was sie entweder – weil verstockt – nicht fassen können oder – nach Maßgabe von Gottes Treue – auch gar nicht fassen müssen.

Für dies irrationale Verhalten der katholischen Kirche lässt sich immerhin eine psychologische Erklärung geben, derart, dass einem (hier der Kirche), des das Herz voll ist, der Mund übergeht, womit wir es bei dieser Karfreitagsliturgie – wüssten wir nichts von der grausamen Geschichte katholischer Judenfeindschaft und ihrer nachwirkend antisemitischen Kraft – mit einer Form harm- und belanglosen theologischen Geplappers zu tun hätten.

Am Ende stellt der Kardinal fest, dass er auch von jüdischen Freunden redlicherweise erwartet, dass sie von ihrem Glauben Zeugnis und damit von ihren Gründen, Jesus von Nazareth weder als Messias noch als Sohn Gottes (und damit als Gott) anzuerkennen, Zeugnis ablegen. Das kann der Kardinal gerne haben – ein Blick in die Tageszeitung reicht im Allgemeinen durchaus zu, um die Unerlöstheit der Welt zu dokumentieren. Über die inneren Widersprüchlichkeiten der Trinitätstheologie wissen die Kirchen selbst gut genug Bescheid.

Im Hinblick auf die katholische Kirche im Speziellen jedoch, die als Institution mit ihrem Glauben doch so identisch war und ist, dass die schlichte, apologetische Unterscheidung zwischen Bekenntnissen hier und Herrschaftsapparat dort noch überzeugen würde, reicht ein Blick in die mindestens strittige und auf keinen Fall glaubensfeste Haltung der Kirche in den Jahren zwischen dem Ende des Ersten und des Zweiten Weltkriegs durchaus zu. Man muss gar nicht erst eine aktive Beteiligung am Holocaust (die es in Kroatien und der Slowakei durchaus gab) unterstellen, um wahrzunehmen, dass sich die katholische Kirche einschließlich des Vatikans in der Zeit des Zeit des Zweiten Weltkriegs gegenüber den Juden genau so verhalten hat wie Petrus nach der Verhaftung Jesu: Dreimal krähte der Hahn!

Sogar in Kardinal Kaspers Beitrag zeichnet sich noch der kirchliche Triumphalismus mit samt seinen Enteignungstendenzen im Hinblick auf das Judentum ab, wenn er etwa behauptet, dass die neue Karfreitagsliturgie lediglich die im „Vater unser" artikulierte Bitte „Dein Reich komme" wiederhole. Das „Vater unser" war das Gebet eines gläubigen jüdischen Mannes, Jesus aus Nazareth, der den Gott Israels mit Sicherheit nicht darum gebeten hat, seine jüdischen Mitschwestern und -brüder dazu zu bringen, ihn, Jesus von Nazareth, als Heiland anzuerkennen. Wohl aber wusste Jesus, warum er betete: „Und führe uns nicht in Versuchung"! Wozu? Mit Paulus könnte man sagen, mehr Wissen zu beanspruchen, als Menschen haben können: nämlich wie es im Eschaton sein wird. Spekulationen sind gleichwohl erlaubt, etwa so:

Es war Franz Rosenzweig, der auf den Spuren des Kirchenvaters Marcell von Ankyra die Spekulation gewagt hat, dass am Ende der Tage Jesus aufhören wird, der Christus und Israel, erwählt zu sein. Am 1. 11. 1913 schrieb er seinem Cousin Rudolf Ehernberg: „Das Volk Israel, erwählt von seinem Vater, blickt starr über Welt und Geschichte hinüber auf jenen letzten, fernsten Punkt, wo dieser sein Vater, dieser selbe, der Eine und Einzige – „Alles in Allem"!- sein wird. An diesem Punkt, wo Christus aufhört, der Herr zu sein, hört Israel auf, erwählt zu sein; an diesem Tage verliert Gott den Namen, mit dem ihn allein Israel anruft; Gott ist dann nicht mehr sein Gott."

Und Marcell hat im vierten Jahrhundert spekuliert, dass im

Eschaton der fleischgewordene Logos die Königsherrschaft dem Gott und Vater übergeben und damit seine Fleischlichkeit abstreifen wird. Kurz: Auch am Ende der Zeiten gibt es für Juden nichts zu erkennen, was sie nicht heute schon wüssten.

Vorwärts, wir gehen zurück

von Günther B. Ginzel

2008 war ein Osterfest der Ernüchterung, des wachsenden Zweifelns am Sinn eines christlich-jüdischen Religionsgesprächs. Der Streit über die revidierte Karfreitagsfürbitte für die Juden in der lateinischen Messe ist der vielleicht spektakulärste Ausdruck für eine Entwicklung, die eine christliche Identität zu Lasten der Juden zu formulieren sucht. Sicher, 2008 unterscheiden sich die Worte, die Aktionen, von den früheren Zeiten eines unbekümmerten Antijudaismus. Und vieles mag auf Gemeindeebene auch einer gewissen Naivität und Unkenntnis zuzuschreiben sein (warum eigentlich nach 50 Jahren aktivem Dialog?). Es wäre zudem falsch, hier Antisemitismus pur entdecken zu wollen. Doch eine der Grundlagen aller Judenfeindschaft bleibt oder wird bewusst oder unbewusst neu belebt: Die Überzeugung, das Judentum sei nicht auf der gleichen Höhe der Entwicklung angelangt wie die Kirche, dass Juden noch etwas fehle, die Synagoge defizitär sei: Pessach eben doch nur ein Vorspiel für Ostern. Die alte Enterbungstheologie ist in moderner Fassung wieder da: Wohl nie zuvor haben so viele christliche Kirchengemeinden am Gründonnerstag zum „jüdischen Seder" eingeladen. Pfarrer verkünden selbstbewusst, dass „unser Osterfest mit einem traditionellen Seder-Abend" beginnt. (Bitte entsprechend kleiden.) Juden sind bei diesen Pessachfeiern ebenso überflüssig wie die Frage, wann denn kalendarisch Pessach im Volke Israel gefeiert wird. Pessach ist halt dann, wenn Ostern beginnt. Und ebenso verstärkt sich die Tendenz der Abgrenzung. Es wird, so mein Eindruck, in diesem Kontext wieder mehr das christlich Neue betont. Israel wird, wenn auch unter bewusster Berufung auf die jüdische Wurzel, wie selbstverständlich auf die Rolle des Vorreiters, des Vorbereitenden, des Symbols für das, was zur Zeit Jesu war, reduziert. Die Vollendung aber bringe die Überwindung des Jüdischen, der Glaube an den Christus.

Die jüdischen Sprecher, die vor einer neuen christlichen Mission warnen, haben Papst Benedikt XVI meines Erachtens nicht verstanden. Mission im aktiven protestantisch-evangelikalen Sinne liegt ihm sicher fern. Nicht aber der grundsätzliche Anspruch auf ein Beim-Vater-Sein, wie das nur Getauften möglich sei. Jesus, der Jude, der uns in den vergangenen Jahrzehnten beschäftige, den zu entdecken für viele Christen eine große Bereicherung war, ist nach wie vor – auch für Benedikt – wichtig, aber angesichts von Ostern und Auferstehung beinahe nebensächlich. Benedikts sicher ehrlicher Wunsch, Juden mögen zu Christus finden, ist die Hoffnung, sie mögen zu Gott finden wie er ihn versteht. Darin liegt einerseits eine alte christliche, nicht nur katholische, Logik – und andererseits der eigentliche Kern jüdischer Enttäuschung und sicher auch Verbitterung. Wir werden zumindest in den Bereichen, in denen ein Papstwort zählt, zu Gottgläubigen zweiter Klasse. Und das, man täusche sich nicht, entspricht einer Volksfrömmigkeit, die weiter verbreitet ist als die Errungenschaften unseres Dialogs – und die jetzt wieder bestärkt werden. „Da weiß man eben," so eine Kirchgängerin Ostern 2008, „warum man katholisch ist."

Das wirft uns in eine Zeit zurück, von der wir geglaubt, gehofft hatten, sie sei überwunden.

Ich möchte diesen kurzen Beitrag durch eigene Erfahrungen ergänzen.

Ich wurde in Innsbruck geboren. Meine Eltern hatten die letzten beiden Jahre des Krieges oberhalb der Schneegrenze in den Ötztaler Alpen überlebt. Nahe Innsbruck liegt Judenstein, das eine Geschichte erzählt, die aufs engste mit einer Theologie des Karfreitags verbunden ist, wie sie nun einmal in der katholischen Kirche bis zum Schock von Auschwitz beheimatet war. Es ist eine Reitualmordlegende. In grausamsten Bildern und Personengruppen wurde die Ermordung des armen Tagelöhnerknaben Andreas (Anderl) von Rinn illustriert. Ein Jude reckt das Messer hoch, ein anderer hält den Kelch, um das Blut aufzufangen und der gedruckte Kirchenführer der erste, der nach dem Dritten Reich erscheinen darf, klärte mit bischöflicher Imprimatur versehen den Besucher auf, dass durchreisende jüdische Kaufleute das Kind der Tagelöhnerfamilie aus Hass auf Christus gemartert und getötet hätten. In dieser Region wurde ich geboren!

Die Wirkung dieser Legende war so stark, dass meine Eltern aus dem schönen Tirol flüchten mussten, als meine Einschulung nahte. Damals galt es als unmöglich, dass ein jüdisches Kind in dieser Umgebung in eine Schule gehen könnte. Wir haben es hier mit dem negativen Extremfall einer „Kreuzestheologie“ (Friedrich Heer) zu tun, die Juden als verworfen, als verblendet, als gefährlich, als Gottesmörder darstellt. Der Weg von den Feinden Christi und zu den Feinden der Christen war kurz und endete in der Schoa. Heute sind Figuren und Fresken in Judenstein entfernt, erinnert eine Tafel an die Schuldgeschichte der Kirche. Doch wurde Judenstein auch zum Symbol nicht weniger Traditionalisten, denen der Papst jetzt mit der Wiedereinführung der lateinischen Messe entgegenkommen will. Judenstein ist zum Eckpfeiler einer Theologie geworden, die das jüdische Feindbild braucht, die folglich ihren ganzen Hass gegen das Zweite Vatikanum und v.a. gegen den verstorbenen Papst Johannes Paul II. richtet, der als Werkzeug einer jüdischen Weltverschwörung verdammt wird. Vor diesem Hintergrund erschüttert es, dass der Nachfolger auf dem Stuhle Petri ausgerechnet diesen Strömungen jetzt entgegengekommen ist und ihnen den Weg (welchen) in die Mutter Kirche zurück ebenen will.

Rückblick II

Nun wäre nichts unfairer und ungerechneter, wollte man verkennen, was sich in den letzten Jahrzehnten zum Guten hin verändert hat. Ich war von dieser Aufbruchstimmung, nicht zuletzt geprägt von meinen väterlichen Freund, Dominikanerpater Willehad Paul Eckart, sehr beeindruckt. Er war es auch, der mich Anteil nehmen ließ an der Gründung des Gesprächskreises Juden und Christen beim Zentralkomitee der Deutschen Katholiken während des Katholikentages in Trier 1970. Doch die Aufbruchstimmung ist vorbei. Der Generationenwechsel in den Kirchen hat den Elan gebremst. Zwei Beispiele sollen den Wandel andeuten. Über Jahre gehörten wir jüdischen Dialogpartner zu den Rednern/Predigern in so manch einer Karfreitagsmesse. Der Wandel der Kirche nach dem Vatikanum sollte nicht nur durch die Liturgiereform und die neue Messe in der Landessprache samt den neuen Fürbitten für die Juden dokumentiert werden, sondern bewusst auch durch die Mithineinnahme der älteren jüdischen Geschwister und deren Anliegen.

Damals haben mein Freund, Siegfried von Kortzfleisch, und ich Rundfunkgeschichte schreiben dürfen. Wir wurden immer wieder von den evangelischen (nie von den katholischen) Rundfunkbeauftragten eingeladen, die Gemeinsamkeiten von Christen und Juden im Rahmen gemeinsamer Morgenandachten auf NDR und WDR zu demonstrieren. Wir erfanden die Dialogandachten. Das alles ist Geschichte, offenbar nicht wiederholbar.

Vor einer neuen Eiszeit oder gar dem Clash der Religionen?

In der Osternacht 2008 hat der Papst in Rom Menschen getauft. Nichts, was man hier erwähnen müsste, wäre nicht einer der Täuflinge ein zuvor prominenter Muslim gewesen. Was veranlasst einen Papst, der von Frieden und Dialog spricht, zu solch einem dramatischen Schritt, an diesem Tag, vor aller Welt? Ist hier das simple „Basta" eines Gerhard Schröder in die Köpfe der Kurienkardinäle gefahren? So wenig diese medial inszenierte Taufe ein Schnellschluss war, der auch als Provokation verstanden werden kann, so wenig war die Einführung der modifizierten Karfreitagsfürbitte für die Juden in der lateinischen Messe unüberlegt. Was aber will der Vatikan? Welche Zeichen werden hier gesetzt?

Warum – und das macht mir nicht weniger Sorgen – schweigt Rom zu den vorsichtig und zurückhaltend formulierten jüdischen Anfragen. Warum reagieren abgeklärte Kardinäle jetzt so genervt, so gereizt? Sollen das die Antworten auf die jüdischen Befürchtungen sein?

Kurienkardinal Walter Kasper wird von KNA wie folgt zitiert: „Die Bibel sei für die Christen ein normativer Text. Niemand könne es als Beleidigung verstehen, wenn sich die Christen an ihre Heilige Schrift hielten…" (7.2.2008)

Und sein Amtsbruder, Paul Josef Cordes, reagiert auf seine Weise auf die Kritik des Zentralrats der Juden in Deutschland: „Ja, einerseits verstehe ich es, dass die Menschen, die Juden in Deutschland, immer wieder Gelegenheit nehmen, nehmen müssen, auf sich aufmerksam zu machen und die vergangene Geschichte wieder ins Licht zu rücken, dass man nicht vergessen darf, was sie erlitten haben, und dass man, sagen wir mal, auch die Spannungen, die zwischen den Juden und der Gesellschaft sind oder sein können, anspricht. Wenn man jetzt mal gerade von der Reise der Bundeskanzlerin (nach Israel) absieht, ist es ja nicht überall in der Gesellschaft so, dass die jüdischen Menschen, die bei uns leben, akzeptiert sind. Und ich verstehe von daher die Tatsache, dass zum Beispiel eben der Leiter des Zentralrats wieder auf sich aufmerksam macht und auf das Problem der Juden." (Deutschlandfunk, 20.3.2008)

Das ist geradezu deprimierend. Mag sein, dass die Kurie Schwierigkeiten hat, jüdische Bedenken zu verstehen. Doch die Deutlichkeit, mit der jüdische Einwände auf irrationale Empfindlichkeiten oder gar, wie in der Erklärung Roms vom 4. April 2008, kurzerhand zu einem „Missverständnis" heruntergestuft werden, ist bemerkenswert. Denn mir scheint, dass hier keineswegs etwas missverstanden wurde. Juden kritisieren nicht katholischen Glauben und katholische Glaubenswege, sondern einzig die Rolle, die in diesem Kontext Juden zugeschrieben wird. An der viel zu späten „Verlautbarung" wird dies deutlich. Sie ist einzig in dem Sinne eine Richtigstellung, als die jüdischen Bedenken bestätigt werden. Das aus meiner Sicht notwendige Wort bleibt abermals aus, dass nämlich das „Mysterium der Kirche" aus päpstlicher Sicht einen ebenso gültigen Heilsweg eröffnet wie der des Bundes zwischen dem Ewigen und Israel. Die Situation ist beinahe grotesk: Hier die Juden, die fast schon gebetsmühlenartig derlei Hoffnungen und Wünsche postulieren, dort der Vatikan, der sich wortreich und konsequent diesem Ansinnen verweigert.

Wundert es da, wenn man über die Motivationslage in Rom nachdenkt, darüber grübelt, was sie denn nun wirklich wollen? Oder hat Kardinal Cordes hier schon die Richtung gewiesen? „Andererseits verstehe ich es also nicht, denn, wenn Christus gekommen ist, um den Menschen Heil zu bringen – *und es gibt ja interessanterweise auch im Judentum eine messianische Bewegung, die dahin zielt, Christus anzuerkennen*, (Hervorhebung durch den Verf.) dann, meine ich, darf man es uns Christen nicht vorwerfen, dass wir für eine Zuwendung der Juden zu Jesus Christus beten."

Die jüdische Ernüchterung

Mich schmerzt es, zu sehen, wie fremd wir doch den Würdenträgern sind. Hatten wir denn in einer Schein-, einer Wunschwelt gelebt, als wir Nähe, Freundschaft, Verstehen, ja Liebe zu spüren vermeint? Viele Juden, die in den letzten Jahren zu Gesprächen im Vatikan waren, glaubten wirklich an den Beginn einer neuen Epoche in den jüdisch-katholischen Beziehungen. Zu eindrucksvoll waren die medienträchtigen Auftritte, die vielen Empfänge, Begegnungen, Konsultationen. Bischöfe und selbst der Papst, besuchen Synagogen – was anders sollte das signalisieren als die frühlingsfrische Ära eines neuen Vertrauens? War endlich eine katholische Antwort auf Auschwitz in einer Theologie der Gleichberechtigung von Juden und Christen gefunden worden? In der Anerkennung der Unterschiede? Einer Akzeptanz des jeweiligen gottgewollten Auftrags und des So-Seins (um Gottes Willen), was in Bezug auf die Juden, wie zuvor bereits angedeutet, nichts weniger bedeutet als die Anerkennung ihrer Treue zum Bund: Von Sinai bis heute, Kinder, die beim Vater waren und dort auch geblieben sind. Keine Rede mehr, wer besser, schlechter, näher, ferner sei! Keine Diskussion mehr, ob nun jüdischer Monotheismus in einer trinitarischen Interpretation aufgeweicht würde.

Johannes XXIII. war wohl der erste Papst, bei dessen Tod auch Juden weinten. Johannes Paul II. war in seiner herzlichen Zuwendung so überzeugend, dass Teile seiner polnischen Kirche bereits darüber spekulierten, ob er nicht selbst „jüdischen Blutes" sei. Und dann der deutsche Papst. Waren es nicht die jüdischen Partner, die sich weltweit vor den Deutschen stellten, die das Wort ergriffen und ihn verteidigten als etwa in der englischen Presse über den einstigen Hitlerjungen Ratzinger geschrieben wurde? Suchte er nicht, kaum gewählt, eine jüdische Gemeinde auf? Wer sagt da noch, es habe sich nichts bewegt?!

Doch Kundige ernüchterte bereits der Synagogenbesuch von Papst Benedikt XVI. am Rande des Weltjugendtags in Köln. Die Geste war weitreichender als der theologische Wille. Denn das zu erwartende Bekenntnis des Pontifex zum „ungekündigten Bund" blieb bei diesem doch wahrlich angemessen erscheinenden Ereignis aus. Dennoch waren viele Juden gerührt. War die große, mächtige Ecclesia nicht zu Besuch bei ihrer alten, so oft verletzten und geschmähten Mutter Synagoga? Ein schönes Bild, dass sich v.a. die Juden machten. Rabbiner, die wohl noch nie in ihrem Leben ein Neues Testament aufgeschlagen hatten, reichten „dem Bischof von Rom" symbolisch die Hand zur Versöhnung. Eine neue Ära!

Jetzt der Absturz. Warum fand Rom nicht den Mut oder den Willen, die Fürbitte in der lateinischen Messe zur Gänze zu streichen, oder die neuzeitliche Fürbitte einfach ins Lateinische zu übersetzen, wo doch eine probate Übersetzung in Rom längst angefertigt wurde? Man kann es drehen und wenden: Die gewählte Formel birgt das Potential, dass sich jene ermutigt fühlen, die schon immer das Zweite Vatikanum und vor allem die Annäherung an die Juden als Sündenfall verdammten.

Denn mit der alten Liturgie handelte man sich eben auch die alte Theologie ein. Sicher, die offensichtlichen, plakativen Antijudaismen wurden entfernt, doch auch die bereinigte Fassung weckt unter Juden schlimme Erinnerungen. Der Wunsch, wie dargestellt, Juden mögen sich – wegen mir endzeitlich gedeutet – auf den Weg zu Christus machen, musste jüdische Abwehr auslösen.

In den Anfängen unseres Dialogs, als noch die Säle wegen Überfüllung geschlossen werden mussten, stand eine Frage im Mittelpunkt: Warum hat die Kirche im Dritten Reich weitgehend geschwiegen? Warum haben am 9. November 1938 nicht die Glocken Sturm geläutet? Warum sind nur so wenige dem Beispiel eines Propst Lichtenberg gefolgt? Weil sie in einer Theologie gefangen waren, die jetzt zurückzukehren droht.

Ich denke da an das Beispiel von Kardinal Faulhaber, München. Er war ein mutiger Streiter gegen die NS-Weltanschauung. Die Nazis betrachteten ihn als Gegner. Er war eine geistliche und moralische Autorität. Und so fühlte er sich im Jahr der „Machtergreifung" in der „Hauptstadt der Bewegung" verpflichtet, dem Nationalsozialismus eine katholische Position entgegenzusetzen. 1933 hielt er seine berühmt gewordenen Adventspredigten. Für viele Christen sind sie ein Beispiel für Widerstand, was sie ja auch waren. Er bekannte sich zur Liebe zum „Alten Testament", verteidigte es gegen das neuheidnische Germanentum. Das zu lesen ist ungemein eindrucksvoll. Und nach dem 1. April 1933, dem ersten reichsweiten „Judenboykott", den Ausgrenzungen, Verleumdungen und der beginnenden Entrechtung und offenen Verfolgung fühlte er sich auch berufen, als Erzbischof eines der bedeutendsten Bistümer im Land, ein Wort zu den Juden zu sagen, Wegweisung den Gläubigen zu geben in der Bestimmung ihres Verhältnisses zu den jüdischen Nachbarn. Da wurde er ganz österlich: „Wir müssen … unterscheiden zwischen dem Volk Israel vor dem Tode Christi … und der Fülle der Zeiten… Nur mit diesem Israel der biblischen Zeiten" (der Propheten und der Offenbarung) befasse er sich, nicht mit den hier und heute lebenden Juden: „Denn nach dem Tode Christi wurde Israel aus dem Dienst der Offenbarung entlassen …. Sie hatten den Gesalbten des Herrn … ans Kreuz geschlagen: Damals zerriss der Vorhang im Tempel auf Sion und damit der Bund zwischen dem Herrn und seinem Volk. Die Tochter Sion erhielt den Scheidebrief…“ Die Juden blieben zwar ein Geheimnis, doch jetzt stelle sich die Frage: „Entweder sind wir Jünger Christi oder wir fallen in das Judentum der biblischen Vorzeit … zurück.“

Wo stehen wir heute?

Derlei würde man heute wohl nicht mehr so wie einst Kardinal Faulhaber formulieren. Und doch weist der Auslöser der aktuellen Kontroverse auf das Grundsätzliche hin, vom vergleichsweise Kleinen kann auf Ganze geschlossen werden – und das wirft die Frage auf, ob sich tatsächlich in den Grundeinstellungen so viel geändert hat. Sowohl die revidierte Karfreitagsfürbitte wie die spätere „Erläuterung“ zeigen, dass die Kräfte in Rom stark zu sein scheinen, die für ein „katholisch Allein“ plädieren.

Nach Jahrzehnten des Gesprächs wird allerdings ein theologischer Dialog der freundlichen Oberflächlichkeit schlicht langweilig und überflüssig. Ein Gespräch, das über freundliche Worte, die Verurteilung des Antisemitismus, die Betonung der Nähe und die folgenlosen Besuche in den Gotteshäusern des je anderen nicht hinausgeht, wem nützt es? Eine für mich bittere Frage, denn sie zeigt, dass die Dinge offensichtlich der Bewährungsprobe nicht standhalten: In einer Zeit der generell wachsenden, oft politisch motivierten Spannungen unter den Kultur- und Religionsgesellschaften ist das eine, gelinde gesagt, groteske Entwicklung. Sie weist in die völlig falsche Richtung. Es deutet sich ein Zurück an, das sich die Weltgemeinschaft im Allgemeinen und die in der Bundesrepublik im Besonderen nicht leisten kann.

Wir geraten – wenn wir den Islam mit seinen partiell missionarischen Ansprüchen hinzunehmen – in ein politisch überaus gefährliches Fahrwasser: Was aber geschieht, wenn wir den Fundis in allen Religionen das Feld überlassen, ihre Ansprüche und Aktionen mit einer angeblichen religiösen Höherwertigkeit zu begründen, mag sie noch so theoretisch oder endzeitlich gefärbt daherkommen? Die Dialogfähigen und Dialogsbereiten müssen ein glaubwürdiges Gegengewicht aufbauen. Doch wie? Wenn nicht einmal Christen und Juden vor dem Hintergrund ihrer leidvollen Geschichte der ungeliebten Nähe mehr zustande bringen als solch eine allseits frustrierende Diskussion? Wenn den Verantwortlichen des Deutschen Katholikentags in dieser heiklen Situation nur einfällt, als Reaktion auf die jüdischen Kritiker, die ihre Teilnahme aus Protest abgesagt haben, diese kurzerhand durch neue, probat erscheinende Juden zu ersetzen? (Siehe Erklärung „Alle 21 Veranstaltungen finden statt." Domradio Köln, 27. 3. 2008). Wie einen Dialog führen, wenn die christliche Mehrheit bei Nichtgefallen kurzerhand den jüdischen Partner austauscht? Wo ist da die Basis für eine auf Respekt gründende Streitkultur? Diese Kuschelveranstaltungen und christlich-jüdischen Gottesdienste, die eine Nähe suggerieren, die nicht vorhanden ist, erscheinen nunmehr unerträglicher denn je. Nicht Klezmerseeligkeit ist gefragt, sondern der Mut zur Kontroverse, auch, wenn das dem großen Bruder erkennbar Missvergnügen bereitet.

Respekt braucht Anerkennung

Katholische Kirche und Judentum entzweien sich über den Anspruch, dass Jesus der Heilsbringer für alle Menschen sei

von Rabbiner Walter Homolka

1930 beendete der Verband der Deutschen Juden ein großes Editionsprojekt. Mit den „Lehren des Judentums nach den Quellen“ war ein Werk in fünf Teilen entstanden, das einen geistigen Umriss des Judentums geben sollte.

Im letzten, fünften Teil beschäftigten sich herausragende Vertreter deutschen jüdischen Denkens mit dem Judentum im Verhältnis zu seiner Umwelt: Leo Baeck, Seligmann Pick, Michael Holzman, Julius Lewkowitz und Felix Makower. Auf über dreihundert Seiten werden dabei die Abweichungen der „christlichen Religionen“ gegenüber dem Judentum in den „Grundgedanken“ und in den „Erscheinungsformen“ behandelt. Wir erhalten so, kurz vor dem brachialen Einschnitt des Holocaust, eine Gesamtschau des jüdischen Verhältnisses zum Christentum, die sehr exakt die Brüche beschreibt und damit besonders geeignet ist, uns Auskunft zu geben über das distanzierte Verhältnis von Judentum und Christentum in der ersten Hälfte des 20. Jahrhunderts.

Leo Baeck (1873–1956) ist es, der in der paulinischen Theologie und Mission den entscheidenden Wendepunkt des Christentums gegenüber Judentum wie vorchristlicher Gemeinde ausmacht: „Aus dem jüdischen messianischen Glauben, wie ihn die alte christliche Gemeinde in den Glauben an die Messianität Jesu gehegt hatte, war hier, in der paulinischen Theologie, unter dem bestimmenden Einfluss des orientalisch-hellenistischen Mysterienglaubens ein ganz anderes geworden: der Christusmythus. Auch hier steht Jesus im Mittelpunkt. Aber es ist nicht mehr der Jesus, welcher gemahnt, gelehrt, gefordert und verheißen hatte, und von welchem seine Gefährten und Schüler erzählten, dem sich hier das Denken und Hoffen zuwendet. Es ist hier ein ganz anderer, und nur der Name ist geblieben."[1]

Leo Baeck kritisiert, dass mit einem mythischen Weltheiland, der von Urbeginn an gewesen sei, Gott selbst in den Hintergrund träte. „Gottes Bedeutung ist hier eigentlich nur, dass er diesen Heiland in die Welt gesandt hat."[2] Nur durch die Hinwendung an diesen Heiland werde man Glied der Gemeinde. Nur durch die Sakramente der Taufe und des Abendmahls erhalte man dinglichen und wirklichen Anteil an diesen Mysterien. Wer sich gläubig durch diese Mysterien mit Christus verbinde, werde eines Gnadenwunders teilhaftig: des ewigen Lebens und der Befreiung von der Sünde.

So wie sich die entstehende Kirche gegen ihre urchristlichen und jüdischen Ursprünge wendete, so musste sich auch das Judentum gegen die Kirche wenden. Das Judentum setzte gegen den Anspruch Christi sein Beharren auf den strengen Monotheismus und die Ablehnung jeden Mittlertums zwischen Gott und den Menschen. „Im Kampfe mit der Kirche ist die jüdische Religion [sich] damals von neuem ihrer selbst ganz bewusst geworden."[3]

Den grundsätzlichen Unterschied zwischen Judentum und Christentum macht Leo Baeck gar nicht in der Christologie aus, sondern in der Lehre vom Menschen. Für Baeck hat die Kirche die biblische Auffassung verlassen, nach der der Mensch „im Gleichnis Gottes geschaffen ist" und ihm damit eine schöpferische Kraft gegeben sei, auf der Grundlage seiner Willens- und Entscheidungsfreiheit der sittlichen Aufgabe gerecht zu werden, die Gott ihm gestellt hat.[4] In der Kirche sei der Mensch dagegen gedacht als erlösungsbedürftig und schlechthin abhängig von der göttlichen Macht. Die Ethik verliere hier den zentralen Platz, den sie im Judentum gehabt hatte.[5] Denn an der Stelle des Gebietenden in der Bibel trete allein das Gnadenwunder der Erlösung. Und Jesus trete zwischen Gott und den Menschen. Seligmann Pick fasst die jüdische Haltung dazu so zusammen: „Dem Judentum ist die christliche Lehre vom ‚Gottessohn' immer als ein unversöhnlicher Widerspruch mit dem Monotheismus erschienen."[6] Dazu zitiert er aus Agadat Bereschit Kap. 31: „Stumpfsinnig sind die, welche die Unwahrheit sprechen, indem sie sagen, Gott habe einen Sohn und lasse ihn töten. Wenn Gott es nicht mit ansehen konnte, daß Abraham seinen Sohn opferte… hätte er seinen eigenen Sohn töten lassen, ohne die ganze Welt zu zerstören und sie zum Chaos zu machen? Darauf bezieht sich das Wort Salomos von dem „Einen ohne Zweiten, der keinen Sohn und keinen Bruder hat" (Kohelet 4,8)."[7] Pick geht auf die Lehren vom Heiligen Geist und von der Dreieinigkeit ein und zeigt ihre Unvereinbarkeit mit dem Judentum auf. Dabei verweist er unter anderem auf Josef Albo und Chasdai Crescas, bzw. Jehuda ha-Levi, wenn er sagt, hinsichtlich der Dreieinigkeitslehre „ist für die Vernunft kein Platz" (Kusari I, 5)[8].

Aber nicht nur am Gottesbild entzündet sich die Kritik, der Gedanke der „Erbsünde" wird entschieden zurückgewiesen. Seligmann Pick: Das Judentum „bestreitet nicht, dass der Mensch eine gewisse Neigung zur Sünde sozusagen mitbringt und sich später mit Sünde belastet. Wohl aber ist ursprünglich jede Menschenseele rein (tehora); ist sie ja von Gott, dem ewig Reinen, geschaffen. Wo diese Reinheit geleugnet ist, da ist – so meint das Judentum – das Ethische im Menschen letzten Endes zur Ohnmacht verurteilt."[9]

Michael Holzman erläutert die jüdische Gegenposition zur Rechtfertigung aus dem Glauben. „Der mit der Erbsünde belastete Mensch [wird] nach Paulus und Luther durch den Glauben an Christus, nach Calvin durch das Ergreifen von Christi Gerechtigkeit im Glauben, nach Augustinus und dem Konzil von Trient durch die Eingießung der Gnade gerechtfertigt. Anders lautet die Lehre des Judentums. Sie kennt keine Erbsünde, hält vielmehr daran fest, dass, da alle Menschen im Ebenbilde Gottes geschaffen sind, jede Seele – auch nach Adams Ungehorsam – rein ist."[10] Jeder Mensch ist fähig, das Gute zu wählen und das Böse zu lassen. Durch Reue kann er – ohne jede Vermittlung – zu Gott zurückkehren. Dabei wird der Glaube an Gott nicht gefordert, sondern bereits vorausgesetzt. Im Gegensatz zu Paulus geht es dem Judentum ganz und gar um die gerecht machenden Werke, um das moralisch-sittliche Tun. Julius Lewkowitz schließt an mit der Differenzierung der Tugenden des Handelns gegenüber dem Dulden. Im Gegensatz zur jüdischen Weltbejahung des tätigen Handelns lehre das Christentum Geringschätzung des irdischen Lebens und verlange den Verzicht auf seine Güter. Jedes Wirken in der Welt werde sinnlos, alles Wirken auf das kommende Gottesreich gerichtet[11]. Während das Judentum den Menschen zum Kampf gegen das Elend ansporne, verherrliche das Christentum das Leid. „Der duldende Messias ist das erhabenste Vorbild menschlicher Frömmigkeit". Leo Baeck hebt dann das Primat der individuellen Überzeugung hervor: „Ohne dogmatische Gebundenheit und ohne kirchliche Geschlossenheit lebte so stets das Gesamtjudentum, im Dasein und im Bewusstsein, mit einem Maße geistiger Mannigfaltigkeit und einer individuellen Lehrfreiheit des Einzelnen, wie sie die anderen religiösen Gemeinschaften in den jeweiligen Zeiten kaum aufweisen."[12] Und Seligmann Pick hebt das Fehlen von Dogmen und Bekenntnisschriften im Judentum hervor. Auch die Marien- und Heiligenverehrung wird aufgegriffen, die Gleichheit aller jüdischen Gemeindemitglieder in Gegensatz gestellt zur Bevorrechtigung der Kleriker gerade in der katholischen Kirche, und die Selbstbestimmung der jüdischen Gemeinden wird gegenüber einem zentralen Lehramt und einer oberen Kirchenbehörde lobend hervorgehoben.

Kaum je hatte es einen gründlicheren Versuch gegeben, die Gegensätze von Christentum und Judentum aufzuarbeiten und unterschiedliche Positionen deutlich werden zu lassen. Man kann wohl sagen, dass die Haltung des Judentums gegenüber Kernaussagen des katholischen Glaubens noch in den dreißiger Jahren des 20. Jahrhunderts durchaus distanziert und kontrapunktisch gewesen ist. Dies ist der Hintergrund, vor dem wir jede aktuelle Auseinandersetzung betrachten müssen: es ist keineswegs selbstverständlich, dass Judentum und Katholische Kirche sich so weit aufeinander eingelassen und Vertrauen aufgebaut haben, wie dies nach dem Zweiten Weltkrieg geschehen ist.

Die Veröffentlichung der „Lehren des Judentums nach den Quellen" fällt mit dem Ende geistiger Freiheit im Deutschland während der Weimarer Republik zusammen. Was folgt, war eine Schreckensherrschaft ohnegleichen mit der Ermordung des europäischen Judentums, ohne dass die Kirchen dem millionenfachen Abschlachten von Menschen wirksam Einhalt geboten hätten.

Dieser Blutzoll war nicht wirklich neu. Wer das Martyrium von Juden in Europa erinnert, der kommt an der Rolle des Christentums nicht vorbei. In seinem Bemühen, sich unabhängig vom Judentum zu entwickeln, hat das Christentum – der jüngere Bruder – sich oft auf eine sehr radikale Weise von seinem älteren Bruder entfernt. Diese anti-jüdische Abwendung aus religiösen Gründen hatte – aufgrund von unterschiedlichen sozialen, gesellschaftlichen und wirtschaftlichen Faktoren – Hass und Verfolgung gegen Juden zur Folge. Auf dieser Grundlage konnte sich ein radikaler Antisemitismus entwickeln, der bis zum Versuch ging, das Judentum gänzlich auszulöschen. Spätestens seit Kaiser

Theodosius (379–395 n.d.Z.) das Christentum zur Staatsreligion erhoben hatte, wissen Juden, dass die Treue zu Gottes Geboten Gefahr an Leib und Leben bergen kann. Schon vor Beginn der Kreuzzüge sind Fälle des Selbstmordes belegt, um einer Zwangstaufe zu entgehen. Eine Mutter in mittelalterlichen Mainz brachte ihre Kinder lieber um, als sie sich vor dem Taufstein rauben zu lassen, damit sie als Christen aufgezogen werden.

Um mit Gott eins zu bleiben, mussten Juden sich selbst oft genug in der Geschichte als „olah temimah", als „reines Brandopfer" darbringen. Seit 1492 Isabella die Katholische das ‚Goldene Zeitalter' des Zusammenlebens von Muslimen, Christen und Juden auf der Iberischen Halbinsel beendete, litten die Juden Spaniens und selbst ihre zwangskonvertierten Nachkommen unter dem Feuer und der Pein von Inquisition und Tribunalen. Der Wahn der Kreuzritter und der Inquisitoren hat dafür gesorgt, dass die „Heiligung des göttlichen Namens" im Judentum oft nur unter Verlust des Lebens möglich war. Judenmission umfasste in der Vergangenheit Zwangstaufen, körperlichen und geistigen Druck zur Annahme des christlichen Bekenntnisses, Verächtlichmachung der jüdischen Lebensform, Bestreitung des Rechts, nach der eigenen Tradition zu leben. Im Einflussbereich der Ostkirchen hat sich Ähnliches abgespielt. Die traurige Geschichte der Judenverfolgung in Osteuropa ist endlos.

Auch ein ernüchterter Luther war den Juden nicht Freund und hat mit klarer und kräftiger Sprache Unterdrückung, Hass und Tod gepredigt. Noch nach den Josephinischen Reformen oder der Aufklärung des 19. Jahrhunderts konnten Juden die bürgerliche Gleichstellung nur dann erreichen, wenn sie bereit waren, die Taufe als Eintrittsbillet in die Gesellschaft zu lösen. Hier könnte man vieler Märtyrer gedenken, die lieber den gesellschaftlichen Tod starben und ihr Lebensglück verfehlten, als ihrer jüdischen Existenz zu entsagen. Nach dem Scheitern Napoleons I. zeigte erst wieder die heraufdämmernde Trennung von Thron und Altar um die Wende zum 20. Jahrhundert Perspektiven einer gleichberechtigten Existenz. Diese Hoffnung jedoch wurde durch den Holocaust des 20. Jahrhunderts auf das Schrecklichste enttäuscht. Dieser übergroße Ausbruch des Hasses hat schließlich eine Kehrtwendung in der Haltung des Christentums zum Judentum gebracht. Die neue Beziehung schloss die Reue und die Anerkennung christlicher Verantwortung an der Schuld der Vergangenheit gegenüber uns Juden ein. Wer die Kirchengeschichte kennt, kommt also nicht umhin, die bahnbrechenden Änderungen der letzten Jahrzehnte zu würdigen. Die Konzilserklärung „Nostra aetate“ vom 28. Oktober 1965 über das Verhältnis zu den nichtchristlichen Religionen wies erstmals die pauschale Schuldzuweisung für Jesu Tod an das jüdische Volk zurück. Die Neubestimmung des Verhältnisses zur jüdischen Gemeinschaft ist auf das Engste mit dem Pontifikat Johannes Pauls II. verbunden. 1980 formulierte er in seiner Begegnung mit Rabbinern in Mainz: „Gemeinsam sind Juden und Christen als Söhne Abrahams berufen, Segen für die Welt zu sein“. Diese Erkenntnis mündet 1985 in Hinweise für die richtige Darstellung von Juden und Judentum in der Predigt und der Katechese der katholischen Kirche. 1986 besuchte Johannes Paul II. dann die Große Synagoge in Rom. Zur christlichen Identität sagte der Papst dort, „dass die Kirche Christi ihre ‚Bindung‘ zum Judentum entdeckt, indem sie sich auf ihr eigenes Geheimnis besinnt. Die jüdische Religion ist für uns nicht etwas ‚Äußerliches‘, sondern gehört in gewisser Weise zum ‚Inneren‘ unserer Religion…“. 1993 kam es zum Grundlagenvertrag zwischen Heiligem Stuhl und dem Staat Israel. Im März 2000 sprachen der Papst und leitende Kardinäle eine umfassende Vergebungsbitte an das jüdische Volk für Fehler von Gläubigen und der Kirche in der Vergangenheit.

Daran schloss sich eine Pilgerreise des Papstes ins Heilige Land an, bei der Johannes Paul II. an der Klagemauer seine Bitte um Vergebung erneuerte. 2001 schließlich veröffentlichte die Päpstliche Bibelkommission wichtige Rahmenbedingungen für die Auslegung der Heiligen Schrift in „Das jüdische Volk und seine Heilige Schrift in der christlichen Bibel". Hier wird erstmals das Nein des Judentums zur Messianität Jesus von Nazareths auch von Christen als Treue zur Heiligen Schrift als Quelle jüdischer Tradition gewürdigt und anerkannt.

Wer sich noch der Diskussion um den „Seligen Anderle von Rinn" und seine Verehrung auf dem Judenstein in der Diözese Innsbruck erinnert, die erst am 2. Juli 1989 durch die Amtskirche beendet wurde, wird ermessen können, wie bedeutsam diese Schritte auf das Judentum als zeitgenössische Weltreligion hin gewesen sind. Während des Pontifikats Johannes Paul II. gab es aber auch andere Akzente. So hatten Heiligsprechungen eine besondere Bedeutung. Nicht nur die Zahl ist interessant; vor allem die Auswahl und Kombination derjenigen, die zu den Altären erhoben werden, scheint wie ein Navigationssystem durch die aktuelle Kirchenpolitik zu funktionieren. Am 9. August 1942 war die Karmeliterin Theresa Benedicta vom Kreuz als Jüdin Edith Stein in Auschwitz ermordet worden. 1987 sprach sie Papst Johannes Paul II. heilig und die Kirche erhob sie zu einer Patronin Europas. Damals war die jüdische Ablehnung beträchtlich, mit der die Heiligsprechung Edith Steins als unnötiges Hindernis für den Dialog betrachtet wurde. Als Jude fragte man sich: warum Edith Stein und nicht Franz Jägerstätter, ein bescheidener österreichischer Katholik, der von den Nazis 1943 enthauptet worden war, weil er nicht in Hitlers Armeen nicht kämpfen mochte? Dient Edith Stein der Kirche als Angebot eines Rollenmodells für Juden? Oder als Versuch, den Holocaust zu verallgemeinern und die Verantwortung der Kirche zu verdunkeln? Auch die Heiligsprechung des judenfeindlichen Maximilian Kolbe wurde von solcher Kritik begleitet. Wir Juden fürchteten, die Hervorhebung des Leides von Christen in der Todesmaschinerie der Nazis könnte davon ablenken, dass diese wesentlich der unentrinnbaren Auslöschung des jüdischen Volkes gewidmet war. Denn Juden hatten keine Wahl, ihrem Schicksal zu entrinnen. Andere hatten sie sehr wohl.

Weitere Belastungen folgten: die Papstaudienz für Kurt Waldheim im Jahr 1986 und die Errichtung eines Konvents der Karmeliterinnen in Auschwitz. Die gleichzeitige Seligsprechung der beiden kirchenpolitisch so unterschiedlichen Konzilspäpste Pius IX. (1846–1878) und Johannes XXIII. (1958–1963) am 3. September 2000 scheint zumindest zwei gegenläufige kirchliche Tendenzen zu bedienen. Während in die Amtszeit Johannes XXIII. das Zweite Vatikanische Konzil mit der historisch so wichtigen Erklärung „Nostra aetate" fällt, ist Pius IX. wegen antijüdischer Äußerungen zu kritisieren. In der Mortara-Affäre 1858 war ein heimlich von einem katholischen Dienstmädchen getaufter Sohn seinen jüdischen Eltern zwangsweise weggenommen und vom Papst katholisch erzogen worden. Dies erinnert an die aktuellen Vorwürfe gegen Pius XII., dem Dokumente unterstellen, er habe getaufte jüdische Kinder nach 1945 nicht mehr herausgeben wollen. Auch der Wunsch des spanischen Klerus, Isabella die Katholische selig sprechen zu lassen, schließt höchst unerfreuliche Deutungen nicht aus.

All diese Akzente sind durch die Kirche in zeitlicher Nähe gesetzt worden und können wohl erst durch den Abstand von Jahrzehnten in ihrer Bedeutung beurteilt werden. Die Frage heute ist: welche Situationsbestimmung gilt in der katholischen Kirche aktuell, wenn das Verhältnis zum Judentum formuliert wird? Wie steht es um das Klima des jüdisch-katholischen Verhältnisses?

Bei der ersten Begegnung von deutscher Rabbinerkonferenz und deutscher Bischofskonferenz am 9. März 2006 in Berlin hatte Kardinal Kasper eine wesentliche Aussage getroffen:

„Sofort stellt sich dann die Frage, wie sich der alte und der neue Bund, oder wie manche sagen: der erste und der zweite Bund verhalten.[13] Handelt es sich um zwei Bünde oder um einen Bund, oder reicht diese Alternative überhaupt aus, um das komplexe Verhältnis zwischen beiden zu beschrieben? Im Hintergrund dieser Frage steht das noch viel grundsätzlichere Problem, wie ist Weitergeltung des alten Bundes mit der für den neuen Bund grundlegenden universalen Heilsbedeutung Jesu Christi vereinbar (vgl. Röm 3,21–31)? Hält man an der universalen Heilsbedeutung Jesu Christi fest, dann stellt sich sofort das äußerst sensible Problem der Judenmission. Im Unterschied zu manchen evangelikalen Gruppierungen kennt die katholische und die offizielle evangelische Position keine organisierte und gezielte Judenmission. Doch in allen diesen Fragen sind wir noch weit von einer allgemein befriedigenden Antwort entfernt. Trotz guter Ansätze gibt es gegenwärtig noch keine umfassende allgemein überzeugende christliche Theologie des Judentums."[14]

Rabbiner Henry G. Brandt, Vorsitzender der Allgemeinen Rabbinerkonferenz Deutschlands, verstand sehr wohl, welches Thema da von katholischer Seite gesetzt worden war: muss auch das jüdische Volk den universalen Heilsanspruch anerkennen, den die katholische Kirche für Jesus als Christus in Anspruch nimmt? Er antwortet Walter Kasper[15]:

„Wir haben mit Genugtuung registriert, dass sich die Katholische Kirche festgelegt hat, dass Gottes Gnadengaben und Verheißungen unabänderlich sind, dass seine Treue ewig währet. Demgemäß steht Gott zu seinem Bund und zur Erwählung Israels, wenn Er auch – nach christlichem Verständnis – die Christen durch den Glauben in diese hineingenommen hat. Dass ich dafür nicht Dank sage, werden Sie mir nicht übel nehmen, denn für das Selbstverständliche sollte man nicht danken müssen, aber ich äußere Genugtuung, dass diese Korrektur in Lehre und Glaube endlich stattgefunden hat. Denn für uns war es immer selbstverständlich, dass der Bund nie gekündigt wurde, fühlten wir uns doch selbst in den schlimmsten Zeiten immer im Bund mit Gott. Nie gekündigt, manchmal schwer zu tragen, und immer präsent. Dass wir das nun gemeinsam so sehen gibt uns, glaube ich, gegenseitig Stärke und Mut für die Zukunft. Das Sündenbekenntnis, das mehrmals ausgesprochen wurde, haben wir ebenfalls registriert. Und als Jude sollte man darauf mit Annahme reagieren. Denn lehrt das Judentum nicht und sprechen wir nicht jedes Mal zu den hohen Feiertagen der Umkehr, zu Rosch HaSchana und Yom Kippur, Umkehr, Gebet und gute Taten ändern das negative Urteil? Wir hoffen nur, dass diese Kehrtwende, dieses fast revolutionäre Neue von Dauer sein wird und man diese Entwicklung wirklich als epochal bezeichnen wird. Hoffentlich werden die zukünftigen Geschichtsbücher es demgemäß berichten."

„Sie haben das Thema der Mission angesprochen. Ich möchte hier nicht weiter darauf eingehen, aber es muss zur Kenntnis genommen werden, dass besonders hier in Deutschland, die Mission an Juden ein rotes Tuch ist. Insbesondere hier ist jede Idee, jeder Anflug der Möglichkeit einer Judenmission quasi ein feindlicher Akt, eine Fortsetzung der Untaten Hitlers den Juden gegenüber auf anderer Ebene. Das ist hart, aber ehrlich gesagt, denn so wird es von uns empfunden. Deswegen muss die Absage an eine Missionierung von uns Juden radikal und vorbehaltlos sein. Freilich bedeutet dies nicht, dass Christen wie auch Juden nicht verpflichtet wären, unter Bedingungen der Freiheit Zeugnis für ihren Glauben abzulegen. Dazu gehört unweigerlich auch das Risiko, dass das Leben und dieses Zeugnis jemanden dazu motivieren könnten, sozusagen die Seiten zu wechseln. In einer freien Gesellschaft muss dieses Risiko akzeptiert werden. Und Tatbestand ist, dass es eine solche Bewegung in beide Richtungen gibt. Judenmission, das aktiv ‚Bekehren wollen', ist allerdings etwas ganz anderes, insbesondere wo es noch mit materiellen Anreizen verbunden ist. Das verbietet sich von selbst – und besonders hier in diesem Land unter den vorhin beschriebenen Umständen."

Ein Jahr später, im März 2007, besucht die Deutsche Bischofskonferenz Israel. Im Umfeld dieses Besuchs war es zu erheblicher Verstimmung gekommen. Zwar räumte Karl Kardinal Lehmann damals ein, die „situativ zugespitzten Äußerungen" einiger Bischöfe seien „sicherlich nicht angemessen" gewesen. Die Vorsitzende des Zentralrats der Juden in Deutschland, Charlotte Knobloch, nannte es jedoch „völlig inakzeptabel", wenn z. B. der Eichstätter Bischof Gregor Maria Hanke vom „Ghetto in Ramallah" sprach und damit einen Vergleich mit der NS-Zeit zog. Frau Knobloch verurteilte Hankes Aussagen. Sie bedienten Klischees, „die sich hart an der Grenze des Antisemitismus bewegen".

Noch schwieriger gestalten sich die Verhältnisse auf theologischem Terrain. Die Wiederzulassung des Missale Tridentinum als „außerordentliche Form" des katholischen Messformulars im Juli 2007 hat schwerwiegende Fragen für uns Juden aufgeworfen. Denn die jüdische Befürchtung lässt sich nicht ausräumen, dass mit der alten Messe auch die alte Ekklesiologie und die alten Ansprüche der katholischen Kirche wiederbelebt werden sollen. Folge der Wiederzulassung war eine nachhaltige Irritation im Verhältnis von Judentum und katholischer Kirche. Als man im Vatikan vorstellig wurde und eine Klärung verlangte, erhielt man von Kardinal Bertone die Aussage, die Befürchtungen seien unbegründet und man sehe die Sache falsch. Dennoch sah sich Papst Benedikt XVI. schließlich veranlasst, die Karfreitagsbitte für die Juden zu revidieren. Mich hat das aufhorchen lassen. Seitdem spüre ich, dass sich vielleicht gar nicht so viel getan haben könnte in den Weiten kirchlicher Ebenen – trotz „Nostra aetate" und Rheinischem Synodalbeschluss „Zur Erneuerung des Verhältnisses von Christen und Juden" von 1980[16]. Ungläubig lese ich als Jude mit viel Erfahrung im Dialog diese Verfügung des Papstes, mit der er am 4. Febr. 2008 von eigener Hand die Karfreitagsbitte für die Juden im Missale Romanum von 1962 verändert hat. Nach der Freigabe des alten Messritus als „außerordentliche Form" im Juli 2007 hatten weltweit Vertreter des Judentums eine Abänderung der alten Form dieses Gebets gefordert. Auch viele christliche Organisationen baten um Klärung: dass der Bund Gottes mit seinem Volk Israel Bestand hat *ohne Jesus*. Das Hin und Her seit Mitte 2007, ob und wie künftig am Karfreitag für die Juden gebetet würde, ließ mehr vermuten als nur einen Fehler in der Kommunikation des Vatikans. Nun schafft eine Neufassung von höchster Seite grausame

Klarheit. Es heißt: „Wir wollen auch beten für die Juden, dass unser Gott und Herr ihre Herzen erleuchte, damit sie Jesus Christus erkennen als Heiland aller Menschen… Allmächtiger ewiger Gott, der Du willst, dass alle Menschen gerettet werden und zur Erkenntnis der Wahrheit gelangen, gewähre gnädig, dass ganz Israel gerettet werde, wenn die Fülle aller Völker in Deine Kirche eintritt." Führt der Weg zum Heil also auch für Juden letztlich über die Anerkenntnis Jesu als Heiland? In der ordentlichen Form seit den siebziger Jahren heißt es da ganz anders: „Lasset uns beten für die Juden, zu denen Gott im Anfang gesprochen hat. Er gebe ihnen die Gnade, sein Wort immer tiefer zu verstehen und in der Liebe zu wachsen." Durch die Veränderung der außerordentlichen Form des wiederzugelassenen lateinischen Messritus wird die ordentliche Form entwertet. Denn die jetzt in Kraft gesetzte Fassung Benedikt XVI. ist die neueste Form, mit der es sich kritisch auseinanderzusetzen gilt. Sie ist als offizielle „lex orandi" auch „lex credendi"! Hätte er auf die Aussage der ordentlichen Form zurückgreifen wollen, wie einfach wäre es gewesen, ihre lateinische Fassung für die tridentinische Messe vorzuschreiben.

Kardinal Walter Kasper, für das Verhältnis zum Judentum zuständig, wiegelt ab: die Bitte um Bekehrung der Juden sei nur eine „endzeitliche Hoffnung", die katholische Kirche wolle im Diesseits keine Judenmission. Es handele sich lediglich um ein Zitat aus dem Römerbrief. Wenn der Papst nun von der Bekehrung der Juden spreche, müsse man das richtig verstehen. Ich meine, ich verstehe ihn schon. Deshalb habe ich meine Teilnahme am 97. Katholikentag in Osnabrück abgesagt. Das Klima des Einvernehmens und des gegenseitigen Vertrauens ist nicht mehr gegeben. Ein jüdischer Kollege benannte seinen Zustand sanft mit „inhaltlicher Verwunderung und emotionaler Verstimmung". Jemand anderer wollte es noch klarer sagen: Juden aller

Denominationen lehnen jede Form der Vereinnahmung und Mission seitens des Christentums ab und sollten – 1.600 Jahre nach Konstantin und Theodosius, 1.000 Jahre nach den Kreuzzügen, 900 Jahre nach den Laterankonzilien und 63 Jahre nach der Schoa – einen Respekt erfahren, der erst die Grundlage für einen wahren Dialog zwischen Judentum und Kirche bedeuten kann.

Uns Juden geht es also um die gleiche Augenhöhe und um die Selbstachtung gegenüber einer Kirche, die es nicht vermocht hat, die Lehre von der Gottesebenbildlichkeit des Menschen so zu vermitteln, dass mehr als nur ein kleines Häuflein gläubiger Katholiken sich gegen die Verbrechen des Nationalsozialismus gestellt hätten. Leo Baeck war es, der dieses Fazit nach dem Holocaust gezogen hatte: was ist eine Kirche wert, die Gottes grundsätzliche Lehren nicht aufrechtzuerhalten weiß, dann aber auch noch einen Absolutheitsanspruch aufrechterhält, der durch nichts zu rechtfertigen ist.

Trotz dieses Bankrottes 1945 war eine beispiellose Annäherung möglich, getragen auch von dem – wie wir glaubten – ehrlichen Bemühen der Kirche, „Gottes erste Liebe" (Friedrich Heer) anzuerkennen und damit auf eigene Spurensuche zu gehen. Gerade vor dem Hintergrund der leidvollen und unentschuldbaren christlichen Vergangenheit mit dem Judentum ist es eine wichtige Aufgabe für jüdische Theologen geworden, den Dialog mit dem Christentum zu suchen. Die spirituelle Komponente ist dabei ganz wichtig: nicht nur humanitäre Erwägungen führen uns zusammen. Wir sind vielmehr um Gottes willen miteinander verbunden. Es reicht nicht, dass Christen sich auf ihre jüdischen Wurzeln aus biblischer Zeit berufen; denn Dialog verlangt Zeitgenossenschaft, das heißt das Gespräch zwischen heutigen Christen und heutigen Juden. Die Bewegung aufeinander zu müsste sich öffnen zu einer gemeinsamen Verantwortung für die Zukunft unserer gefährdeten Welt.

Seit fünfundzwanzig Jahren engagiere ich mich im jüdisch-christlichen Gespräch. In den letzten Jahren verstärkt sich in mir leider das Gefühl, die Beschäftigung der katholischen Kirchenoberen mit dem Judentum wird zu einer zeremoniellen Pflicht. Man hat katholischerseits alles gesagt: den Eigenwert des Judentums bekräftigt, seine Schuld gegenüber dem jüdischen Volk bekannt, seinen Willen zum Dialog auch institutionell bekräftigt im Rahmen der Päpstlichen Kommission für die Religiösen Beziehungen zu den Juden.

Die Frage nach der Gültigkeit der Heilszusage Gottes an das jüdische Volk aus katholischer Sicht bleibt aber offensichtlich eine offene Wunde. Als höhnisch müssen Juden es empfinden, wenn ausgerechnet im Umfeld von Karfreitag und Ostern die Katholische Kirche wieder für die Erleuchtung der Juden bittet, damit wir Jesus als Heiland erkennen. Solche theologischen Aussagen werden in einem wirkungsgeschichtlichen Kontext getroffen, der eng verbunden ist mit Diskriminierung, Verfolgung und Tod, letztlich um unseres „Seelenheils" willen. Das ist nach der Schuld, die die Katholische Kirche in ihrer Geschichte mit dem Judentum und zuletzt im Dritten Reich auf sich geladen hat, völlig unangemessen und muss auf das Schärfste zurückgewiesen werden.

Die grundsätzliche Absage an gegenseitige Mission bedeutet nicht, individuellen Glaubensentscheidungen mit Respekt zu begegnen. Anlässlich der Feierstunde in Rom zum 40. Jahrestag der Konzilserklärung „Nostra aetate" am 27. Oktober 2005 sollte der jüdischstämmige Pariser Kardinal Jean-Marie Lustiger sprechen. Der römische Oberrabbiner Riccardo di Segni verurteilte diese Wahl als unangemessen und blieb dem Anlass fern: es sei kein Dialog, wenn es bedeute, die eigene Identität aufzugeben und zu anderen Seite überzuwechseln. Andere Rabbiner und ich nahmen aber demonstrativ teil, um die Person Lustigers und sein Lebenswerk zu würdigen, auch unter Einschluss der Tatsache, dass er jüdisch geboren war. Heute frage ich mich: wie stünde es denn, wenn es umgekehrt wäre. Kann die katholische Kirche damit fertig werden, dass eine ganze Anzahl von Rabbinern ursprünglich in das Christentum hineingeboren waren, bevor sie von der einen zur anderen Bruderseite gewechselt sind? Im Juni 2007 überbrachte bei der Amtseinführung der ursprünglich evangelischen Rabbinerin Gesa Ederberg in Berlin die evangelische Bischöfin Maria Jepsen Grüße auch im Namen des Ratsvorsitzenden der EKD, Bischof Wolfgang Huber. Könnte die katholische Kirche über ihren Schatten springen und akzeptieren, dass die Taufhandlung an einem Kind nicht schwerer wiegt, als die freie Entscheidung des Jugendlichen oder Erwachsenen, einen anderen Weg mit Gott zu gehen, der als „brüderlich" bezeichnet wird. Es könnte sein, dass es dann schnell vorbei wäre mit dieser Brüderlichkeit.

Die Verlautbarung des Vatikanischen Staatssekretariats vom 4. April 2008 eröffnet so viele Fragen, wie sie zu beantworten versucht: „Gerade im Blick auf das Mysterium der Kirche ruft ‚Nostra aetate' das einzigartige Band in Erinnerung, dass das Volk des Neuen Testaments mit dem Stamm Abrahams geistig verbindet, weist jede geringschätzige oder diskriminierende Gesinnung gegen Juden zurück und distanziert sich klar von jeder Form des Antisemitismus." Der Vatikan bekundet damit Respekt von Mensch zu Mensch gegenüber dem jüdischen Volk, bezeichnet die Christen dabei aber als Gottesvolk des Neuen Testaments, uns Juden als „Stamm Abrahams". Er wendet sich gegen Diskriminierung und Antisemitismus, spart aber jede Bekräftigung des besonderen Gottesverhältnisses aus, das von jeher bis heute Juden und Gott in einem andauernden Bund zusammenführt. Die Bekräftigung der Konzilsaussagen und besonders der Erklärung „Nostra aetate" sind durchaus hilfreich, doch fehlt der einzig erlösende und von vielen erwartete Satz, dass die Kirche keinerlei Judenmission betreiben wird, weil Juden bereits bei Gott sind. Deshalb muss der ernüchternde Schluss gezogen werden: als Elemente der lehramtlichen Verkündigung einer neuen Sicht des Verhältnisses zum Judentum sind heute wieder zu verteidigen: der mit Israel geschlossene Bund ist „von Gott nie gekündigt“[17] worden. Das jüdische Volk steht nach wie vor in einer unwiderruflichen Berufung und ist immer noch Erbe jener Erwählung, der Gott treu ist (vgl. Röm 9,4). Es ist das „Volk des Bundes“, welches von der Bibel her als „Licht der Völker“ eine universale Sendung hat. Jesus Christus ist ein echter Sohn Israels. Sein Judesein und die Tatsache, dass sein Milieu die jüdische Welt war, gehören nach Johannes Paul II. zur Menschwerdung des Sohnes Gottes. Sie sind nicht ein einfacher kultureller Zufall. Wer die Bindung Jesu an das jüdische Volk lösen und durch eine andere religiöse Tradition ersetzen wollte, würde die Identität der Person Jesu Christi beschädigen. Diese Aussagen sind für das überkommene Glaubensverständnis von Christen irritierend, aber sie entsprechen der Ortsbestimmung, die das Zweite Vatikanische Konzil für die christliche Identität vorgenommen hat.[18] Beide beten denselben Gott an. Beide stützen sich auf dasselbe Buch, die Hebräische Bibel. Beide erkennen die moralischen Prinzipien der Tora an und hegen eine gemeinsame Verantwortung für diese Welt als Gottes Schöpfung.

Unsere Furcht ist, dass diese Erkenntnisse auf der Grundlage des II. Vatikanischen Konzils in den Hintergrund rücken könnten. Unsere Hoffnung ist, dass die „ecclesia triumphans“ des alten Ritus keine geistige Wiederbelebung findet. Die Beziehungen zwischen katholischer Kirche und der jüdischen Gemeinschaft stehen durch den unfreundlichen Akt der Neufassung der Karfreitagsfürbitte schlagartig vor einer Zerreißprobe, wie schon seit Jahrzehnten nicht mehr. Es obliegt der weiteren theologischen Diskussion, im jüdischen Nein zu Jesus Christus den Ausdruck jüdischer Treue zur eigenen Berufung und eine Voraussetzung für das Werden der Kirche zu bedenken. Das mühsam Erreichte im jüdisch-katholischen Verhältnis ist noch nicht gesichert und wir bemerken beinahe jeden Tag, dass es gefährdet ist.

Anmerkungen

[1] Walter Homolka (Hg.), *Die Lehren des Judentums nach den Quellen*, Band III, München 1999 [Neuedition der 1930 im Gustav Engel Verlag Leipzig erschienen Originalausgabe], 58.

[2] A.a.O., 58.

[3] A.a.O., 60.

[4] A.a.O., 67.

[5] A.a.O., 68.

[6] A.a.O., 74.

[7] A.a.O., 84.

[8] A.a.O., 106.

[9] A.a.O., 121.

[10] A.a.O., 155.

[11] A.a.O., 172.

[12] A.a.O., 205.

[13] Vgl. J.T. Pawlikowski, *Judentum und Christentum III,* in: TRE XVII (1988) 390-403; ders., *Reflections on Covenant and Mission*, in: E. Kessler/M.J. Wright (ed.): *Themes in Jewish-Christian Relations*. Cambridge (England) 2005, 273–299.

[14] Walter Kardinal Kasper: Rede bei der Begegnung mit Rabbinern und Vertretern des Vatikans am 09.03.2006 [http://www.deutscher-koordinierungsrat.de/04_02_mehr.php?pNUM=3&mID=55]

[15] Landesrabbiner Henry G. Brandt: Rede bei der Begegnung mit Rabbinern und Vertretern des Vatikans am 09.03.2006 [http://www.deutscher-koordinierungsrat.de/04_02_mehr.php?pNUM=2&mID=60]

[16] Der Schwerpunkt des Synodalbeschlusses von 1980 liegt auf dem Bekenntnis zum niemals gekündigten Bund Gottes mit seinem Volk Israel. Er wehrt damit der falschen judenfeindlichen Tradition von der Ersetzung des alten Bundes Gottes mit Israel durch einen neuen Bund in Jesus Christus, der dann mit der Kirche und der Menschheit geschlossen wäre. Auf dieser Basis wird 1996 der Grundartikel der Kirchenordnung geändert. Eingefügt wird: „Sie (die Evangelische Kirche im Rheinland) bezeugt die Treue Gottes, der an der Erwählung seines Volkes Israel festhält. Mit Israel hofft sie auf einen neuen Himmel und eine neue Erde".

[17] Johannes Paul II. in seiner Ansprache an den Zentralrat der Juden in

Deutschland und die Rabbinerkonferenz am 17. November 1980 in Mainz, in: Rendtorff, Rolf/Henrix, Hans Hermann (Hg.), *Die Kirchen und das Judentum, Bd. I: Dokumente 1945–1985*, Paderborn - München 1988, 75.

18 „Manche Menschen betrachten die Tatsache, dass Jesus Jude war und dass sein Milieu die jüdische Welt war, als einfachen kulturellen Zufall, der auch durch eine andere religiöse Inkulturation ersetzt und von der die Person des Herrn losgelöst werden könnte, ohne ihre Identität zu verlieren. Aber diese Leute verkennen nicht nur die Heilsgeschichte, sondern noch radikaler: Sie greifen die Wahrheit der Menschwerdung selbst an und machen eine authentische Auffassung der Inkulturation unmöglich" (in: Henrix, H.H./Kraus, W. (Hg.): *Die Kirchen und das Judentum.- Bd. 2: Dokumente von 1986–2000*, Paderborn - Gütersloh 2001, 109.).

Ohne Verantwortung und Feingefühl

von Nathan Kalmanowicz

Der säkulare Staat Israel feiert in diesem Jahr seinen sechzigsten Unabhängigkeitstag. Dies rückt ihn besonders ins Blickfeld der Medien, Politik und Gesellschaft. Wagt deshalb die Katholische Kirche gerade in diesem Jahr den Vorstoß, sich um die Missionierung der Juden zu bemühen? Die Wiederaufnahme dieser Diskussion gibt Anlass zum Nachdenken.

Die Ausbreitung der Globalisierung im wirtschaftlichen Bereich führte weltweit nicht zum Abbau von Barrieren, sondern errichtete neue Hindernisse. Die Religion spielt dabei eine immer wichtigere Rolle im Leben der Menschen weltweit. Sie verbindet kollektive Zugehörigkeit mit Identitätsfindung und stellt eine wesentliche Lebenshilfe für die Menschen dar. Besonders die jüdische Religion verbindet mit dem Glauben an G´tt auch Kultur und Tradition. Diese Verknüpfung war von jeher eines der Kennzeichen des Judentums in seiner dreitausendachthundert Jahre währenden Geschichte. Weil das Judentum es vermochte, sich ständig zu erneuern, konnte es sich erhalten: trotz Anfeindungen, Diskriminierung bis hin zur beinahe gelungenen Ausrottung. Dies hat sich leider bis heute nicht geändert. Die Zerstörungspläne eines militanten Islamismus sind ein weiterer Beleg dafür.

Neu ist aber, dass die Katholische Kirche an ihre alten Traditionen anzuknüpfen scheint und auf theologische Weise versucht, das Judentum kulturell und religiös auszurotten: durch seine Überführung ins Christentum. Ein altbekanntes und lange schon überwunden geglaubtes Spannungsfeld wird da neu belebt.

Ich verweise nur auf die Zeit des Nachmanides (1194–1270). Dieser jüdische Gelehrte, auch als Ramban bekannt, war nicht nur Rabbi, sondern auch Arzt und Philosoph aus Katalonien und galt zu seiner Zeit als einflussreicher geistlicher und politischer Führer. König Jakob I. von Aragón zwang Nachmanides zu einem öffentlichen Streitgespräch mit dem getauften Christen Pablo Christiani in der sogenannten Barcelonischen Disputation. Obwohl Nachmanides als Sieger aus dem Streitgespräch ging, wurde er von den anwesenden Dominikanern der Beleidigung des christlichen Glaubens beschuldigt. Auf Betreiben von Papst Clemens IV. musste Nachmanides seine Heimat Katalonien schließlich verlassen. Er ging ins heutige Israel, um dort die jüdischen Gemeinden wieder aufzubauen. Ich hätte auch auf Moses Maimonides verweisen können oder auf Moses Mendelssohn. Bis weit nach der Aufklärung rang das Judentum um die Freiheit gegenüber dem Absolutheitsanspruch des Christentums. Erst durch den Schock des mitverschuldeten Holocaust war in der katholischen Kirche ein Umschwung eingeleitet, auf den hin ein Miteinander zaghaft möglich zu werden schien. Vor diesem düstern Hintergrund von Unterdrückung, Verfolgung, Leid und Mord frage ich mich als Repräsentant des Judentums in Deutschland: welchen Sinn hat die von Papst Benedikt XVI. nunmehr plötzlich vorgenommene Änderung des Wortlauts der Karfreitagsfürbitte im wiederzugelassenen tridentinischen Ritus? Will es das Erreichte revidieren?

Ich möchte daran erinnern, welche Stoßrichtung der tridentinische Messritus insgesamt hat. Das Konzil von Trient, das von der Römisch-Katholischen Kirche als 19. ökumenisches Konzil angesehen wird, fand in vier Sitzungsperioden zwischen 1545 und 1563 statt. Im Gefolge und im Auftrag des

Konzils von Trient wurde unter Papst Pius V. das „Missale Romanum“ als verbindliches Messbuch für die ganze Kirche des Römischen Ritus herausgegeben. Inhaltlich handelt es sich bei dem von Papst Pius V. veröffentlichten Missale Romanum um eine leicht korrigierte Neufassung des Missale curiae, das heißt des um 1220 zusammengestellten Messbuchs der päpstlichen Palastkapelle. Laut Pius V. wurden bei der Überarbeitung des neuen Missale Romanum 1570 die ältesten damals verfügbaren Handschriften und gedruckten Messbücher herangezogen, um eine Fassung als Gegenantwort zu den Theologen der Reformation zu bilden. Die Arbeiten begannen 1563 in Trient und wurden 1564 in Rom von ausgewählten Gelehrten fortgeführt. Ein Ziel der Vereinheitlichung und der verbindlichen Festlegung der Liturgie war es, Missbräuche zu beseitigen und zu verhindern sowie protestantische Einflüsse fernzuhalten. Das heißt, der tridentinische Ritus versteht sich als Antwort der katholischen Kirche auf die protestantische Reformation.

Das Missale Romanum wurde unter den nachfolgenden Päpsten mehrfach durchgehend revidiert sowie den Erfordernissen der jeweiligen Zeit angepasst, beispielsweise wurden neue Feste in den Jahreskreis eingebunden und entsprechende Messformulare geschaffen. Außerdem wurden nicht nur zwischenzeitlich durch verschiedene Verlage eigenmächtig vorgenommene Änderungen an der Fassung Pius' V. beseitigt, sondern diese unter Beiziehung weiterer liturgie- und kirchengeschichtlicher Quellen verbessert. Die gleichbleibenden Teile der heiligen Messe blieben dabei bis 1960/65 weitgehend unverändert

Eine tiefgreifende Änderung des Missale Romanum noch vor der Liturgiereform des Zweiten Vatikanischen Konzils 1965 bildet die unter Papst Pius XII. durchgeführte Neuordnung der Liturgie der Osternacht und der Karwoche. Das Missale Romanum von 1962 enthält noch die Karfreitagsfürbitte „Für die Bekehrung der Juden“ (Pro conversione Iudaeorum). Sie bezeichnet Juden als verblendet und in Finsternis wandelnd. Erst seit der durchgreifenden Liturgiereform und durch die Konzilerklärung „Nostra aetate“ von 1965 konnten wir Juden hoffen, dass niemand in Katechese und Predigt das dumpfe Bild der durch die Kirche besiegten Synagoge weitertragen würde: weil diese Vorstellung einer Ablösung des Judentums als Gottesvolk durch das Christentum mit der Wahrheit des Evangeliums und dem Geiste Jesus des Juden nicht im Einklang steht.

Besonders wohltuend war, dass Johannes Paul II. die Juden als die älteren Brüder der Christen bezeichnete. Dies gilt Benedikt XVI. jedoch wenig, weil für ihn der historische Jesus hinter Christus, den „Sohn G'ttes“ zurücktritt. Das macht die Theologie des gegenwärtigen Papstes so problematisch.

Ist also die Wiederzulassung des tridentinischen Ritus ein Rückfall in den gegenreformatorischen und revisionistischen Modus der katholischen Kirche?

Rabbiner Leo Baeck hat einmal gesagt, der eigentliche Unterschied zwischen Judentum und Christentum bestünde in den unterschiedlichen Vorstellungen vom Menschen. Während er im Judentum Partner G'ttes in Seinem Schöpfungswerk ist, berufen zum Guten, beteiligt an der Heilung der Welt, ist er im Christentum vor allem Geschöpf, ringend mit seinem Unvermögen. Der wesentliche Unterschied beim Menschenbild im Neuen Testament scheint mir darin zu bestehen, dass das gesamte menschliche Sein unter dem Zeichen der Sünde steht, dem Gefühl der Kraftlosigkeit, dem Willen G'ttes und seinen Geboten Wirkmacht zu verleihen. Erst durch den „sühnenden Kreuzestod Christi“ sei der Mensch von der Sünde erlöst worden, habe sich G'tt mit den Menschen versöhnt.

Ganz anders die Haltung des Judentums, das ein Menschenbild zeichnet, so kraftvoll und handelnd, so optimistisch und voller Vollmacht. Auf unserer Vorstellung vom freien Willen des Menschen basieren die Einsichten, die den Humanismus zur großen Gegenmacht im Denken Europas haben werden lassen. Anders als die katholische Kirche ist der Humanismus eine Weltanschauung, die sich an den Interessen, den Werten und der Würde des einzelnen Menschen orientiert. Toleranz, Gewaltfreiheit und Gewissensfreiheit gelten als wichtige Prinzipien menschlichen Zusammenlebens. Die eigentliche Frage des Humanismus ist: Was ist der Mensch? Was ist sein wahres Wesen? Wie kann der Mensch dem Menschen ein Mensch sein?

Bereits in der ersten monotheistischen Weltreligion, nämlich im Judentum, gelten die Gebote der Nächsten- und Fremdenliebe:

> Hasse Deinen Nächsten nicht in Deinem Herzen!
> Sondern weise ihn auf das Recht hin, damit Du nicht seinetwegen Schuld auf Dich lädst.
> Räche Dich nicht, noch behalte Zorn gegen die Kinder Deines Volkes.
> Liebe Deinen Nächsten wie Dich selbst: Ich bin der Ewige.
> *(Lev 19,17)*

Das Gebot der Fremdenliebe wendet sich gegen eine Beschränkung der Nächstenliebe auf Mitjuden (Lev 19,33-34; vgl. Dtn 10,19):

> Den Fremdling, der bei Euch wohnt in Eurem Land, sollt Ihr nicht unterdrücken. Er soll wie ein Einheimischer unter Euch wohnen, und Du sollst ihn lieben wie Dich selbst; denn Ihr ward auch Fremdlinge in Ägypten. Ich bin der Ewige, euer Gott.

Auch in der aus dem Judentum 1800 Jahre nach Abraham hervorgegangenen christlichen Religion hat das Denken des Humanismus seinen Raum, die Vorstellung von der Menschwerdung Gottes adelt gewissermassen den Menschen. So verstehe ich das Doppelgebot der Liebe in Matthäus 22, 35 bis 40:

Ein Schriftgelehrter besuchte Jesus und fragte ihn: Meister, welches ist das höchste Gebot im Gesetz? Jesus aber antwortete ihm: „Du sollst den Herrn, deinen G'tt, lieben von ganzem Herzen, von ganzer Seele und von ganzem Gemüt. Dies ist das höchste und wichtigste Gebot. Das andere aber ist dem gleich: Du sollst deinen Nächsten lieben wie dich selbst."

Dem gegenüber steht unversöhnlich der Absolutheitsanspruch der katholischen Kirche, wie er von Benedikt XVI. jüngst erst wieder gegenüber den Kirchen der Reformation und dem Islam aufgestellt worden ist. Wir sind Zeugen, wie diese Position des amtierenden Papstes kirchenpolitisch als oberste Maxime aufgestellt und durchgesetzt wird. Und jetzt ist auch noch das Judentum an der Reihe? Der Papst in Rom hat wohl grundsätzlich ein Problem mit der Akzeptanz Andersdenkender, auch mit den so verwandten monotheistischen Schwesterreligionen.

Bei den jüdischen Vertretern hatte Benedikt XVI. anfangs hoffungsvolle Erwartungen geweckt. Dies konnte Benedikt XVI. beim Weltjugendtag in Köln 2005 mit Händen greifen während seines Besuchs in der Kölner Synagoge. Einer weiteren Einladung zum Besuch des neuen Gemeindezentrums mit Synagoge in München, in seiner früheren Wirkungsstätte als Erzbischof von München-Freising, folgte er nicht. Das habe ich sehr bedauert.

Die rückwärtsgewandte Wiederzulassung der Tridentinischen Messe und seine eigenhändige Neufassung der Karfreitagsfürbitte für diesen Ritus stellt einen aktuellen Höhepunkt der Abwendung vom jahrzehntelangen, erfolgreichen Verlauf des christlich-jüdischen Dialogs dar. Es gab in Deutschland viele Stimmen auch in der katholischen Kirche, vom Zentralkomitee der deutschen Katholiken bis hin zu einigen Mitgliedern des Episkopats, die diese Judenfürbitte für einen großen Rückschritt halten. Deshalb ist das Argument auch unerheblich, dass dieser Ritus nur die außerordentliche Form des Betens der Kirche sei. Schon standen Denker wie der Münchener Philosoph Robert Spaemann mit der Forderung bereit, die Einsicht des Hl. Vaters in die Bekehrungsnotwendigkeit des Jüdischen Volkes müsse nun auch in der ordentlichen Form der Liturgie ihren Niederschlag finden. Damit hat sich die Vermutung bewahrheitet, dass Benedikt XVI. Zeichen gesetzt hat, die den rückschrittlichen Kräften innerhalb der Kirche Aufwind versprechen.

Jeder, der sich für den christlich-jüdischen Dialog einsetzt, sei es in den christlich-jüdischen Gesellschaften oder dem Arbeitskreis Christen und Juden beim Zentralkomitee der Deutschen Katholiken (ZdK), muss diese offensichtliche Herabwürdigung der Jüdischen Religion gegenüber dem Christentum bedauern und bekämpfen.

Gerade für mich als jüdischen Religionsvertreter stellt dies eine unakzeptable Beleidigung dar. Maßgebliche Maximen unseres heutigen Zusammenlebens in einem pluralistischen Abendland stehen auf dem Spiel und erfordern unsere deutliche Gegenwehr.

Über 1600 Rabbiner der konservativen Rabbinical Assembly of America haben diese Ablehnung bereits deutlich gemacht, Die Präsidentin des Zentralrats der Juden, Charlotte Knobloch, hat den Dialog mit der katholischen Kirche bis auf weiteres ausgesetzt, der Vorsitzende der Allgemeinen Rabbinerkoferenz Rabbiner Henry G. Brandt hat das Gebet als „reaktionär“ verurteilt und der Rektor der europäischen Rabbinerausbildung am Potsdamer Abraham Geiger Kolleg, Rabbiner Professor Walter Homolka, hat vor dem Wiederaufleben antisemitischer Tendenzen gewarnt. Die Resonanz aus Rom war die Vorhaltung, man dürfe hier nicht so emotional reagieren, sondern müsse Vernunft walten lassen. Vernünftig haben die jüdischen Vertreter gehandelt, die durch die Absage ihrer Teilnahe am Katholikentag 2008 deutlich gemacht haben, dass eine Grenze überschritten wurde.

Die guten Beziehungen zwischen der Katholischen Kirche und dem Judentum, die in fünfzig mühevollen Jahren errungen worden sind, haben großen Schaden genommen. Dieser Schaden wiegt umso schwerer, weil Benedikt XVI. aus Deutschland kommt. Wir hätten von ihm mehr theologischen Weitblick und mehr Feingefühl erwartet. Mit denen in dieser Kirche, die dennoch guten Willens sind, das Erreichte zu bewahren, müssen wir nun vertrauensvoll weiterarbeiten und darauf hoffen, dass dieses deutsche Intermezzo in Rom keinen dauerhaften Einfluss auf die Wege G'ttes mit seiner Kirche haben wird.

Sind wir alle nur Mimosen?

von Rabbiner Jonah Sievers

Die vereinfachte Zulassung des vorkonziliaren Missale von 1962 mit der darin enthaltenden alten Version der Karfreitagsfürbitte hatte bereits für große Verstimmung in der jüdischen Welt – und eben nicht nur in Deutschland – geführt. Die Enttäuschung wurde durch die Neufassung der Fürbitte im Februar 2008 durch Papst Benedikt XVI. weiter verstärkt und führte zur Absage der Teilnahme einer ganzen Anzahl jüdischer Referenten am kommenden Katholikentage in Osnabrück.

Walter Kardinal Kasper äußerte sich in einem Beitrag für die Frankfurter Allgemeine Zeitung vom 20.3.2008 dahingehend, dass die Kritik jüdischerseits an der Neufassung ausschließlich emotional geprägt sei, eine Meinung der sich vor kurzem leider auch der ehemalige Vorsitzende der katholischen Bischofskonferenz Karl Kardinal Lehmann anschließt: „Es ist für mich erschreckend, wie rasch und offensichtlich uninformiert man über den Text hergefallen ist. Bei ruhiger und nüchterner Überlegung hätten manche Worte nicht fallen dürfen. Dabei meine ich nicht nur in erster Linie die jüdischen Partner, sondern es gab auch überhitzte Stellungnahmen von katholischer und evangelischer Seite. Insofern kann man Kardinal Kasper Recht geben, der davon sprach, der Unmut sei ‚weithin nicht rational, sondern emotional begründet'. Dass dies aber überhaupt möglich ist, zeigt eben auch, wie viele Ängste und Sorgen noch unter der Decke lebendig sind, und wie sensibel man miteinander umzugehen lernen muss."[1]

Sind wir alle nur Mimosen, die nicht mehr rational denken können? Die Antwort ist natürlich: Nein, es gibt gute rationale Gründe, die Neufassung zu kritisieren. Selbstverständlich gibt es auch emotionale Gründe, warum wir bei der Karfreitagsfürbitte empfindlich reagieren. Aber es gibt eben auch ganz rationale Gründe, diese Neufassung ausdrücklich zu kritisieren. Walter Kardinal Kasper führt aus, dass die Fürbitte von 1970 theologisch nicht im Widerspruch zu der neuen für den ausserordentlichen Ritus verfassten Version steht. Denn: „Die Neuformulierung des Karfreitagsgebets von 1962 sagt also nichts Neues, sondern spricht nur aus, was schon bisher als selbstverständlich vorausgesetzt, aber offensichtlich nicht hinreichend thematisiert wurde."[2] Wenn man Kasper folgt, haben viele Juden und Katholiken diese Fürbitte und damit *Nostra aetate* immer falsch verstanden.

War es denn nicht so, dass sich die Theologie bezüglich der Juden nach dem Zweiten Vatikanischen Konzil mit der Verabschiedung der bahnbrechenden Erklärung *Nostra aetate* tatsächlich geändert hatte?

Da es eigentlich nicht sein kann, dass die Katholische Kirche in zwei Texten zwei unterschiedliche Aussagen zu einem Thema macht, kann ich Kardinal Kaspers Versuch verstehen, dieses Problem durch eine harmonisierende Interpretation zu lösen. Allerdings ist dieser Versuch zu durchsichtig, als dass ich ihn akzeptieren könnte. Denn von einer Wertschätzung für das jüdische Volk (ist dies mit dem „Stamm Abrahams" identisch, von dem in der Erklärung des Vatikanischen Staatssekretariats vom 4.4.2008 gesprochen und der dem „Volk des Neuen Testaments" entgegengesetzt wird?) mit seinem ungekündigten Bund und eigenem Heilsweg, finde ich in der neuen Version nichts. Schien Judenmission nach der Fürbitte des ordentlichen Ritus von 1970 nicht mehr möglich, so ist dies in der neuen Fürbitte nicht ausgeschlossen. Die Abwendung von der Annahme, Juden bräuchten Jesus als Heiland, ist aber die Geschäftsgrundlage für einen Dialog auf Augenhöhe.

Auch die Tatsache, dass es sich bei der neuen Karfreitagsfürbitte nur um eine Version des außerordentlichen Ritus handelt, also zugegebenermaßen nur von einem kleinen Personenkreis gebetet wird, ändert an unserer jüdischen Empörung nichts. Die Tatsache, dass der Papst eine eigene Formulierung gefunden hat, statt die lateinische Version der Fürbitte von 1970 vorzuschreiben, lässt nur den Schluss zu, dass die neue Fürbitte in ihrer Aussage der spezifischen Theologie des Papstes entspricht. Da ich die Neuformulierung von 2008 mit der Version des ordentlichen Ritus von 1970 für theologisch inkompatibel halte, ist damit eindeutig eine theologische Akzentverschiebung verbunden, die ich für bedenklich halte. Es ist schon aufschlussreich, dass in der Stellungnahme des Vatikanischen Staatssekretariats vom 4.4.2008 kein Wort zur Missionsproblematik steht. Der römische Oberrabbiner Riccardo di Segni fasst die Enttäuschung wie folgt zusammen: „Was wir in der Erklärung gerne gehört hätten, ist, dass die Kirche nicht für die Bekehrung der Juden betet oder dass sie diesen Wunsch zumindest auf das Ende der Zeiten verschiebt und der alleinigen Entscheidung Gottes überlässt."[3] Allerdings bin ich im Gegensatz zu di Segni, der Meinung, dass auch eine Bekehrung am Ende der Zeit einen Bruch mit der in der 70er Fürbitte ausgedrückte Theologie bedeuten würde.

Trotz Empörung, Misstrauen und Enttäuschung: der Dialog wird irgendwie weitergehen. Allerdings wird der Optimismus, den Rabbiner Henry G. Brandt vor zwei Jahren in Berlin noch zum Ausdruck brachte, als Rabbiner und Bischöfe sich zu einem ersten historischen Treffen in der Katholischen Akademie begegneten, einem nüchternen Realismus weichen. Diese neue Fürbitte hat den Dialog inhaltlich und in der Praxis weit zurückgeworfen.

Anmerkungen

[1] Karl Kardinal Lehmann, *Nicht grenzenlos belastbar – Zur Diskussion um die Karfreitagsfürbitte im jüdisch-christlichen Dialog*, Gastkommentar in der Mainzer Kirchenzeitung ‚Glaube und Leben', 6. April 2008.

[2] Walter Kardinal Kasper, *Das Wann und Wie entscheidet Gott*, Frankfurter Allgemeine Zeitung, 20.03.2008, Nr. 68, 39.

[3] Radio Vatikan, 5. April 2008 [http://www.radiovaticana.org/ted/Articolo.asp?c=197384].

Wenn ein Gebet kein Segen ist

von Michael A. Signer

Am Anfang

Wenn ich die Diskussionen über die neuformulierte Fürbitte Papst Benedikts XVI. bedenke, Gott möge die Juden „erleuchten", damit sie Jesus Christus als den „Erlöser aller Menschen" anerkennen, bin ich überzeugt, dass der Papst nicht absichtlich Ärgernis erregen und verletzen wollte. Man könnte auch mutmaßen, dass der Wunsch nach der erweiterten Zulassung des „Tridentinischen Ritus", der jetzt die außerordentliche Liturgie genannt wird, ein internes katholisches Problem lösen sollte. Papst Benedikt hat sich schon seit Beginn seines Pontifikats auf Fragen konzentriert, die seines Erachtens im Zentrum der katholischen Lehre stehen. Seine beiden Enzykliken legten den Schwerpunkt auf „Liebe" (Deus caritas est) und „Hoffnung" (Spe salvi). Dennoch haben diese internen Fragen Auswirkungen, die über die Welt der getauften Katholiken hinausreichen; sie tragen auch dazu bei, die katholische Grundhaltung gegenüber der Welt zu prägen.

Im Jahr 2005, kurz vor dem Konklave, hielt Kardinal Ratzinger eine lange Rede vor dem Kardinalskollegium: Für die Kirche sei die Zeit gekommen, sich in einer Welt zu engagieren, die eine „Diktatur des Relativismus" geworden sei. Es sei für Katholiken einfach nicht hinzunehmen, dass alle Ideen das gleiche Maß an Wahrheit besäßen. Doch sofort nach seiner Wahl zum Papst versicherte er als Benedikt XVI. die große Bedeutung des Dialogs als eines zentralen Anliegens im Wirken der Kirche, indem er sagte:

„Ich wende mich an alle, auch an diejenigen, die anderen Religionen angehören oder die einfach eine Antwort auf die Grundfragen des Daseins suchen und sie noch nicht gefunden haben. An alle wende ich mich in Einfachheit und Liebe, um sie dessen zu vergewissern, dass die Kirche mit ihnen weiterhin einen offenen und aufrichtigen Dialog pflegen will in der Suche nach dem wahren Guten des Menschen und der Gesellschaft. Ich erbitte von Gott die Einheit und den Frieden für die Menschheitsfamilie und erkläre die Bereitschaft aller Katholiken, für eine wahre gesellschaftliche Entwicklung zusammenzuarbeiten, die die Würde jedes Menschen achtet." Während der ersten Tage seines Pontifikats beteuerte er, dass er hinsichtlich der Beziehungen zwischen Juden und Christen in die Fußstapfen seines Vorgängers treten werde. Er fügte hinzu: „Es ist auch möglich, noch weiter zu gehen."

In den letzten drei Jahren hat Benedikt XVI. nicht viele Hinweise gegeben, wo und wie er beabsichtigt „weiterzugehen". Sein Grußwort an die jüdische Gemeinde in Köln im August 2005 während des Weltjugendtags war herzlich. Er anerkannte das Leiden des jüdischen Volkes in Deutschland und anderswo während der Schoa. Es gab aber keinen Hinweis auf irgendeinen theologischen Fortschritt. Er drängte „zu einem aufrichtigen und vertrauensvollen Dialog zwischen Juden und Christen. Nur so wird es möglich sein, zu einer beiderseits akzeptierten Interpretation noch strittiger historischer Fragen zu gelangen und vor allem Fortschritte in der theologischen Einschätzung der Beziehung zwischen Judentum und Christentum zu machen. Ehrlicherweise kann es in diesem Dialog nicht darum gehen, die bestehenden Unterschiede zu übergehen oder zu verharmlosen. Auch und gerade in dem, was uns aufgrund unser tiefsten Glaubensüberzeugung voneinander unterscheidet, müssen wir uns gegenseitig respektieren". Während seines Besuchs im Vernichtungslager Auschwitz im Mai 2006 erklärte er: „Mit der Zerstörung des Volkes Israel, mit der Schoa, sollte im letzten auch die Wurzel ausgerissen werden, auf der der christliche Glaube beruht, und endgültig durch den neuen selbst gemachten Glauben an die Herrschaft des Menschen, des Starken, ersetzt werden."

Bei beiden Gelegenheiten konzentrierte sich Papst Benedikt auf das Judentum, wie er es durch die Brille des christlichen Glaubens sieht. Er argumentierte, dass ein authentischer Dialog zwischen den beiden Gemeinschaften auf Verschiedenheit und Respekt beruhen müsse. Gerade auf den Gebieten, in denen wir anderer Überzeugung sind, müssen wir einander Respekt erweisen. Die Mitglieder der jüdischen Gemeinden fragen sich, wie der Papst gerade hinsichtlich ihrer religiösen Tradition das Wort „Respekt" im Rahmen der neuformulierten Karfreitagsfürbitte definiert, wenn darin gebetet wird, dass sie mit der Hilfe Gottes Jesus als den Erlöser aller Menschen anerkennen. Dieses Gebet legt offen, dass die jüdische Religion für eine Beziehung zu Gott unzureichend ist.

Respekt: rational und emotional

Viele Aufsätze in diesem Band konzentrieren sich auf die Formulierungen, die für dieses neue Gebet charakteristisch sind. Mein Vorschlag lautet herauszufinden, warum Juden und viele Katholiken meinen, es mangele dem neuen Gebet von Papst Benedikt an Respekt für das Judentum. Außerdem vermissen Juden und Katholiken in diesem Gebet das Wesentliche, das er in seiner Ansprache an die jüdische Gemeinde in Köln ins Zentrum gerückt hat: Ehrlicher Dialog kann nur in einer Atmosphäre des gegenseitigen Vertrauens stattfinden. Im Grunde geht es bei der Kontroverse über die Karfreitagsfürbitte darum, ob sie unter Katholiken Respekt für das Judentum und eine Atmosphäre des Vertrauens zwischen beiden Gemeinschaften stiftet.

In einem Brief an die FAZ (20. März 2008) behauptete Kardinal Kasper, dass die jüdischen Proteste gegen die neue Formulierung eher auf Emotionen als auf Vernunft beruhten. Er argumentierte, dass die von Juden vertretene Meinung, dieses Gebet verlange eine organisierte, zielgerichtete Mission zur Bekehrung der Juden, jeder Grundlage entbehre. Mit anderen Worten, die jüdischen Einwände gegen dieses Gebet würden auf Furcht statt auf logisch durchdachten Argumenten basieren, auf der Furcht nämlich, das Gebet der Kirche, die Juden mögen Jesus Christus als den Erlöser aller Menschen anerkennen, solle ihnen schaden. Sein Brief argumentiert, dass das Gebet Gott um die Erfüllung dessen bitte, was Paulus im Römerbrief (Röm 11,25) geschrieben hat. Diese Erfüllung könne kein menschliches Wirken herbeiführen, sie liege einzig und allein in Gottes Hand.

Man muss trotzdem auf Kardinal Kaspers Brief hin die Frage stellen, die er nie beantwortet hat: Warum war es notwendig, ein neues Gebet zu formulieren? Diese Frage wird von etlichen katholischen Theologen gestellt. Zugleich ist es die Frage vieler Juden, die sich seit Jahrzehnten im Dialog mit Katholiken engagieren. Die ordentliche Liturgie der Kirche enthält seit 1970 im Rahmen der Karfreitagsfürbitten ein Gebet für die Juden, das Respekt für das Judentum zeigt. Darin werden die Juden als Volk bezeichnet, „zu dem Gott zuerst gesprochen hat“. Dieses Gebet anerkennt, dass das jüdische Volk das Wort der Wahrheit gehört hat; weiter bittet die Kirche Gott, er möge das jüdische Volk segnen, damit es in der Liebe zu seinem Namen und der Treue zu seinem Bund bleibe. Der Text bestätigt die fortdauernde Beziehung zwischen Gott und dem jüdischen Volk. Die Juden suchen weiterhin Gott und erfüllen den Bund, den sie geschlossen haben. Der zweite Teil der Fürbitte bittet Gott, dass „das

Volk, das du als erstes zu deinem Eigentum erwählt hast, zur Fülle der Erlösung gelange". Von diesem letzten Satz her wird deutlich, dass „die Fülle der Erlösung" sich auf den Punkt bezieht, den Kardinal Kasper verdeutlichen wollte und von dem er sagt, hier wiederhole das neue Gebet nur die Lehre der Kirche: Jesus Christus ist der Mittler der Erlösung für alle Menschen, und am Ende der Zeit – einem Zeitpunkt, den nur Gott kennt – werden auch die Juden Jesus als ihren Erlöser anerkennen. Trotzdem muss man sine ira et studio zugeben, dass das Gebet des ordentlichen Ritus der einzigartigen Natur des jüdischen Bund gerecht wird und die Möglichkeit offen hält, dass das Judentum auch post Christum natum (nach der Geburt, dem Tod und der Auferstehung Jesu – was die Christen für wahr halten) in Gottes Wahrheit bleibt. Das Gebet von 1970 respektiert mithin das Judentum und schafft eine Atmosphäre des Vertrauens.

Auf die Fürbitte für die Juden folgt im ordentlichen Ritus eine Fürbitte „für alle, die nicht an Jesus Christus glauben". Für diese Menschen bittet die Kirche, „dass der Heilige Geist sie erleuchte und sie auf den Weg des Heiles führe". Man kann sofort den Unterschied erkennen zwischen dem Gebet für die Juden und dem Gebet für alle anderen, die nicht an Jesus Christus glauben. Im zweiten Fall ist nicht von einem Bund mit dem Gott Israels die Rede. Deswegen hat diese Fürbitte einen völlig anderen Schwerpunkt als das Gebet für die Juden.

War es denn wirklich notwendig, für diejenigen, die eine erweiterte Zulassung des „Tridentinischen Ritus" wünschten, einen neuen Gebetstext zu schaffen, statt die Fürbitte von 1970 zu übernehmen? Kardinalstaatssekretär Bertone hat eine Antwort auf diese Frage versprochen. Seine bisherigen Antworten jedoch und etliche Bemerkungen von US-amerikanischen Bischöfen in dieser Kontroverse scheinen eher den Schwerpunkt auf das Thema „Gegenseitigkeit" im Dialog zwischen Christen und Juden zu legen als zu erklären, warum der Papst einen neuen Text für das Gebet schreiben wollte. Sie argumentieren: Wenn die Kirche gebeten werde, für die Juden kränkende Gebete zu revidieren, dann müssten auch die Juden die Gebete revidieren, die das Christentum und andere Religionen für verletzend erachten. Die Kritik an manchen jüdischen Gebeten gehört schon seit der Judenemanzipation und der Aufklärung zur Debatte zwischen Christen und Juden. Kann es wirklich sein, dass sich die Führungspersönlichkeiten der Kirche nicht bewusst sind, dass in Deutschland, Frankreich und den USA Bücher und Aufsätze über die historische Dimension der jüdischen Liturgie geschrieben wurden?

Schon der Kontext, in dem jüdische Autoren vor dem Zweiten Weltkrieg auf christliche „Anfragen" zu diesen Gebeten reagierten, zeigt, dass man nicht auf Gegenseitigkeit abzielte. Vielmehr stammen diese Anfragen aus dem antijüdischen Vorurteil, die „universalen" Werte der christlichen Religion im Gegensatz zu der „partikularen Religion" des Judentums zu behaupten. Aber ist dieses Thema nicht ein Ablenkungsmanöver, um der grundlegenden Frage auszuweichen: Warum ist es nötig, einen neuen Text zu schreiben, der alle theologisch gültigen Aussagen des Gebets von 1970 tilgt? Ferner: wird die Bitte um „Gegenseitigkeit" das gegenseitige Vertrauen zwischen Juden und Christen fördern? Anders gesagt: Wird sie eine Brücke für den fruchtbaren Dialog werden oder nur Disputationen und mehr Apologie fördern?

Der Weg Benedikts XVI.

Nach Meinung vieler Juden und Katholiken, die seit dem Zweiten Vatikanischen Konzil am Dialog zwischen unseren Gemeinschaften teilnehmen, legen die Diskussionen über die neue Fürbitte eine Spannung offen, die die Interpretation des

Konzils grundsätzlich betrifft. Die Frage lautet, ob das Konzil neue Gedanken und Begriffe eingeführt hat, wie sich die Kirche der Welt gegenüber verhalten soll, oder ob dem nicht so ist. Kardinal Avery Dulles, ein führender Theologe der katholischen Kirche in Amerika, vertritt die These, dass alle wesentlichen Inhalte der Glaubenslehre in Kontinuität mit den vorhergehenden Konzilien verstanden werden müssen. Speziell zum Verständnis der Erlösung behauptet er: „Das Konzil lehrte, dass Erlösung in keinem anderen Namen als dem Namen Jesu gefunden werden kann.“[1] (So steht es zwar schon in Apg 4,12 und an anderen Stellen; aber es gibt auch andere Aussagen wie z. B.: „Nicht jeder, der zu mir ‚Herr, Herr‘ sagt, wird in das Himmelreich kommen, sondern wer den Willen meines Vaters tut“ (Mt 7,21).) John D. O'Malley SJ, ein Kirchenhistoriker, argumentierte hingegen, dass sich die Sprache, welche die Konzilsväter verwendeten, um dem Heiligen Geist Ausdruck zu verleihen, von der der vorherigen Konzilien radikal unterschied. Das Vokabular des Zweiten Vatikanums verlangte nach einer Orientierung für die Zukunft und ersetzte darum das Vokabular der Abgrenzung von allen anderen durch das Vokabular der Öffnung zu anderen: Inklusion statt Exklusion. „Anstatt Anathema und Exkommunikationen auszusprechen, werden häufig Ausdrücke aus dem Wortfeld Freundschaft verwendet, wie ‚Brüder und Schwestern‘ oder ‚Männer und Frauen guten Willens‘.“[2]

Wenn wir die Gründe für die Formulierung einer neuen Fürbitte erforschen, könnte sich die Antwort aus dem Text von 1970 ergeben. Er wurde in der Sprache von Freundschaft und Inklusion geschrieben. Hingegen ist für Papst Benedikt die Suche nach einem möglichst deutlichen und starken Ausdruck der katholischen Lehre von zentraler Bedeutung, wie es schon in seiner Amtszeit in der Glaubenskongregation der Fall war.

In seinem Buch „Die Vielfalt der Religionen und der Eine

Bund" beschreibt er das Verhältnis zwischen Christen und Juden folgendermaßen: „Bedeutet das Bekenntnis zu Jesus von Nazareth als Sohn des lebendigen Gottes und der Glaube an das Kreuz als Erlösung der Menschheit etwa von innen her eine Verurteilung der Juden als verstockt und verblendet, als schuldig am Tod des Gottessohnes? Stünde es demgemäß so, dass der Glaubenskern der Christen selbst zur Intoleranz, ja zur Feindseligkeit den Juden gegenüber zwingt und dass umgekehrt die Selbstachtung der Juden, die Verteidigung ihrer geschichtlichen Würde und ihrer tiefsten Überzeugung sie nötigt, von den Christen die Preisgabe ihrer Glaubensmitte zu verlangen, also ebenfalls der Toleranz zu entsagen? [...] Kann christlicher Glaube, in seinem inneren Ernst und seiner Würde belassen, das Judentum nicht nur tolerieren, sondern in seiner geschichtlichen Sendung annehmen, oder kann er es nicht? Kann es wahre Versöhnung ohne Preisgabe des Glaubens geben, oder ist Versöhnung an solche Preisgabe gebunden?"[3]

Seine Antwort basiert darauf, wie das Judentum im „Katechismus der Katholischen Kirche" (1993) dargestellt wird. Er betont nachdrücklich die Kontinuität zwischen der Botschaft Jesu und dem jüdischen Volk. Nach den Aussagen des Katechismus liegt die Betonung auf der Rolle Jesu, die Botschaft von der Versöhnung zwischen Juden und der heidnischen Welt anzukündigen. „Das bedeutet dann, dass alle kultischen Ordnungen des Alten Testaments in seinen Tod hineingenommen und in ihm gegenwärtig, zu ihrer tiefsten Bedeutung gebracht erscheinen. [...] Die Universalisierung der Tora durch Jesus, wie sie das Neue Testament versteht, ist nicht die Abstraktion einiger universaler Moralvorschriften aus dem lebendigen Ganzen der Gottesoffenbarung."[4]

In einer persönlichen Erinnerung beschreibt Kardinal Ratzinger seine Sicht auf das Verhältnis zwischen Christentum und Judentum: „Mir war schon als Kind – obwohl ich natürlich von all den neuen Erkenntnissen, die der Katechismus zusammenfasst, nichts wusste – immer unbegreiflich, wie manche aus dem Tod Jesu eine Verurteilung der Juden ableiten wollten, weil mir dieses Wort als ein mich selbst zutiefst tröstendes in die Seele gedrungen war: Jesu Blut erhebt keine Vergeltungsforderungen, sondern ruft alle in die Versöhnung; es ist – wie der Hebräerbrief zeigt – selbst zum ständigen Versöhnungstag Gottes geworden."[5]

Das beherrschende Motiv in diesem Absatz ist Versöhnung, nicht Verurteilung und Zerstörung. Diese Versöhnung wird in einer „tiefen inneren Versöhnung" realisiert, wo keine der beiden Gemeinschaften von ihrem Glauben absieht oder ihn gar verleugnet. „In ihrer gegenseitigen Versöhnung sollten sie für die Welt zu einer Kraft des Friedens werden."[6] Die Versöhnung zwischen Juden und Christen findet laut Papst Benedikt nur durch den Tod Jesu statt.

Diese Überzeugung, dass Jesus der Mittler der Versöhnung zwischen Juden und Christen ist, fand ihren Ausdruck am Ende des Jubiläumsjahres 2000, als Kardinal Ratzinger schrieb: „Lasset uns beten, dass Gott auch den Kindern Israels ein tieferes Wissen von Jesus von Nazareth geben möge, der ihr Sohn ist und das Geschenk, das sie uns gemacht haben. Weil wir beide die endgültige Erlösung erwarten, lasst uns beten, dass die Wege, denen wir folgen, zusammenführen."[7] Nach vielen Gesten der Reue und Bußfertigkeit, die während des Jubiläumsjahres bei Papst Johannes Paul II. im Mittelpunkt standen, lautete das Gebet Kardinal Ratzingers für die Juden, sie mögen Jesus von Nazareth erkennen, so dass „die Wege zusammenführen". Am Ende des getrennten Wartens von Juden und Christen ist es klar, dass Jesus der Mittler von Erlösung und Versöhnung sein wird.

Bisher haben wir aufgezeigt, dass es eine klare Linie gibt in der theologischen Sicht Papst Benedikts von seinen frühen Schriften über das Judentum wie auch vom Katechismus der Katholischen Kirche bis zur Neuformulierung der Karfreitagsfürbitte für den außerordentlichen Ritus. Es besteht keine feindselige Absicht, dem jüdischen Volk das Christentum aufzuzwingen – nur die Hoffnung, sie mögen „ins Licht kommen". Bei der Formulierung der neuen Fürbitte ordnet sich Benedikt wieder in ein traditioneller theologisches Denk- und Sprachmuster ein, das Jesus als der Erlöser aller Menschen verkündigt, anstatt die Aussage zu bekräftigen, dass die Juden in ihrem Bund verbleiben.

Dennoch, die Versöhnung, die der Papst beschreibt, entzieht sich der menschlichen Kontrolle. Sie findet jenseits des Zeithorizonts statt, wie wir gewöhnliche menschliche Wesen ihn kennen. Aber Augen, die sich auf den Horizont richten, übersehen leicht die Stolpersteine zu unseren Füßen. Welche Hoffnungen eine religiöse Gemeinschaft auch immer für das Jenseits hat - jede Gemeinschaft hat eine tiefe Verantwortung für die Gegenwart.

Es mag der Glaube von Katholiken sein, dass Jesus ein Mittler der Versöhnung ist, aber er ist nicht und wird nie die Macht sein, die Juden und Christen in dieser Welt zusammenbringt. Diese beiden Gemeinschaften können durch gegenseitiges Verstehen zusammenkommen, das jeder Seite erlaubt, sich selbst auszudrücken. Die lange Geschichte unserer Beziehung hat sich nicht in knapp vierzig Jahren verändert. Den maßgebenden Rahmen, um im Dialog einander das eigene Selbstverständnis offenzulegen, hat Papst Johannes Paul II. am besten in dem Vorschlag beschrieben, dass Juden und Christen als Nachkommen Abrahams zuerst einander zum Segen werden sollten und dann zum Segen für die Welt. Deswegen lautet die wichtigste Frage: Stellt der neue lateinische Text der Karfreitagsfürbitte einen „Segen“ dar? Sucht die neue Fürbitte das Gute, Wohlstand und Gerechtigkeit für das jüdische Volk? Unterstützt sie die Juden, das Wort Gottes zu studieren und nach ihm zu leben? Erkennt sie deren treues Zeugnis für ihren Bund an?

Die Antwort lautet schlicht: Nein. Für die Juden zu bitten, sie mögen Jesus anerkennen, trägt nicht dazu bei, ihre Heiligkeit in dieser Welt zu mehren oder ihre Religiosität über die Forderungen der rabbinischen Tradition hinaus zu vertiefen. Jüdischer Gottesdienst preist und ehrt den Gott Israels nicht weniger als die Gebete der Kirche. Die jüdische Hoffnung auf universalen Frieden und die Forderungen nach Gerechtigkeit in der Welt auf der Grundlage der Tora und der Propheten sind nicht weniger authentisch als die christlichen Forderungen nach diesen Werten, die im Namen Jesu erhoben werden.

Franz Rosenzweig formulierte die Beziehung zwischen Judentum und Christentum als einen Widerspruch. Einerseits, habe Gott Feindschaft zwischen beide gesetzt für alle Zeit. Andererseits habe er sie aufs Engste wechselseitig aneinander gebunden. Deswegen wird es im Lauf der Geschichte für Juden und Christen Situationen geben, in denen die Feindschaft unüberwindbar scheint, und bei vielen anderen Gelegenheiten kann die wechselseitige Verwiesenheit (reciprocity) die Feindschaft überwinden, aber sie nicht völlig tilgen. Der neue Text der Karfreitagsfürbitte betont eher die „Feindschaft“ als die wechselseitige Verwiesenheit.

Zwei Gemeinschaften, die sich an den Gott der Hebräischen Bibel mit radikal unterschiedlichen Weisen der Interpretation wenden, können von einander nicht mehr verlangen, als die Reibung zu vermindern, die durch ihren Widerspruch bedingt ist. Für Juden bleibt die mündliche Tora, die Lehren der Weisen und ihrer Schüler, die Mitte ihres Lebens.

Christliches Verständnis der Hebräischen Schriften bestätigt, dass Jesus von Nazareth der Gesalbte (Christus) Gottes ist, der Versöhnung für alle Menschen anbietet.

In „Dabru Emet" wurde dieser Konflikt wie folgt prägnant zusammengefasst: *„Der nach menschlichem Ermessen unüberwindbare Unterschied zwischen Juden und Christen wird nicht eher aufgehoben werden, bis Gott die gesamte Welt erlösen wird, wie es die Schriften prophezeien.* Christen kennen und dienen Gott durch Jesus Christus und die christliche Tradition. Juden kennen und dienen Gott durch die Tora und die jüdische Tradition. Dieser Unterschied wird weder dadurch aufgelöst, dass eine der Gemeinschaften darauf besteht, die Schrift zutreffender auszulegen als die andere, noch dadurch, dass eine Gemeinschaft politische Macht über die andere ausübt. Wie Juden die Treue der Christen gegenüber ihrer Offenbarung anerkennen, so erwarten auch wir von Christen, dass sie unsere Treue unserer Offenbarung gegenüber respektieren. Weder Jude noch Christ sollten dazu genötigt werden, die Lehre der jeweils anderen Gemeinschaft anzunehmen."[8]

Die Autoren von „Dabru Emet" waren überzeugt, dass der theologische Unterschied zwischen unseren beiden Gemeinschaften nicht durch Menschen aufgehoben werden kann. Die intellektuellen Argumente, die in der Frühphase des rabbinischen Judentums und Christentums und während des Mittelalters entwickelt wurden, liefern hinreichend Zeugnis, dass die christliche Mehrheit, die später die Kultur Westeuropas wurde, niemals die feste Überzeugung der Juden ausgelöscht hat. Die Ausübung politischer Macht hat möglicherweise die Zahl der jüdischen Untertanen verringert. Während die Juden nie Anstrengungen unternahmen, Christen zur Bekehrung bzw. Konversion zu veranlassen, entwickelten sie Argumente, die auf der Schriftauslegung und der Vernunft basierten, um die zentralen Wahrheiten des christlichen Glaubens zu widerlegen. Trotz der außerordentlichen Kraft dieser Argumente blieb der christliche Glaube bestehen und blühte auf. Die Weisheit von „Dabru Emet" liegt in der Anerkenntnis, dass es frühere Generationen nicht geschafft haben, die „Konversion" der anderen Seite zu bewerkstelligen. Die Autoren sahen in neuen Zugängen von christlichen Gemeinschaften zum Judentum ein mögliches Zeichen des Respekts für die Stärke und Macht der jüdischen Treue zu ihrer Geschichte und als ein gültiges Zeugnis für den Gott, dessen Offenbarung in den Hebräischen Schriften bezeugt wird. Der Weg des gegenseitigen Segens öffnet den Horizont für gegenseitige Unterstützung, auf dass wir in unserer gegenwärtigen Realität handeln, statt dem jüdischen Volk eine enge Vision aufzuerlegen, die sich ausschließlich an der eschatologischen Zukunft orientiert.

Übersetzung: Dr. Johanna Schmid, Augsburg

Anmerkungen

1 America Magazine, Band 188, Nr. 6, 24. Februar 2003, 9.
2 A.a.O, 15.
3 Joseph Kardinal Ratzinger, *Die Vielfalt der Religionen und der Eine Bund*, Bad Tölz ^{2}1998, 19f.
4 A.a.O, 38f.
5 A.a.O., 43.
6 A.a.O., 44.
7 *The Heritage of Abraham, The Gift of Christmas*, L'Osservatore Romano, 29. Dezember 2000.
8 *Nationalprojekt jüdischer Gelehrter „Dabru Emet". Eine jüdische Stellungnahme zu Christen und Christentum vom 11. September 2000: Die Kirchen und das Judentum. Dokumente von 1986–2000*, hg. v. Hans Hermann Henrix und Wolfgang Kraus, Paderborn, Gütersloh 2001, 974–976, hier 975f.

Die Juden in der christlichen Karfreitagsfürbitte

von Johannes Brosseder

Die Irritationen begannen am 7. Juli 2007. An diesem Tag hat Papst Benedikt XVI. das tridentinische Missale Romanum von 1570 in der geänderten Fassung von 1962 als *außerordentliche Form des Römischen Ritus* für die Erzkonservativen wieder zugelassen, die am liebsten das ganze II. Vatikanische Konzil der Vergessenheit anheimgeben würden. Die *ordentliche Form des Römischen Ritus* von 1970 wurde nicht geändert. Die tridentinische Messe ihrerseits ist nur eine Variante der spätmittelalterlichen Messe, deren antijüdisches Verständnis z.B. in der Polemik gegen die Reformatoren des 16. Jahrhunderts so unmissverständlich und klar von Johann Eck, dem Gegner Martin Luthers, herausgestellt wurde und die vollständige Enterbung des Judentums durch die Kirche zum Inhalt hat: „Damals der *Sabbat*, jetzt der *Sonntag*", „der *eine Tempel* in Jerusalem damals, die *vielen Tempel* (= die Kirchengebäude) heute überall", „der *eine Hohepriester* damals, die *vielen Priester* heute"[1] ; „das *eine Opfer* im Tempel damals, die *vielen Opfer* in den vielen Tempeln heute"[2]; „das *einmal jährlich* in dem einen Tempel durch den einen Hohenpriester dargebrachte Opfer damals, die *täglich* und täglich mehrmals in den vielen Tempeln durch die vielen Priester dargebrachten Opfer heute"[3]; da die *hebräische* Sprache der zeitgenössischen Juden für Eck die Sprache der Gotteslästerung ist, ist sie für ihn zu Recht von der *lateinischen* Sprache als Kultsprache abgelöst worden[4].

Dieses Verständnis des christlichen Gottesdienstes spiegelt wichtige Teile des theologischen Antijudaismus, der noch zahlreiche andere antijüdische Topoi kennt und verhängnisvolle gesellschaftliche und politische Konsequenzen für die Juden unter christlicher Herrschaft zur Folge hatte. Die Wiederzulassung der tridentinischen Messe macht deren ganzen antijüdischen Hintergrund wieder lebendig, in dessen spätmittelalterlichem Kontext sie ja auch entstanden und ohne den sie auch nicht zu verstehen ist. In dieser tridentinischen Liturgie findet sich für den Karfreitag eine antijüdische Fürbitte, deren Neufassung vom 4. Februar 2008 sehr heftige jüdische Reaktionen hervorgerufen hat. Um nur zwei Reaktionen zu nennen: So legte die italienische Rabbinerkonferenz eine Denkpause in den Beziehungen des Judentums zum Vatikan ein, und der Zentralrat der Juden in Deutschland forderte die Rücknahme dieses Textes durch den Papst. Diese jüdische Reaktion ist nur zu verstehen, wenn man sich den Jahrhunderte langen christlichen Antijudaismus bzw. Antisemitismus vergegenwärtigt, der sich tief in das jüdische Gedächtnis eingegraben hat und den Christen nur allzu leicht vergessen bzw. verdrängen. Deshalb sei dieser Beitrag mit Schlaglichtern des christlichen Antijudaismus bzw. Antisemitismus begonnen, um das Ausmaß anzuzeigen, dessen sich Juden erinnern, wenn sie die neue Karfreitagsfürbitte im Kontext der Wiederzulassung der tridentinischen Messe lesen und mit ihr konfrontiert werden. Sie fragen zu Recht: Was geht in der römisch-katholischen Kirche eigentlich vor sich?

Schlaglichter des christlichen Antijudaismus/Antisemitismus

Die Fastnacht, die Fastenzeit, der Passionssonntag, die Karwoche und insbesondere der Karfreitag sowie Ostern sind für Juden durch die Jahrhunderte hindurch mit den schlimmsten Erinnerungen verbunden. Unter dem Einfluss Papst Innozenz III. hatte das IV. Laterankonzil (1215) in den Konstitutionen 67, 68, 69 und 70[5] einschlägige Anordnungen für die Juden getroffen[6], die in der Folgezeit erheblich verschärft und ausgeweitet wurden. So wird Juden, aber auch Christen, das Wuchern verboten und Christen der Handel mit Juden untersagt (Nr. 67). Sodann wird verfügt (Nr. 68), dass Juden und Sarazenen eine Kleidung tragen müssen, die sie von derjenigen der Christen unterscheidet. Wörtlich heißt es: „In einigen Provinzen unterscheidet die Kleidung Juden und Sarazenen von den Christen. Aber in gewissen anderen ist eine solche Regellosigkeit entstanden, dass sie durch keine Unterscheidung kenntlich sind. Daher kommt es zuweilen vor, dass sich irrtümlicherweise Christen mit jüdischen oder sarazenischen und Juden oder Sarazenen sich mit christlichen Frauen vermischen. Damit also den Ausschweifungen einer so abscheulichen Vermischung in Zukunft die Ausflucht des Irrtums abgeschnitten werde, bestimmen wir, dass Juden und Sarazenen beiderlei Geschlechts in jeder christlichen Provinz und zu jeder Zeit sich durch die Art ihres Gewandes öffentlich von der übrigen Bevölkerung unterscheiden sollen …“[7]. Mit diesen Bestimmungen wurde die Separierung der Juden von der übrigen Gesellschaft durch die Kirche eingeleitet, die dann in der Folgezeit zur Einrichtung der Ghettos und zu Vertreibung und Mord führte.

Im Anschluss an diese Bestimmungen werden Vorschriften für das Verhalten der Juden während der Passionszeit erlassen: „In den Kartagen und am Passionssonntag sollen sie keinesfalls in die Öffentlichkeit ausgehen, weil einige von ihnen, wie wir erfahren haben, sich nicht schämten, geschmückt einherzugehen, und sich nicht scheuten, die Christen zu verspotten, die, des heiligen Leidens eingedenk, Zeichen der Trauer trugen. Das aber wollen wir aufs strengste verhindern, dass sie sich unterstehen, zur Verspottung des Erlösers auszugehen. Und da wir nun einmal die Schmähung dessen nicht übersehen dürfen, der unsere Schande tilgte, bestimmen wir, dass diejenigen, die so vermessen sind, durch die weltlichen Fürsten mit gebührender Beachtung im Zaum gehalten werden, damit sie es nicht wagen, den zu lästern, der für uns gekreuzigt worden ist."[8]

Die Konstitution Nr. 69 verbietet es den Juden, öffentliche Ämter zu übernehmen, damit nicht ein Lästerer Christi Gewalt habe über Christen; wo ein Jude ein Amt innehat, muss er es mit Schande wieder aufgeben. Und schließlich wird angeordnet (Nr. 70), dass die Prälaten bei getauften Juden mit dem nötigen Zwang dafür zu sorgen hätten, dass diese bestimmte Gebräuche der alten Religion nicht weiterhin ausübten; es sei nämlich schlimmer, wenn man einmal die Wahrheit des christlichen Glaubens erkannt habe, wieder zurückzufallen, als diese überhaupt nicht zu kennen.[9]

Diesen Anordnungen lagen dogmatische Überzeugungen zugrunde, die schon Jahrhunderte zuvor von Augustinus formuliert worden waren: Die Vertreibung der Juden aus ihrem Land und ihre Zerstreuung über die ganze Welt sei ein Zeugnis für die Verwerfung Israels durch Gott selbst und ein Beweis dafür, dass die Erwählung nun auf die Kirche übergegangen sei. Die Kirche sei das Neue Israel. Die Juden seien blind, verblendet, ihr Herz sei verstockt, sie verstünden die heilige Schrift nicht und hätten in ihren Eltern Jesus zum Tode geführt.[10] Die Juden als Gottesmörder wurde ein die Jahrhunderte hindurch gehender ständiger Topos des christlichen Antijudaismus bzw. Antisemitismus.

Besonders mit dem Karfreitag verbunden ist die kurz vor dem IV. Laterankonzil entstandene entsetzliche und verhängnisvolle Ritualmordlegende. In einem Bericht aus dem Jahre 1181 wird als Begründung für die Konfiskation jüdischen Vermögens und der Synagogen durch den französischen König Philipp-August die Ritualmordlegende herangezogen; das damals konfiszierte Vermögen, wurde zu einem erheblichen Teil, so die Synagogen, der Kirche zu ihrer größten Zufriedenheit vermacht[11]; die Ritualmordlegende lautet: „Sehr oft hatte (König Philipp-August) … gehört, dass die Juden … in jedem Jahr am Karfreitag oder in der Karwoche in unterirdischen Höhlen versteckt einen Christen zum Hohn der christlichen Religion gleichsam als Opfer abschlachteten".[12] Der fromme König reagierte hart: An einem Sabbat nahm er alle Juden Frankreichs in den Synagogen gefangen, beraubte sie ihres Goldes, Silbers und ihrer wertvollen Kleidung, vertrieb sie wenig später des Landes und schenkte die Synagogen der Kirche.[13]

Auch die mittelalterliche *Theologie* beschäftigte sich mit den Juden. Können sie, da die Juden als Ungläubige und Gottesmörder angesehen werden, überhaupt geduldet werden? Der Dominikaner Thomas von Aquin beantwortet diese Frage mit Ja, um größeres Übel zu vermeiden, wie ja auch aus diesem Grund Dirnen geduldet würden. Darf man gegen den Willen ihrer Eltern Kinder von Juden taufen? Thomas von Aquin sagt nein, unter Berufung auf das Naturrecht. Der Franziskaner Duns Scotus, der in Köln begraben liegt und dessen 700. Todestags in diesem Jahr gedacht wird, ist gänzlich anderer Meinung: ein Fürst, der dafür Sorge zu tragen habe, dass die Herrschaft Gottes geachtet werde, müsse den Juden ihre Kinder wegnehmen, sie taufen und für eine christliche Erziehung sorgen; Gott habe nämlich über die Kinder ein größeres Herrschaftsrecht als die Eltern. Spätestens in der dritten oder vierten Generation würde sich dann das Thema Judentum von selbst erledigt haben. Wegen eines ‚Restes, der gerettet werden wird' (Röm 9,27) brauche man nicht so viele Juden in allen Gegenden dieser Welt so lange Zeit zu dulden, da dieses ja erst in der Endzeit vor sich gehen würde; so wenige und so spät sich bekehrende Juden brächten ohnehin nur einen sehr bescheidenen Gewinn für die Kirche. Es genüge, wenn ganz wenige Juden auf eine Insel verbannt würden, wo sie ihr Gesetz beobachten könnten, damit sich die von Paulus zitierte Jesaja-Prophezeiung (Röm 9,27) der Rettung eines Restes erfüllen könne.[14]

Zu den Schlaglichtern eines christlichen Antisemitismus muss noch unendlich viel mehr und weitaus Schlimmeres hinzugefügt werden: Die Judenmassaker während der Zeit der Kreuzzüge, auch wenn sich christliche Stimmen dagegen erhoben haben; die Vertreibungen von Juden in England, Frankreich, Spanien und Deutschland während des Hoch- und Spätmittelalters; die verhängnisvollen Legenden des Ritualmordes, des Hostienfrevels und der Brunnenvergiftung; die Verfolgung der unter indirektem (der direkte Zwang war verboten) Zwang getauften Juden, der Marranen also, durch die Inquisition; auf Anordnung Pauls IV. wurden 1556 fünfundzwanzig aus Portugal eingewanderte Marranen in Ancona auf dem Scheiterhaufen verbrannt[15]; zu nennen sind des weiteren Talmudverbrennungen und Bücherinquisition; die Errichtung der Ghettos; die Mortara-Affäre unter Pius IX. im 19. Jahrhundert sowie der offene Antisemitismus offiziöser kirchlicher Presseorgane Roms im 19. und 20. Jahrhundert.[16] Hinzu kommt das – aufs Ganze gesehen – bedrückende Schweigen der Amtskirche angesichts der Vernichtung des europäischen Judentums in der Shoah.

Die spätmittelalterliche Messe und deren theologische Exegese durch die Kontroverstheologen wie auch die tridentinische Messe von 1570 und deren Exegese in der Gegenreformation sind ohne deren antijüdischen Hintergrund – wie eingangs gesagt – nicht zu verstehen. Der Antijudaismus verdichtete sich liturgisch für jedermann greifbar in den zwei Wochen vom Passionssonntag an über die Karwoche, den Karfreitag bis hin zu zum Osterfest in den christlichen Gottesdiensten. Eine unkritische Lesart der Leidengeschichte der vier Evangelien verinnerlichte den Antijudaismus und verankerte ihn tief in den Herzen der Christen sowie im Leben der Kirche. Diese kirchliche und private Verinnerlichung äußerte sich besonders in der Karfreitagsfürbitte für die Juden, die seit dem Gottesdienstformular von 1570 bis 1970 (mit den Änderungen von 1962 und 1965) in allen Karfreitagsgottesdiensten weltweit gebetet wurde; aus dieser Liturgie hatte Papst Johannes XXIII. 1962 nur das Wort von der Treulosigkeit der Juden gestrichen. Dieses Gebet von 1570 spricht von der Treulosigkeit bzw. Vertragsbrüchigkeit der Juden, von dem Schleier vor ihren Herzen, der sie daran hindere, Jesus Christus zu erkennen, von ihrer Verblendung, von ihrer Blindheit, von ihrem Leben in der Finsternis, davon, dass sie die Wahrheit noch nicht erkannt haben. In den Rubriken wird erläutert, dass die Kniebeuge, die bei allen anderen Karfreitagsfürbitten getätigt wird, beim Gebet für die Juden entfällt, da die Christen nicht, wie bei Mt 27,29 berichtet wird, durch eine Kniebeuge die Verhöhnung Christi zum Ausdruck bringen wollen. In einen so kurzen Gebetstext so viel Antijudaismus einzupacken, ist schon eine Kunstfertigkeit der besonderen Art. Prägnanter und präziser, aber wohl auch kaum niederträchtiger konnte die christliche Überzeugung, Israel sei von Gott verworfen, zum Ausdruck gebracht werden. Die Gottesdienstreform von 1970 hat dieses Gebet zu Recht aus dem Verkehr gezogen.

Auf dem Hintergrund der grauenhaften Erfahrungen mit dem christlichen Antijudaismus, der die Gesellschaft so vergiftet hatte, dass diese sich dem neuzeitlichen Antisemitismus und dem Rassenantisemitismus nur allzu bereitwillig öffnen konnte, und angesichts der Shoah kann es nicht verwundern, wenn Juden heute besonders aufmerksam beobachten, wie Christen ihre Karwoche gestalten und was sie am Karfreitag beten.

Es hat lange gedauert, bis das Erschrecken über die Shoah und des gehörigen Anteils der Christen an ihr auch die Kirchen erfasste. Mit dem theologischen Antijudaismus brachen der Deutsche Evangelische Kirchentag von 1961 (und in seinem Gefolge die evangelischen Kirchen) sowie das Zweite Vatikanische Konzil der römisch-katholischen Kirche (1962–1965) mit seiner Erklärung „Nostra aetate" radikal. Die hier vollzogene theologische Kehrtwende gipfelt in dem Satz: „Gottes Bund mit Israel ist ungekündigt"; „Gottes Treue zu Israel ist unwiderruflich". Diese Sätze sind nun Bestandteil des christlichen Glaubens. Sie sind verbunden mit der entschiedenen Verwerfung und Verurteilung jedweder Form des Antisemitismus sowie des theologischen Antijudaismus. Die christliche Lehre von der Verwerfung Israels wurde in „Nostra aetate" in ihr Gegenteil verwandelt; fallen gelassen wurde die Lehre von der Zerstreuung des Judentums über die ganze Welt als Beweis dafür, dass nun die Erwählung auf die Kirche übergegangen sei; die Juden dürfen nicht länger als Gottesmörder gebrandmarkt werden. Betont hervorgehoben werden die jüdischen Wurzeln des Christentums. Für die Weiterentwicklung von „Nostra aetate" im Dienst an der Verbesserung der römisch-katholischen Beziehungen zum Judentum hat sich insbesondere Papst Johannes Paul II. in zahlreichen Initiativen eingesetzt. So ist es heute durch das christlich-jüdische Gespräch zu einer – hoffentlich nicht mehr in Frage gestellten – Selbstverständlichkeit geworden, dass Christen Juden als die älteren Brüder und Schwestern im Glauben Abrahams ansehen, im Wissen darum, dass der Gott Jesu der Gott Abrahams, Isaaks und Jakobs ist, den Juden und Christen gemeinsam als Retter, Befreier, Erlöser und Schöpfer verehren. Und schließlich gibt es ein klares Eingeständnis der christlichen Versündigung am Judentum durch die Jahrhunderte hindurch. Besonders beachtenswert ist, dass die verhängnisvolle christliche Unterscheidung in ein Israel vor Jesu Tod als Träger der Heilsgeschichte und in ein Israel nach Jesu Tod, das aus dieser Heilsgeschichte ausgeblendet ist, aufgegeben wurde. Angeregt durch „Nostra aetate" und in seiner Weiterentwicklung wird seitens vieler römisch-katholischer Theologen und Amtsträger die Kontinuität des Bundes Gottes mit Israel von Abraham an bis in unsere Gegenwart herausgestellt. Dieser seit „Nostra aetate" vollzogene Bruch mit einer Jahrhunderte langen christlichen Glaubenstradition und eine klare Position zur Shoah und der christlichen Anteile an ihr ermöglichten überhaupt – erstmals in der Geschichte der Beziehungen zwischen dem Judentum und der römisch-katholischen Kirche – den Beginn eines seriösen christlich-jüdischen Gesprächs, das bis heute schon so viele gute Früchte getragen hat.[17]

Ein liturgisch greifbares Ergebnis dieser theologischen Kehrtwende ist ein gänzlich neues Karfreitagsgebet für die Juden in der Gottesdienstreform von 1970. Dieses Gebet anerkennt, dass Gott zu Israel zuerst gesprochen hat; es anerkennt die Treue Israels zu Gottes Bund und bittet darum, es möge in diesem bewahrt bleiben; es spricht von Israels Liebe zum Namen Gottes; es bittet darum, Israel möge das Ziel erreichen, zu dem Gottes Ratschluss es führen will. Das Gebet spricht ferner von den Verheißungen, die Abraham und seinen Kindern gegeben wurden und davon, dass Israel als erstes zu Gottes Eigentum erwählt wurde. Und schließlich bittet die Kirche für Israel, dass es zur Fülle der Erlösung gelangen möge.

Dieses Karfreitagsgebet der Gottesdienstreform von 1970 hält dem Niveau gegenwärtiger jüdisch-christlicher Beziehungen stand und spiegelt grundlegende exegetische sowie theologische Einsichten. Jüdische Einwände gegen dieses gibt es nicht.

In der Öffentlichkeit ist vielfach der Eindruck erweckt worden, als ginge es bei der Wiederzulassung des Missale Romanum von 1570 nur um die Wiederzulassung der lateinischen Sprache als Gottesdienstsprache; darum ist es nie gegangen, denn selbstverständlich ist auch für die Liturgie der Gottesdienstreform von 1970 die lateinische Sprache die amtliche Sprache, eine Liturgie, die aber ebenso in amtlich beglaubigten Übersetzungen in den jeweiligen Volkssprachen gefeiert werden kann. Die jetzt wieder zugelassene *außerordentliche Form des Römischen Ritus* kann jedoch nur in Latein gefeiert werden. Zwischen dem Verständnis der Liturgie von 1970 und demjenigen der tridentinischen Liturgie gibt es jedoch erhebliche, ja gravierende theologische Unterschiede, die nicht harmonisiert werden können und die vielen wohl offenkundig nicht bewusst sind: diesen kann jedoch hier im Einzelnen nicht nachgegangen werden. Ob eine Liturgie unter dem Motto „Opferpriester“ steht, so Trient, oder ob sie unter dem Motto „Das versammelte Gottesvolk“ gehalten wird, kann den Unterschied wenigstens andeuten. In der tridentinischen Liturgie findet sich nun die entsetzliche antijüdische Karfreitagsfürbitte, aus der Johannes XXIII. im Jahre 1962 lediglich das Wort von der Gottlosigkeit bzw. Treulosigkeit der Juden – wie erwähnt – ersatzlos gestrichen hatte. Aber trotz dieser Streichung blieb dieses Gebet immer noch eine theologische Katastrophe. Sollte dieses Gebet nun mit der Wiederzulassung des tridentinischen Ritus auch wieder eingeführt werden? Das scheint Benedikt XVI. nicht beabsichtigt zu haben. Aber anstatt die Karfreitagsfürbitte aus der ordentlichen Form des Römischen Ritus auch für dessen außerordentliche Form verbindlich vorzuschreiben, gab das Vatikanische Staatssekretariat am 4. Februar 2008 bekannt, Benedikt XVI. habe angeordnet, die antisemitische tridentinische Karfreitagsfürbitte durch eine neue zu ersetzen, die jetzt so vielfältigen und massiven jüdischen Protest hervorgerufen hat.

Verglichen mit dem Gebet der Gottesdienstreform von 1970 stellt diese neue Fürbitte einen Rückfall in, man kann es drehen und wenden, wie man will, theologisches antijüdische Denken dar. Sie passt allerdings zu den spätmittelalterlichen Messopfertheorien, die auch für die tridentinische Messe noch maßgebend sind; sie sind zutiefst geprägt vom antijüdischen Geist, in dessen unmittelbarem Kontext sie ja auch entstanden sind. Der Antijudaismus der neuen Fürbitte ist zwar nicht so augenfällig, sondern viel subtiler als in den Texten von 1570 und 1962; er weicht aber weder von der dort gegebenen Beurteilung des Judentums ab noch ändert er die christliche Zielsetzung ihm gegenüber. Mit dem tridentinischen unterstellt auch der neue Text, die Herzen der Juden seien nicht erleuchtet und die Juden seien noch nicht zur Erkenntnis der Wahrheit gelangt; nach wie vor wird ihre Bekehrung zu Jesus Christus als universalem Erlöser erwartet, wenngleich auch erst eschatologisch, aber sie wird erwartet und offenbart darin, wie über das Judentum in der römischen Amtskirche gegenwärtig wirklich gedacht wird. Von der theologischen Kehrtwende des II. Vatikanischen Konzils in „Nostra aetate" findet sich in dem von Benedikt XVI. angeordneten Gebet nicht ein einziger Gedanke. Kein Wort vom ungekündigten Bund von Abraham bis in unsere Gegenwart, kein Wort von Israel als erstem Eigentum Gottes. Dass ausgerechnet ein deutscher Papst so wenig historische und theologische Sensibilität in Bezug auf mögliche Reaktionen im Judentum an den Tag legt, ist nur schwer verständlich. Man kann nur hoffen, dass Benedikt XVI. dem Drängen einiger nicht nachgibt, welche die Fürbitte der ordentlichen Form des Römischen Ritus von 1970 durch die neue der außerordentlichen Form ersetzt wissen wollen.

Der Hintergrund Jahrhunderte langer leidvoller Erfahrungen mit dem christlichen Antijudaismus/Antisemitismus macht den jüdischen Sturm der Entrüstung über dieses Gebet nur zu verständlich. Was hat sich der Papst wohl dabei gedacht, als er es in der außerordentlichen Form des Römischen Ritus einer Minderheit von Katholiken erlaubt, jenen Antijudaismen liturgisch weiter zu huldigen, die im Gefolge von „Nostra aetate" im Missale von 1970 endgültig überwunden schienen? Ist denn die von Benedikt XVI. erstrebte Versöhnung mit den Erzkonservativen, die das ganze II. Vatikanische Konzil ablehnen, nur um den Preis der Wiedereinführung theologischer Antijudaismen zu haben, von anderen Preisen ganz zu schweigen?

Kardinal Walter Kasper sagte beschwichtigend, Judenmission sei nicht geplant und der Papst habe nur den Römerbrief des Apostels Paulus zitiert (Röm 11, 25–27); doch letzteres ist nur bedingt zutreffend, wie jeder selbst feststellen kann; im Römerbrief steht z.B. nichts davon, dass die Fülle der Völker in die Kirche eintreten werde, wie es im Gebet jetzt heißt. Dass es auf dem *gemeinsamen Boden* des jüdischen und christlichen soteriologischen Gottesbekenntnisses darüber hinaus auch Unterschiede im Glaubensverständnis gibt, ist nicht neu. Warum aber müssen diese *in einem Gebet* herausgestellt werden, und warum werden die vielen positiven Perspektiven verschwiegen, die Christen in und seit „Nostra aetate" zum Judentum als Ausdruck ihres Glaubens gesagt haben? Ist die Aussage: „Gottes Bund mit Israel ist ungekündigt" doch bloß eine fromme Floskel? Ein schnell verwelkender Blumenstrauß für Israel? Soll diese Aussage jetzt keine Aussage des christlichen Glaubens mehr sein? Es ist zuzugestehen, dass der christliche Glaubenssatz „Gottes Bund mit Israel ist ungekündigt" in der christlichen Dogmatik noch nicht durchbuchstabiert worden ist. Was bedeutet ein solcher Glaubenssatz für die christliche Erlösungslehre? Was bedeutet er für die Eschatologie? Wie ist das Kirchenverständnis in Bezug auf diesen Satz zu entwickeln? Wie verstehen wir Christologie und Trinitäslehre, ohne diesen Satz in seiner Bedeutung zu mindern? Kann man hier so tun, als gäbe es diesen Satz nicht? Das sind in der Tat nicht einfache Fragen, aber an deren künftiger Bearbeitung kommen Christen nicht vorbei. Im Gebet aber so zu tun, als könnten wir munter so weitermachen wie vor dem II. Vatikanischen Konzil, geht nicht mehr. Von daher ist auch nicht nachvollziehbar, wenn Kardinal Walter Kasper die jüdischen Reaktionen als weithin nicht rational, sondern als emotional begründet ansieht. Das wird der Bedeutung der jüdischen Anfragen mit all dem, was Juden mithören und was Christen entweder nicht mehr wissen bzw. wissen wollen oder verdrängen, nicht gerecht. Michael A. Signer hat Recht mit seinen Fragen: „Can he really be so naive to propose that his fideist confession has a „rational“ basis? Does he believe that reciting the word „faith“ often enough will convince us that the right wing can only be reconciled by a return to language that bears no witness to an independent way for Jews to live in relationship to God?“[18] (Kann er wirklich so naiv sein, anzunehmen, seine Glaubensüberzeugung habe ein „rationales“ Fundament? Glaubt er wirklich, dass er durch die gehäufte Erwähnung des Wortes „Glaube“ uns überzeugen würde, eine Versöhnung mit dem rechten Flügel könne nur erreicht werden durch die Rückkehr zu einer Sprache, die kein Zeugnis mehr ablegt für einen eigenständigen jüdischen Weg, in Beziehung zu Gott zu leben?)

Das neue Gebet bleibt ein Ausdruck *christlicher Überheblichkeit* gegenüber dem Judentum; gerade diese vor Augen hatte schon Paulus den Christen ins Stammbuch geschrieben: „Nicht du trägst die Wurzel, sondern die Wurzel trägt dich“ (Röm 11,18; vgl. Röm 11,11–28). Dieser paulinischen Mahnung hält jedenfalls die Karfreitagsfürbitte der ordentlichen Form des Römischen Ritus von 1970 stand, diejenige der außerordentlichen von 2008 nicht. Weil die ansonsten begrüßenswerte Erklärung des Vatikanischen Staatssekretariates vom 4. April 2008 auf den Text der Karfreitagsfürbitte und deren Kontext (Missale Romanum von 1570) inhaltlich nicht eingeht, ändert sich an dieser Feststellung nicht das Geringste.

Anmerkungen

[1] Die Priester verstanden als Hohepriester, obwohl es zur christlichen Lehre gehört, dass Jesus Christus der einzige Hohepriester ist; aus dem Vorsteher der Eucharistie wurde nun der Opferpriester (Belege siehe Anm. 4).

[2] Die Eucharistiefeier selbst wurde zur Opferfeier (Belege siehe Anm. 4).

[3] Aus der altkirchlichen sonntäglichen Eucharistie der Gemeinde wurde die individuelle Opferfeier des Priesters, die täglich und täglich mehrmals von jedem einzelnen Priester begangen wurde; Brot und Wein wurden zu Opfergaben, die der Opferpriester in Leib und Blut Christi verwandelte und Gott unblutig darbrachte.

[4] Zum Ganzen siehe J. Brosseder, *Die Juden im theologischen Werk von Johann Eck*, in: *Christen und Juden im Reformationszeitalter*, hg. v. R. Decot – M. Arnold, Mainz 2006, 77–96.

[5] De usuris Iudaeorum; Ut Iudaei discernantur a christianis in habitu; Ne Iudaei publicis officiis praeficiantur; Ne conversi ad fidem de Iudaeis veterem ritum Iudaeorum retineant; siehe Anm. 6.

[6] *Decrees of the Ecumenical Councils*, ed. by Norman P. Tanner, Vol. I: Nicaea I to Lateran V, London: Sheed & Ward, – Washington D.C.: Georgetown University Press, 1990, 265–267 (lateinisch und englisch; im Folgenden abgekürzt: Tanner I).

[7] Tanner I, 266; deutsch bei W. P. Eckert, *Hoch- und Spätmittelalter. Katholischer Humanismus*, in: *Kirche und Synagoge. Handbuch zur Geschichte von Christen und Juden. Darstellung mit Quellen*, hg. v. K.H. Rengstorf – S. v. Kortzfleisch, Bd. I, 210–306, hier 222 (im Folgenden abgekürzt: Eckert, in: KuS I).

[8] Tanner I, 266; deutsch bei Eckert, in: KuS I, 222–223.

[9] Tanner I, 266–267; Eckert, in: KuS I, 223.

[10] B. Blumenkranz, Patristik und Frühmittelalter, in: KuS I, 84–135, hier 93–97.

[11] Siehe B. Blumenkranz, in: KuS I, 127–129.

[12] Deutsch bei B. Blumenkranz, in: KuS I, 128.

[13] Ebd., 128–129.

[14] Siehe Texte und Belege bei Eckert, in: KuS I, 217–220.

[15] Th. Brechenmacher, *Der Vatikan und die Juden*, München 2005, 28–29.

[16] Für das 19. und 20. Jahrhundert siehe D. I. Kertzer, *Die Päpste gegen die Juden. Der Vatikan und die Entstehung des modernen Antisemitismus*, Berlin-München 2001; für das 16. Jahrhundert bis zur Gegenwart siehe Th. Brechenmacher, *Der Vatikan und die Juden. Geschichte einer unheiligen Beziehung vom 16. Jahrhundert bis zur Gegenwart*, München 2005.

[17] Neben den beiden umfangreichen Dokumentenbänden *„Die Kirchen und das Judentum"*, Bd. I: *Dokumente von 1945 bis 1985*, hrsg. v. R. Rendtorff - H. H. Henrix, München-Paderborn 1988; Bd. II: *Dokumente von 1986-2000*, hrsg. v. H.H. Henrix - W. Kraus, Gütersloh-Paderborn 2001, siehe nur: *Die Kirchen und die Juden. Versuch einer Bilanz*, hg. v. G.B. Ginzel - G. Fessler, Gerlingen 1997 (darin zahlreiche Literturangaben; siehe hier vor allem die Beiträge v. Karl Lehmann, Erich Zenger und Gerhard M. Riegner). Siehe auch das Wort der deutschsprachigen Bischöfe vom 20. Oktober 1988: *„Die Last der Geschichte annehmen". Wort der Bischöfe zum Verhältnis von Christen und Juden aus Anlaß des 50. Jahrestages der Novemberpogrome 1938* (Veröffentlichungen der Deutschen Bischofskonferenz, Nr. 43, Bonn o.J., 1988).

[18] Briefliche Mitteilung vom 21. März 2008 an W. Homolka und den Verfasser.

Die Stellungnahme Kardinal Kaspers zur neuen Karfreitagsfürbitte

von Pater Elias H. Füllenbach OP

Schon seit längerem zeichnet sich im katholisch-jüdischen Verhältnis eine Krise ab, die mit der Veröffentlichung der neuen Karfreitagsfürbitte durch Benedikt XVI. ihren vorläufigen Höhepunkt erreicht hat. Der Besuch des Papstes in der Kölner Synagoge am 19. August 2005 ist zwar vielen noch in guter Erinnerung, aber mit seiner Entscheidung, die Liturgie nach dem alten Missale von 1962 wieder verstärkt zuzulassen, hat er bei Juden und Katholiken gleichermaßen Bestürzung ausgelöst. Während in den vergangenen Jahrzehnten nahezu alle größeren Konflikte im katholisch-jüdischen Verhältnis mit einer unterschiedlichen Bewertung des Nationalsozialismus und der Schoa zusammenhingen – man denke nur an die Kontroverse um den Karmel in Auschwitz, die umstrittenen Selig- und Heiligsprechungen Maximilian Kolbes und Ediths Steins, die Reaktionen auf das vatikanische Dokument *We remember*, das Scheitern einer katholisch-jüdischen Historikerkommission vor einigen Jahren oder die endlose Debatte um die Rolle Pius' XII. im Zweiten Weltkrieg[1] –, scheinen nun auch grundsätzliche Errungenschaften des Zweiten Vatikanischen Konzils und theologische Erkenntnisse der Nachkriegszeit, die in christlich-jüdischen Gesprächskreisen bereits als selbstverständlich galten, in Frage zu stehen. Zahlreiche Gremien und Einzelpersonen haben sich daher besorgt an Kardinal Walter Kasper gewandt, der als Präsident des Päpstlichen Rates zur Förderung der Einheit der Christen auch der vatikanischen

Kommission für die religiösen Beziehungen zum Judentum vorsteht, und ihn darum gebeten, sich für eine erneute Änderung der Karfreitagsfürbitte einzusetzen.

In einem Artikel, der am 20. März 2008 unter dem Titel *Das Wann und Wie entscheidet Gott* im Feuilleton der *Frankfurter Allgemeinen Zeitung* erschien, hat der Kardinal öffentlich zu den geäußerten Bedenken und Anfragen Stellung bezogen.[2] Kasper schreibt: „Jüngst hat Papst Benedikt XVI. für den von ihm rehabilitierten ‚außerordentlichen' Ritus, das Römische Messbuch von 1962, die Karfreitagsfürbitte für die Juden neu formuliert. Das war notwendig, weil einige alte Formulierungen von jüdischer Seite als beleidigend und auch von vielen Katholiken als anstößig empfunden wurden. Freilich haben die neuen Formulierungen auch zu neuen Irritationen geführt und sowohl bei Juden wie bei manchen Christen grundsätzliche Fragen aufgeworfen. Die Irritationen [...] auf jüdischer Seite" hält der Kardinal allerdings für „weithin nicht rational, sondern emotional begründet. Man sollte sie jedoch", wie Kasper weiter ausführt, „nicht als Ausdruck von Überempfindlichkeit abtun. Auch bei jüdischen Freunden, die seit Jahrzehnten in intensivem Gespräch mit Christen stehen, sind kollektive Erinnerungen an Zwangskatechesen und Zwangsbekehrungen noch lebendig. Die Erinnerung an die Schoa ist für das heutige Judentum ein traumatisches, gemeinschaftsstiftendes Identitätsmerkmal. Judenmission betrachten viele Juden als existenzbedrohend; manchmal sprechen sie gar von einer Schoa mit anderen Mitteln. So bedarf es im jüdisch-christlichen Verhältnis noch immer eines hohen Maßes an Sensibilität."

In diesem Zusammenhang verdiene „die Tatsache, dass die Karfreitagsfürbitte des Römischen Messbuchs von 1970, also des ‚ordentlichen' Ritus, nicht verändert wurde", Beachtung: „Das zeigt, dass die Kirche mit der neuen Formulierung nicht hinter ‚Nostra aetate', die die Erklärung des

II. Vatikanischen Konzils über die nichtchristlichen Religionen enthält, zurückgeht. Das gilt umso mehr, als die Substanz von ‚Nostra aetate' auch in der formal höherrangigen Kirchenkonstitution ‚Lumen gentium' enthalten ist und darum grundsätzlich nicht zur Disposition steht. Außerdem hat es seit dem Konzil eine große Zahl von Stellungnahmen, auch des gegenwärtigen Papstes, gegeben, die auf ‚Nostra aetate' Bezug nehmen und die Bedeutung dieser Erklärung bestätigen." Der durch das Konzil eingeleitete Neuanfang im katholisch-jüdischen Verhältnis ist nach der Auffassung Kaspers also nicht mehr rückgängig zu machen. Auch die Befürchtung, dass Benedikt XVI. die Fürbitte von 1970 verändern und durch seine Neuformulierung ersetzen könnte, hat sich bislang nicht bewahrheitet. Im so genannten *ordentlichen* Ritus bleibt die Fürbitte in der Fassung von 1970 weiterhin im Gebrauch. Allerdings stellt sich damit unweigerlich die Frage, warum die Neuformulierung überhaupt notwendig war und nicht einfach auf den bewährten Text von 1970 zurückgegriffen wurde; schließlich hätte die Bitte von 1970 auch für den *außerordentlichen* Ritus vorgeschrieben werden können. Eine Antwort auf diese Frage bleibt Kasper schuldig.

Die von Benedikt XVI. verfasste Bitte kommentiert Kasper folgendermaßen: „Im Unterschied zu der Karfreitagsfürbitte von 1970 spricht die Neuformulierung der Bitte von 1962 von Jesus als dem Christus und dem Heil aller Menschen – also auch der Juden. Viele haben diese Aussage als neu und gegenüber den Juden als unfreundlich empfunden. Doch sie ist im Ganzen des Neuen Testaments begründet und weist auf den allseits bekannten, für Christen wie für Juden bleibend grundlegenden Unterschied hin. Auch wenn dieser in ‚Nostra aetate' nicht direkt erwähnt wird und in der Fürbitte von 1970 nicht ausdrücklich vorkommt, so kann die ‚Erklärung' ebenso wenig aus dem Zusammenhang aller Konzilsdokumente herausgelöst werden wie die Karfreitagsfürbitte des Missale von 1970 aus dem Ganzen der Karfreitagsliturgie, die ebendiese christliche Glaubensüberzeugung zum Inhalt hat. Die Neuformulierung des Karfreitagsgebets von 1962 sagt also nichts Neues, sondern spricht nur aus, was schon bisher als selbstverständlich vorausgesetzt, aber offensichtlich nicht hinreichend thematisiert wurde. In der Vergangenheit wurde aus dem Juden und Christen unterscheidenden Christusglauben oft eine ‚Sprache der Verachtung' (Jules Isaak) mit all den schlimmen Konsequenzen, die daraus folgten. Wenn wir uns heute um gegenseitige Achtung bemühen, dann kann sie nur darin bestehen, uns in unserer Verschiedenheit gegenseitig anzuerkennen. Deshalb erwarten wir von den Juden nicht, dass sie dem christologischen Inhalt des Karfreitagsgebets zustimmen. Aber sie sollen respektieren, dass wir als Christen unserem Glauben gemäß beten, so wie wir selbstverständlich ihre Art zu beten respektieren. In dieser Hinsicht haben beide Seiten noch zu lernen."

Diese Bemerkungen Kaspers überraschen in mehrfacher Hinsicht. Auf die christologische Ausrichtung der neuen Fürbitte wird noch näher einzugehen sein. Aber dass der Respekt vor dem anderen eine Grundvoraussetzung jedes ernstgemeinten Dialogs ist, sollte eine Selbstverständlichkeit sein und braucht nicht eigens betont zu werden. Zudem gehört es im christlich-jüdischen Gespräch zum allgemeinen Konsens, dass das Juden und Christen voneinander Trennende nicht einfach nivelliert werden kann, sondern die von Kasper betonte „Verschiedenheit" beider Religionen selbstverständlich zu achten und anzuerkennen ist. Kardinal Kasper weist im weiteren Verlauf seiner Stellungnahme selbst darauf hin, dass die „eigentlich kontroverse Frage" in der Auseinandersetzung um die neue Karfreitagsfürbitte vielmehr lautet: „Sollen Christen für die Bekehrung der Juden beten? Kann es eine Judenmission geben? In dem neuformulierten Gebet kommt das Wort Bekehrung nicht vor. Es ist aber in der Bitte um Erleuchtung der Juden, damit sie Jesus Christus erkennen, indirekt eingeschlossen. Zu beachten ist auch, dass das Messbuch von 1962 die einzelnen Fürbitten mit Überschriften versieht. Die Überschrift zu der Fürbitte für die Juden wurde nicht verändert; sie lautet nach wie vor: ‚Pro conversione Judaeorum – Für die Bekehrung der Juden'. Viele Juden haben die Neuformulierung mit der Brille dieser Überschrift gelesen, was die beschriebenen Reaktionen hervorrief. Demgegenüber kann man darauf hinweisen, dass die katholische Kirche im Unterschied zu manchen evangelikalen Kreisen keine organisierte und institutionalisierte Judenmission kennt. Mit diesem Hinweis ist das Problem der Judenmission faktisch, aber noch nicht theologisch geklärt. Es ist das Verdienst der neuformulierten Fürbitte, dass sie in ihrem zweiten Teil einen ersten Hinweis auf eine grundsätzliche theologische Antwort gibt. Der Papst geht vom Kapitel 11 des Römerbriefs aus, das auch für ‚Nostra aetate' grundlegend ist. Das Heil der Juden ist für Paulus ein abgründiges Geheimnis göttlicher Gnadenwahl. Gottes Gaben sind reuelos, und die Verheißungen Gottes für sein Volk sind trotz dessen Ungehorsams von Gott nicht zurückgenommen worden. Gott hat aber den Großteil seines Volkes mit Ausnahme eines heiligen Rests wegen dessen Unglaubens verstockt. Die Verstockung der Juden gereicht den Heiden zum Heil. Die wilden Zweige der Heiden sind dem heiligen Wurzelstock Israels eingepfropft worden. Gott hat jedoch die Macht, die herausgehauenen Zweige wieder einzupfropfen. Wenn die Fülle der Heiden in das Heil eingeht, wird ganz Israel gerettet werden. Israel bleibt also Träger der Verheißung und des Segens. Paulus spricht in der Sprache der Apokalyptik von einem Geheimnis (11,25). Damit ist mehr gemeint, als dass die Juden anderen Völkern mal ein Rätsel, mal ein Gotteszeugnis sind. Paulus versteht unter Geheimnis den ewigen Heilswillen Gottes, der durch die Verkündigung des Apostels in der Geschichte offenbar wird. Konkret bezieht er sich auf die Propheten Jesaja (59,20) und Jeremias (31,33 f.) Er nimmt damit auf die von den Propheten wie von Jesus verheißene endzeitliche Sammlung der Völker auf dem Sion und den dann heraufziehenden universalen Frieden (shalom) Bezug. Paulus sieht seine Missionsarbeit unter den Heiden in dieser Perspektive. Seine Mission soll die Sammlung der Völker vorbereiten, die dann, wenn die Vollzahl der Heiden eingetreten ist, Israel zum Heil gereicht und für die Welt den eschatologischen Frieden heraufführt. So kann man sagen: Nicht aufgrund von Judenmission, sondern aufgrund der Heidenmission wird Gott am Ende, wenn die Vollzahl der Heiden ins Heil eingetreten ist, das Heil Israels heraufführen. Allein er, der den Großteil Israels verstockt hat, kann die Verstockung auch wieder lösen. Er tut es, wenn ‚der Retter' aus Sion kommt. Das ist aufgrund des paulinischen Sprachgebrauchs kein anderer als der wiederkommende Christus. Denn Juden und Heiden haben denselben Herrn. Dieser Hoffnung gibt das neu formulierte Karfreitagsgebet in einer an Gott gerichteten Gebetsbitte Ausdruck. Im Grunde wiederholt die Kirche mit diesem Gebet die Vater-unser-Bitte ‚Dein Reich komme' und den urchristlichen liturgischen Ruf ‚Maranatha – Komm Herr Jesus, komm bald'. Solche Bitten um das Kommen des Reiches Gottes und um die Verwirklichung des Heilsgeheimnisses sind ihrer Natur nach kein an die Kirche gerichteter Aufruf zu missionarischer Aktion. Im Gegenteil, sie respektieren die ganze Abgründigkeit des verborgenen Gottes. So nimmt die Kirche mit ihrer Bitte die Verwirklichung des unergründlichen Mysteriums nicht selbst in Regie. Das kann sie gar nicht. Sie legt das Wann und das Wie vielmehr ganz in Gottes Hände. Gott allein kann das Reich

Gottes heraufführen, in dem ganz Israel gerettet und der Welt der eschatologische Frieden zuteil wird."

Kardinal Kasper hat sich in den vergangenen Jahren wiederholt zur Problematik der „Judenmission" geäußert.[3] Freilich stehen die zitierten Passagen in einem auffälligen Gegensatz zu früheren Aussagen des Kardinals. Zu Beginn seiner Präsidentschaft 2001 hat Kasper noch erklärt, dass „Judaism, that is, the faithful response of the Jewish people to God's irrevocable covenant, is salvific for them, because God is faithful to his promises";[4] und bei einem Besuch am renommierten Boston College, das ein Center for Christian-Jewish Learning unterhält, im November 2002 sagte er über den christlichen Missionsgedanken: „This does not mean that Jews in order to be saved have to become Christians; if they follow their own conscience and believe in God's promises as they understand them in their religious tradition they are in line with God's plan, which for us comes to its historical completion in Jesus Christ."[5] Inzwischen hat Kasper seine damalige Position offensichtlich revidiert, denn in seiner Stellungnahme zur neuen Karfreitagsfürbitte heißt es weiter: „Der Ausschluss einer gezielten und institutionalisierten Judenmission bedeutet nicht, dass die Christen die Hände in den Schoß legen sollen. Man muss gezielte und organisierte Mission einerseits und christliches Zeugnis andererseits unterscheiden. Selbstverständlich müssen Christen ihren ‚älteren Brüdern und Schwestern im Glauben Abrahams' (Johannes Paul II.) dort, wo es angebracht ist, Zeugnis geben von ihrem Glauben und von dem Reichtum und der Schönheit ihres Glaubens an Jesus Christus. Das hat auch Paulus getan. Auf seinen Missionsreisen ging er jeweils zuerst in die Synagoge und erst wenn er dort keinen Glauben fand, zu den Heiden. Ein solches Zeugnis ist auch von uns heute gefordert. Es soll gewiss taktvoll und respektvoll geschehen; es wäre aber unredlich, wenn Christen bei der Begegnung mit jüdischen Freunden von ihrem Glauben schweigen oder ihn gar verleugnen würden. Von gläubigen Juden erwarten wir uns gegenüber dasselbe. In den Dialogen, die ich kenne, ist dieses Verhalten völlig normal. Denn ein ehrlicher Dialog zwischen Juden und Christen ist nur möglich einerseits auf der Basis der Gemeinsamkeit im Glauben an den einen Gott, Schöpfer des Himmels und der Erde, an die dem Abraham und den Vätern gegebenen Verheißungen, andererseits im Bewusstsein und im Respekt des grundlegenden Unterschieds, der im Glauben an Jesus als den Christus und den Erlöser aller Menschen besteht."[6]

Mit diesen Worten beschließt Kasper seine Stellungnahme zur neuen Karfreitagsfürbitte. Der Text bleibt insofern unbefriedigend, als er entscheidende Fragen unbeantwortet lässt: In welchem Verhältnis steht beispielsweise der Glaube an die universale Heilsbedeutung Jesu Christi zu der Erkenntnis, dass Gottes Bund mit dem jüdischen Volk weiterhin gültig ist? Und wie ist der christliche Missionsauftrag mit der bleibenden Erwählung des jüdischen Volkes vereinbar? Kasper hat an anderer Stelle selbst darauf hingewiesen, dass wir „noch weit von einer allgemein befriedigenden Antwort" auf diese Fragen „entfernt" sind: „Trotz guter Ansätze gibt es gegenwärtig noch keine umfassende allgemein überzeugende christliche Theologie des Judentums."[7] Auch Rabbiner David Rosen hat bei dem offiziellen Festakt zum vierzigjährigen Bestehen von *Nostra aetate* in Rom auf diese Problematik hingewiesen und eine klare Absage zur Judenmission gefordert.[8] Kaspers Stellungnahme und seine Verteidigung der neuen Karfreitagsfürbitte haben daher enttäuscht. Denn auf der Suche nach einer neuen Theologie des Judentums, die von den alten Substitutionstheorien endgültig abrückt, bedeuten Kaspers Äußerungen ebenso eine große Irritation im katholisch-jüdischen Verhältnis wie die neuformulierte Karfreitagsbitte Benedikts XVI.[9]

Anmerkungen

[1] Vgl. E.H. Füllenbach, *Shock, Renewal, Crisis. Catholic Reflections on the Shoah*, in: K.P. Spicer (Hrsg.), *Antisemitism, Christian Ambivalence, and the Holocaust*, Bloomington 2007, 201–234.

[2] W. Kasper, *Das Wann und Wie entscheidet Gott*, in: FAZ vom 20. März 2008, 68.

[3] Vgl. u.a. seine kritische Stellungnahme zu der Erklärung *Juden und Christen in Deutschland. Verantwortete Zeitgenossenschaft in einer pluralen Gesellschaft* des Gesprächskreises „Christen und Juden" beim ZdK, in: W. Kasper/H. Heinz, *Theologische Schwerpunkte im christlich-jüdischen Gespräch*, in: Freiburger Rundbrief N.F. 14 (2007), 18–25.

[4] W. Kasper, The Jewish-Christian Dialogue: Foundations, Progress, Difficulties and Perspectives. An Address at the Israel Museum, Jerusalem, 21 November 2001, in: http://www.jcrelations.net/en/?item=818 (29.03.2008).

[5] W. Kasper, The Commission for Religious Relations with the Jews: A Crucial Endeavour of the Catholic Church, im Internet unter: http://www.bc.edu/research/cjl/meta-elements/texts/cjrelations/resources/articles/Kasper_6Nov02.htm (29.03.08).

[6] W. Kasper, *Das Wann und Wie entscheidet Gott*, in: FAZ vom 20. März 2008, 68.

[7] W. Kasper, *Nostra aetate und die Zukunft des jüdisch-katholischen Dialogs*, in der Dokumentation des Deutschen Koordinierungsrats der Gesellschaften für christlich-jüdische Zusammenarbeit, *Ein bedeutender Schritt im Dialog zwischen Vatikan und Rabbinern in Deutschland. Begegnungstreffen und Vorträge am 9. März 2006*, Bad Nauheim 2006, 8–13, hier 12. Ähnlich jetzt auch W. Kasper, *Paths Taken and Enduring Questions in Jewish-Christian Relations Today: Thirty Years of the Commission for Religious Relations with the Jews*, in: P.A. Cunningham/N.J. Hofmann/J. Sievers (Hrsg.), *The Catholic Church and the Jewish People. Recent Reflections from Rome*, New York 2007, 3–11, hier 10.

[8] Vgl. die Berichte von E.H. Füllenbach, *Der ungekündigte Bund Gottes. Festakt zu vierzig Jahre Konzilserklärung „Nostra aetate" in Rom*, in: Kescher 3 (2005), Heft 4, 10; und N.J. Hofmann, *Auf dem Weg der Versöhnung. Vierzig Jahre nach ‚Nostra aetate'*, in: Freiburger Rundbrief N.F. 13 (2006), 93–99.

[9] Angesichts der jahrzehntelangen Anstrengungen, die Karfreitagsfürbitte zu ändern – angefangen bei dem vergeblichen Versuch der *Amici Israel* von 1928, also vor nunmehr genau 80 Jahren, über die Bemühungen katholisch-jüdischer Kreise nach 1945 bis hin zu den Veränderungen unter Johannes XXIII. und Paul VI. –, ist diese Irritation um so schwerwiegender. Eine kirchenhistorische Darstellung dieser Anstrengungen konnte für den vorliegenden Band nicht mehr rechtzeitig erstellt werden und soll an anderer Stelle publiziert werden.

Die Fürbitte für die Juden in ihrem liturgischen Kontext

von Albert Gerhards

Die Kar- und Osterliturgie ist der sensibelste Ort der christlichen Liturgie in Bezug auf das Verhältnis von Juden und Christen. In ihr findet die „Gemeinschaft wider Willen" (H. H. Henrix) eine heikle Darstellungsebene. Dabei ist bemerkenswert, dass die Juden in der christlichen Liturgie des römischen Ritus eine Stellung haben, was umgekehrt nicht der Fall ist, wie John Hennig bereits 1960 bemerkte.[1] Die seit den frühen Sakramentaren überlieferten Karfreitagsfürbitten des Römischen Messbuchs von 1570 bis 1962[2] ordnen die Juden als vorletztes Glied einer hierarchischen Stufung der religiösen Stände der Menschheit hinter die von Rom getrennten Christen („Häretiker und Schismatiker") und vor die „Heiden" ein.[3] Damit wird die Einmaligkeit des Volkes Israel hervorgehoben, freilich unter Inkaufnahme einer ungeheuren Spannung. Auf der einen Seite stehen in der Rezeption des johanneischen Passionsberichts „die Juden" für die Feinde Christi schlechthin (so in dem bekannten Responsorium der Matutin vom Karfreitag „Tenebrae factae sunt", wo davon die Rede ist, dass „die Juden" Jesus gekreuzigt hätten), auf der anderen Seite wird in einer der Orationen der Ostervigil darum gebetet, die ganze Welt möge zur Würde Israels (Israelitica dignitas) gelangen.[4] Aus der Sicht einer liturgischen Theologie ist insbesondere nach dem Kontext der Bitte zu fragen und zwar in synchroner wie in diachroner Richtung. Zweifellos hat die Bitte in ihrer überlieferten Form von 1570 einen unheilvollen Einfluss ausgeübt, da sie – vor allem wegen der ausgefallenen Kniebeuge und einem falschen Verständnis von „perfidus" – zu einem negativen Interpretationsschlüssel insbesondere der Improperien wurde, die dementsprechend als Diffamierung des gegenwärtigen Judentums gelesen wurden.[5] Doch waren es die Verantwortlichen für dasselbe Missale von 1570, die aus der Ostersequenz „Victimae paschali laudes" des Wipo von Burgund (11. Jh.) die antijüdische sechste Strophe entfernten: „Credendum est magis soli Mariae veraci quam Iudaeorum turbae fallaci."[6] Die Diözesanliturgien, die ihre eigenen Bücher beibehalten durften (z. B. Köln), haben diese Reform dagegen nicht mitvollzogen und bis ins 19. Jh. hinein gegen die „lügnerische Horde" angesungen.

Ausgangspunkt der folgenden Überlegungen ist zunächst die Fassung, die das Missale Romanum in der Ausgabe von 1962 vorlegt. Sie unterscheidet sich von den älteren Fassungen nur in den geringen Modifikationen der Fürbitte für die Juden durch Papst Johannes XXIII. (Verzicht auf die Bezeichnungen „perfidus" und „perfidia"), während die anderen Bitten dem Befund der Karwochenreform der 50er Jahre entsprechen. Hier wurden die Überschriften zu den Bitten (so auch „für die Bekehrung der Juden") eingeführt und insbesondere die Bitte für den „allerchristlichsten Kaiser" in eine Bitte für die Regierenden umgeändert.[7] Die Bitte „für die Bekehrung der Juden" gleicht nicht nur in der Überschrift, sondern auch dem Inhalt nach der folgenden „für die Bekehrung der Ungläubigen". Aber auch zur vorhergehenden Fürbitte für die Einheit der Kirche gibt es Parallelen. Alle drei sind unter der Maßgabe der ersten Bitte „für die Kirche" zu lesen, in der darum gebetet wird, dass der heiligen Kirche Gottes, durch die die Herrlichkeit Gottes allen Völkern offenbart wird, die Mächte und Gewalten (principatus et potestates) unterworfen werden mögen. Dementsprechend geht es bei den „defizitären" Personengruppen in der Gebetseinladung um die Beseitigung der Hindernisse: um die Befreiung von Irrtümern (christliche „Häretiker und Schismatiker") und um die Wegnahme des Schleiers (Juden) bzw. der Ungunst (Heiden) von den Herzen. Die letzten drei Fürbitten nach der lateinischen Fassung des Missale von 1962 in einer Synopse:

7. Pro unitate Ecclesiae	**8. Pro conversione Iudaeorum**	**9. Pro conversione infidelium**
Oremus et pro haereticis et schismaticis:	Oremus et pro Iudaeis:	Oremus etiam pro paganis:
ut Deus et Dominus noster eruat eos ab erroribus universis; et ad sanctam matrem Ecclesiam catholicam atque apostolicam revocare dignetur.	ut Deus et Dominus noster auferat velamen de cordibus eorum; ut et ipsi agnoscant Iesum Christum Dominum nostrum.	ut Deus omnipotens auferat iniquitatem a cordibus eorum.
Oremus. Flectamus genua. Levate.	Oremus. Flectamus genua. Levate.	Oremus. Flectamus genua. Levate.
Omnipotens sempiterne Deus, qui salvas omnes, et neminem vis perire: respice ad animas diabolica fraude deceptas;	Omnipotens sempiterne Deus, qui Iudaeos etiam a tua misericordia non repellis: exaudi preces nostras, quas pro illius populi obcaecatione deferimus;	Omnipotens sempiterne Deus, qui non mortem peccatorum, sed vitam semper inquiris: suscipe propitius orationem nostram,
ut, omni haeretica pravitate deposita, errantium corda resipiscant, et ad veritatis tuae redeant unitatem.	ut, agnita veritatis tuae luce, quae Christus est, a suis tenebris eruantur.	et libera eos ab idolorum cultura; et aggrega Ecclesiae tuae sanctae, ad laudem et gloriam nominis tui.

Per Dominum. Omnes R. Amen.	Per eundem Dominum. Omnes R. Amen.	Per Dominum nostrum Iesum Christum, Filium tuum: Qui tecum vivit et regnat in unitate Spiritus Sancti, Deus, per omnia saecula saeculorum. Omnes R. Amen.

Bemerkenswert ist, dass alle drei Orationen mit einer Aussage über den allgemeinen Heilswillen Gottes beginnen. Während aber den Heiden keine besondere Behinderung außer der „Ungunst" (das deutsche Messbuch von U. Bomm übersetzt mit „Sündenelend") zugesprochen wird (sie müssen lediglich von ihrem Götzendienst ablassen), müssen die andersgläubigen Christen erst von ihrem teuflischen Trug und die Juden von ihrer Verblendung befreit werden, um zur Einheit in der Wahrheit bzw. zur Erkenntnis Christi gelangen zu können.

Die erste gravierende Modifikation unter dem Pontifikat Paul VI. im Jahr 1965 betraf genau diese drei Bitten. Aus der ersten Fürbitte „für die Kirche" wurde nur die Unterwerfungs-Formulierung gestrichen, während die drei letzten völlig neu formuliert wurden. So wird bei der siebten, jetzt „für die Einheit der Christen" genannten Bitte auf die Gemeinsamkeit der Taufe Bezug genommen. Die letzte Bitte heißt nun „für die noch nicht an Christus Glaubenden". Auch hier ist die Perspektive positiv, es wird im Sinne von Apg 10,44 um eine „Art von heidenchristlichem Pfingsten"[8] gebetet. In diesem Kontext steht die ebenfalls gänzlich erneuerte Fürbitte für die Juden. Hier wie dort hat man versucht, alle beleidigenden und missverständlichen Formulierungen zu vermeiden. Nach Ferdinand Kolbe, der die Reform ausführlich kommentierte, liegt diese Neufassung in der

Konsequenz der unter Papst Johannes XXIII. begonnenen Modifikationen: „Nun wird nicht mehr von dem ‚Schleier über den Herzen der Juden' gesprochen, nicht mehr von der ‚Verblendung' jenes Volkes und von ‚ihrer Finsternis'. Die Überschrift spricht sogar nicht mehr von der ‚Bekehrung der Juden', sondern es heißt nur noch schlicht: ‚Für die Juden'. Das Gebet sagt nicht mehr herablassend, dass Gott ‚sogar die Juden nicht von seiner Barmherzigkeit ausschließt.' Stattdessen erinnert es an die göttliche Verheißung für Abraham und seine Nachkommen sowie an den Alten Bund und erbittet positiv das Licht Gottes, die Erkenntnis des Erlösers und die Fülle des Heiles für die Juden."[9]

Bekanntlich war dieser Reformschritt nicht der letzte. Die definitive Fassung im Missale Romanum von 1970 unterscheidet sich noch einmal gravierend von der fünf Jahre zuvor. Während die Oration fast gleich geblieben ist, wurde die Einleitung nochmals neu formuliert.[10] Nun wird auf die heilsgeschichtliche Stellung der Juden („zu denen Gott … zuerst gesprochen hat") und auf den beständigen Bund Bezug genommen in der unausgesprochenen Annahme, dass der jüdische Weg zu dem Ziel führt, das Gottes Ratschluss vorgesehen hat. Offenbar wollte man jeden Anschein von Bekehrungsabsicht durch einen christologischen Bezug vermeiden, wobei offen bleibt, auf welche Weise Gott seinen Willen verwirklichen wird.

Benedikt XVI. griff in seiner Neufassung der Bitte für den älteren Usus auf die Einleitung der Fassung von 1965 zurück, während die Oration eine Neuschöpfung darstellt. Die deutschen Texte im diachronen Vergleich:

Fassung 1965	Fassung 2008 (älterer Usus)	Fassung 1970 (neuerer Usus)
Lasset uns auch beten für die Juden.	Lasst uns beten auch für die Juden,	Lasst uns auch beten für die Juden, zu denen Gott, unser Herr, zuerst gesprochen hat:
Unser Gott und Herr lasse über sie leuchten sein Angesicht,	dass Gott unser Herr ihre Herzen erleuchte,	Er bewahre sie in der Treue zu seinem Bund und in der Liebe zu seinem Namen,
damit auch sie erkennen den Erlöser aller Menschen, unsern Herrn Jesus Christus.	damit sie Jesus Christus als den Heiland aller Menschen erkennen.	damit sie das Ziel erreichen, zu dem sein Ratschluss sie führen will.
Lasset uns beten. Beuget die Knie. – Erhebet euch.	Lasset uns beten. Beuget die Knie. Erhebet euch.	(Beuget die Knie. – Stille – Erhebet euch.)
Allmächtiger ewiger Gott, dem Abraham und seiner Nachkommenschaft hast du deine Verheißungen gegeben;	Allmächtiger, ewiger Gott, der du willst, dass alle Menschen gerettet werden und zur Erkenntnis der Wahrheit gelangen,	Allmächtiger, ewiger Gott, du hast Abraham und seinen Kindern deine Verheißung gegeben.
erhöre in Güte die Bitten deiner Kirche;	gewähre gnädig,	Erhöre das Gebet deiner Kirche
und jenes Volk, das du in alter Zeit angenommen als eigen,	dass, indem die Heidenvölker in deine Kirche eintreten,	für das Volk, das du als erstes zu deinem Eigentum erwählt hast:
lass gelangen zur Fülle des Heils:	ganz Israel gerettet werde:	Gib, dass es zur Fülle der Erlösung gelangt.
Durch unsern Herrn. Amen.	Durch Christus unseren Herrn. Amen.	Darum bitten wir durch Christus, unseren Herrn.

Die Fassung von 2008 verzichtet schon in der Einleitung auf die Erwähnung der besonderen Rolle der Juden in der Heilsgeschichte, wie dies in der Fassung von 1970 der Fall ist. In der neuen Oration fehlt aber ebenso eine spezifische Aussage über das Judentum, da nun statt von der besonderen Verheißung an Abraham vom allgemeinen Heilswillen Gottes die Rede ist (nach 1 Tim 2,4). Allerdings ist im Folgenden unter Bezug auf Röm 11,26 davon die Rede, dass „ganz Israel" gerettet werden möge. Damit steht fest, dass von der Rettung des Judentums aller Zeiten die Rede ist. Jedoch ist Israel hier unter „alle Völker" subsumiert, sodass die heilsgeschichtliche Bedeutung Israels auch hier nicht erwähnt wird.

Die diachrone Betrachtung der Fürbitte für die Juden in Bezug auf den älteren Usus zeigt erwartungsgemäß einen Fortschritt der Fassung von 2008 im Vergleich zu der Fassung von 1962, nicht aber in Bezug auf die Fassung von 1965. Diese hatte die besondere Rolle Israels in der Heilsgeschichte und das Vertrauen in die Treue Gottes zu seinen Verheißungen eindeutig zur Sprache gebracht, wohingegen die neue Fassung von 2008 unspezifisch bleibt und nur die Bitte für die Rettung ganz Israels im Zuge der eschatologischen Vollendung formuliert. Ganz weggefallen ist der Bundesgedanke, der das Besondere der Fassung der „forma ordinaria" des Römischen Ritus ausmacht. In sich betrachtet erscheint die 2008 vorgelegte Neufassung für den älteren Usus akzeptabel, im Vergleich zu der seit Jahrzehnten gebräuchlichen Formulierung im Missale Paul VI. handelt es sich jedoch um eine Einschränkung, die die Enttäuschungen auf Seiten der Betroffenen verständlich erscheinen lässt.[11]

In einem letzten Schritt soll die neue Formulierung synchron betrachtet werden im Gesamtkontext des Formulars des Missale Romanum von 1962, das bei der Feier der Karfreitagsliturgie nach dem älteren Usus zu verwenden ist.

Hier die Synopse in deutscher Übersetzung[12]:

7. Pro unitate Ecclesiae (1962)	**8. Pro Iudaeis (2008)**	**9. Pro conversione infidelium (1962)**
Lasset uns auch beten für die Irrgläubigen und die Abtrünnigen,	Lasst uns beten auch für die Juden,	Lasset uns auch beten für die Heiden,
dass unser Gott und Herr sie allen Irrtümern entreiße	dass Gott unser Herr ihre Herzen erleuchte,	dass Gott, der Allmächtige, das Sündenelend von ihren Herzen nehme,
und zur heiligen Mutter, der katholischen und apostolischen Kirche, zurückrufen wolle.	damit sie Jesus Christus als den Heiland aller Menschen erkennen.	damit sie ihre Götzen verlassen und sich bekehren zum lebendigen und wahren Gott und Seinem eingeborenen Sohn Jesus Christus, unserem Gott und Herrn.
Lasset uns beten. Beugen wir die Knie. – Erhebet euch.	Lasset uns beten. Beuget die Knie. Erhebet euch.	Lasset uns beten. Beugen wir die Knie. – Erhebet euch.
Allmächtiger, ewiger Gott,	Allmächtiger, ewiger Gott,	Allmächtiger, ewiger Gott,
Du bist das Heil aller und willst keinen verloren gehen lassen:	der du willst, dass alle Menschen gerettet werden und zur Erkenntnis der Wahrheit gelangen,	Du suchst nicht den Tod der Sünder, sondern immerdar ihr Leben;
Schau her auf die Seelen, die durch teuflischen Trug verführt sind;	gewähre gnädig,	nimm huldvoll unsere Bitte an:
lass die Herzen der Irrenden wieder zur Einsicht kommen, dass sie alle Verkehrtheit des Irrglaubens	dass, indem die Heidenvölker in deine Kirche eintreten, ganz Israel gerettet werde:	Befreie sie vom Götzendienst und vereinige sie mit einer heiligen Kirchezum Preis und Ruhm

ablegen und zur Einheit Deiner Wahrheit zurückkehren.		Deines Namens.
Durch.	Durch Christus unseren Herrn. Amen.	Durch.

In der Einleitung der Neufassung der Fürbitte für die Juden fehlt die negative Konnotation des Status der Personengruppe, für die gebetet wird. Es geht weder um ein Zurückrufen (wie bei der Bitte für die getrennten Christen), noch um Bekehrung (wie bei der Bitte für die Heiden). Dem entspricht auch die geänderte Überschrift „Für die Juden". Zwar beginnen alle drei Orationen mit einer positiven Aussage über den Heilswillen Gottes. Doch müssen die getrennten Christen und die „Heiden" erst eine Kehrtwendung machen, was von den Juden zumindest explizit nicht gesagt wird. Der Stil der erneuerten Bitte hebt sich also deutlich vom Kontext ab. Was aber bedeutet dies? Zunächst ist festzuhalten, dass die Aussage von der Unterwerfung der „Mächte und Gewalten" unter die Kirche nach wie vor die Fürbitten im älteren Usus einleitet. Möglicherweise wird dadurch eine Leserichtung suggeriert, die von den Verantwortlichen nicht gewollt ist. Gravierender aber ist die Tatsache, dass die Bitten 7 und 9 unverändert in der Fassung von 1962 stehen geblieben sind, obwohl sie – immer auf der Ebene des heute so genannten „älteren Usus" – bereits 1965 grundlegend revidiert worden waren. Warum hat man nicht auch diese jetzt an die veränderte Situation angepasst? Etwa weil von Seiten der anderen christlichen Gemeinschaften in Bezug auf die Fürbitte für die Einheit der Kirche kein Widerspruch gekommen ist wie im Fall der Fürbitte für die Juden? Dabei ist die Spannung der Fürbitten 7 und 9 mit zentralen Aussagen des 2. Vatikanischen Konzils nicht weniger groß als die der Fürbitte für die Juden.[13] Wie hört sich ein „gereinigter" Text in Bezug auf das katholisch-jüdische Verhältnis an im unmittelbaren Kontext zu Aussagen über innerchristliche Beziehungen, die den Andersgläubigen nur als vom Teufel Verführten wahrnehmen? Dass solches weder mit dem Stil der Kirchenkonstitution noch mit dem des Ökumenismusdekrets zusammengeht, ist offenkundig. Nicht anders verhält es sich mit der 9. Bitte. Wer ist mit „Heiden" überhaupt gemeint? Sind darunter z. B. auch die Muslime subsumiert? Kann man Anhänger anderer Religionen, welche auch immer es seien, nach der Erklärung „Nostra aetate"[14] noch als „Götzendiener" abqualifizieren?

Die Betrachtung der Geschichte und Bedeutung der Karfreitagsfürbitte für die Juden zeigt, wie klar in der Fassung der Fürbitten im Messbuchs Paul VI. die Theologie des 2. Vatikanums zum Ausdruck gekommen ist. Die punktuelle Ersetzung der Fürbitte für die Juden im älteren Usus – gleich wie man sie in sich bewertet – bleibt ein Flickwerk. Man fragt sich, ob diese Modifikation der letzte Eingriff gewesen sein mag. Sicherlich hätte man einige Probleme vermieden, wäre man dem Rat gefolgt, das gesamte Formular der „ordentlichen Form" auch für die „außerordentliche" verbindlich vorzuschreiben.

Anmerkungen

1 Vgl. J. Hennig, *Zur Stellung der Juden in der Liturgie*, in: LJ 10 (1960) 129–140.

2 Vgl. H. Auf der Maur, *Feiern im Rhythmus der Zeit. Herrenfeste in Woche und Jahr* (GdK 5), Regensburg 1983, 107–113; M. Klöckener, *Die „Feier vom Leiden und Sterben Jesu Christi" am Karfreitag : gewordene Liturgie vor dem Anspruch der Gegenwart*, in : LJ 41 (1991) 210–251.

3 Vgl. P. de Clerck, *La prière universelle dans les liturgies latines anciennes* (LQF 62), Münster 1977, 125–144.

4 Vgl. Hennig (Anm. 1) 135; zum Ganzen D. Kranemann, *Israelitica dignitas? Studien zur Israeltheologie Eucharistischer Hochgebete* (MThA 66), Altenberge 2001, bes. 73–106.

5 Vgl. A. Gerhards, *Improperia*: RAC 17 (1996) 1198–1212; S. Wahle, *O liebes folgk, sage mir an: was han ich dir zu leide getan. Auf der*

Spurensuche einer Wirkungsgeschichte der Improperien in spätmittelalterlichen Passionsspielen, in: A. Gerhards – S. Wahle (Hg.), *Kontinuität und Unterbrechung. Gottesdienst und Gebet in Judentum und Christentum* (Studien zu Judentum und Christentum), Paderborn u. a. 2005, 173–212.

6 Vgl. A. Gerhards, *Theologische und sozio-kulturelle Bedingungen religiöser Konflikte mit dem Judentum. Beispiele aus der katholischen Liturgie und ihrer Wirkungsgeschichte*, in: Ebd. 269–285.

7 Vgl. H. Schmidt, *Hebdomada Sancta I*, Rom 1957, 97–101; dazu J. A. Jungmann, *Missarum Sollemnia I*, Wien–Freiburg–Basel [5]1962, 615f.

8 F. Kolbe, *Die Reform der Karfreitagsfürbitten*, in: LJ 15 (1965) 217–228, hier 227 unter Bezug auf Karrer.

9 Kolbe (Anm. 8) 224.

10 Vgl. die detaillierte Exegese der Fassungen im Beitrag von J. Wohlmuth in diesem Band.

11 Vgl. dazu auch: A. Gerhards (Hg.), *Ein Ritus – zwei Formen. Die Richtlinie Papst Benedikts XVI. zur Liturgie*, Freiburg 2008, bes. 167–170.

12 Die Übersetzung der Fürbitten 7 und 9 nach: U. Bomm, *Lateinisch-deutsches Sonntagsmessbuch*, Einsiedeln-Köln 1959, 308–310.

13 Vgl. A. Gerhards, *Die Großen Fürbitten am Karfreitag und die Interzessionen des Eucharistischen Hochgebets als Spiegel des Selbstverständnisses der Kirche*: N. Klimek (Hg.), *Universalität und Toleranz. Der Anspruch des christlichen Glaubens. FS G. B. Langemeyer*, Essen 1989, 111–126; B. Kranemann, *Liturgie im Widerspruch. Anfragen und Beobachtungen zum Motu proprio*, in: Gerhards, Ein Ritus (Anm. 11) 50–66.

14 Vgl. H. H. Henrix (Hg.), *Nostra Aetate – ein zukunftsweisender Konzilstext. Die Haltung der Kirche zum Judentum, vierzig Jahre danach*, Aachen 2006.

So darf die Kirche nicht beten!

von Hanspeter Heinz

Die vom Papst am 4. Februar 2008, zwei Tage vor Aschermittwoch, promulgierte Karfreitagsfürbitte „Für die Juden" hat heftige internationale Proteste von Juden und Christen ausgelöst. Warum diese neue Fürbitte und warum solche Empörung?

Vor einem halben Jahr hatte Papst Benedikt die Erlaubnis zur Feier der vorkonziliaren „tridentinischen Messe" nach dem Messbuch von 1962 wesentlich erweitert, um die kleine Gruppe der Traditionalisten wieder mit der Kirche zu versöhnen, ihre Abspaltung teils zu verhindern, teils rückgängig zu machen. Er hat auch nie einen Hehl daraus gemacht, dass er selbst ein Liebhaber des alten lateinischen Ritus ist. In Briefen und öffentlichen Erklärungen hatten Juden und Katholiken, auch die Deutsche Bischofskonferenz, darum gebeten, ebenfalls für die alte lateinische Messe die nach dem Konzil ganz neu verfasste Fürbitte verpflichtend vorzuschreiben. Denn in der traditionellen Fürbitte spiegelte sich die durch das Konzil verurteilte unchristliche Judenfeindschaft der Kirche wider. Diesen Bitten ist der Heilige Vater leider nicht gefolgt. Das ruft die Mutmaßung hervor, dass ihm offenbar die Rücksichtnahme auf die Traditionalisten wichtiger ist als die Rücksichtnahme auf die religiösen Gefühle der Juden.

Stattdessen hat der Papst für die so genannte tridentinische Messe eine eigene Fürbitte verfasst. In deutscher Übersetzung lautet der erste Satz, der zum Stolperstein wurde: *„Lasset uns beten für die Bekehrung der Juden. Dass unser*

Gott und Herr ihre Herzen erleuchte, damit sie Jesus Christus als den Heiland aller Menschen anerkennen....." Was aber ist an diesem Gebet so schlimm - zumal auch dieses Jahr am Karfreitag in fast allen katholischen Gottesdiensten die Liturgie im nachkonziliaren Ritus gefeiert wurde?

Eine gefährliche Erinnerung

Beim Thema „Judenmission", auch wenn das Wort selbst in der Fürbitte Benedikts XVI. nicht vorkommt, werden bei den Juden sofort alte Ängste wachgerufen. Wenn von ihrer Bekehrung zum Christentum die Rede ist, wird genau die Stelle getroffen, an der ihre Nerven blank liegen, wo ein historisches Trauma mit all seinen Schrecken wach gerufen wird. Denn die Karfreitagsfürbitte hat eine über tausendjährige, bittere Vorgeschichte. Das fromme Gebet der Christen war zugleich eine Beleidigung der Juden, die im Gebet als verblendet, verstockt und perfide (untreu, ungläubig) bezeichnet wurden. Zudem gab es im Mittelalter für Juden regelrechte Ausgangsverbote in der Karwoche, weil christliche Prediger so heftig die Juden als Gottesmörder anklagten, dass es für sie gefährlich war, die Häuser zu verlassen. Die Folge waren seit dem Mittelalter bis ins 19. Jahrhundert harte Demütigungen und gefährliche Ausschreitungen nach dem Karfreitagsgottesdienst.

Diese Geschehnisse sind zwar vergangen, aber keineswegs vergessen. Im kollektiven Gedächtnis der Juden bleiben sie aufgehoben. Deshalb sind für alle Zeiten die Karfreitagsliturgie und insbesondere die Fürbitte für die Juden ein liturgischer Ort, an dem höchste Sensibilität geboten ist. Ja, selbst die Katastrophe der Schoa ist beim Thema Judenmission als gefährliche Erinnerung präsent.

Am 9. März 2006 traf sich in Berlin erstmals der für die Beziehungen zu den Juden zuständige Repräsentant des

Vatikans, Kardinal Walter Kasper, mit der deutschen Rabbinerkonferenz. Beim anschließenden Festakt griff Dr. Henry Brandt, der Vorsitzende der Rabbinerkonferenz, in seiner Rede die Problematik mit drastischer Deutlichkeit auf: „Herr Kardinal, Sie haben das Thema der Mission angesprochen. Ich möchte hier nicht weiter darauf eingehen, aber es muss zur Kenntnis genommen werden, dass besonders in Deutschland die Mission an Juden ein rotes Tuch ist. Insbesondere hier ist jede Idee, jeder Anflug der Möglichkeit einer Judenmission quasi ein feindlicher Akt, eine Fortsetzung der Untaten Hitlers den Juden gegenüber auf anderer Ebene. Das ist hart, aber ehrlich gesagt, denn so wird es von uns empfunden. Deswegen muss die Absage an eine Missionierung von uns Juden radikal und vorbehaltlos sein. Freilich bedeutet dies nicht, dass Christen wie auch Juden nicht verpflichtet wären, unter Bedingungen der Freiheit Zeugnis für ihren Glauben abzulegen. Dazu gehört unweigerlich auch das Risiko, dass dieses Zeugnis jemanden dazu motivieren könnte, gleichsam die Seiten zu wechseln. In einer freien Gesellschaft muss dieses Risiko akzeptiert werden."

Heute fürchten die Juden zwar nicht mehr ein gewalttätiges Vorgehen der Kirche. Aber auch die „sanfte Form" der Judenmission halten sie für tödlich, weil die Bekehrung zum Christentum nicht die Juden als Volk, wohl aber die jüdische Religion auslöschen würde. Deshalb musste das von Papst Benedikt neu formulierte Gebet, Gott möge die Herzen der Juden erleuchten, auf dass sie Ja zu Jesus Christus sagen, von ihnen als elementare Bedrohung verstanden werden. Zwar hat Kardinal Kasper einige Tage nach der kommentarlosen Publikation der Fürbitte gesagt, das Gebet drücke „die endzeitliche Hoffnung der Kirche" aus: dass am Ende der Geschichte alle Menschen Jesus Christus als ihren Erlöser anerkennen. Aber um die Ängste der Juden zu nehmen, wäre außerdem – und zwar im Namen des Papstes – ausdrücklich zu erklären, dass die Kirche Gott selbst die Initiative überlässt und nicht von sich aus die Juden zum Glauben an Jesus Christus und zum Eintritt in die Kirche auffordert. Das aber ist nicht geschehen. So war der Eklat klar voraussehbar.

Keine Wertschätzung der Würde Israels

Solche Ängste hat die von Papst Paul VI. im Sinne des Konzils erneuerte Karfreitagsliturgie nicht geweckt. Sie lautet seit 1970:

> *„Lasst uns auch beten für die Juden, zu denen Gott, unser Herr, zuerst gesprochen hat: Er bewahre sie in der Treue zu seinem Bund und in der Liebe zu seinem Namen, damit sie das Ziel erreichen, zu dem sein Ratschluss sie führen will.*
> *Allmächtiger, ewiger Gott, du hast Abraham und seinen Kindern deine Verheißung gegeben. Erhöre das Gebet deiner Kirche für das Volk, das du als erstes zu deinem Eigentum erwählt hast: Gib, dass es zur Fülle der Erlösung gelangt. Darum bitten wir durch Christus, unseren Herrn. Amen.“*

Der Unterschied ist augenfällig: Zum einen bekundet die Kirche in diesem Gebet unmissverständlich ihre Wertschätzung für die Würde Israels, Gottes erwähltem Volk, mit dem Gott einen Bund geschlossen hat, den er nie gekündigt hat noch je kündigen wird, wie das Konzil mit dem Apostel Paulus bekennt (Nostra aetate 4, Röm 9,4 und 11,29). Zum anderen sagt das Gebet, dass die Juden in der Treue zu Gottes Bund und in der Liebe zu seinem Namen leben, also bereits auf dem Weg des Heils sind. Die Kirche bittet darum, dass Gott sie auch zum Ziel der Erlösung führt. Vom *Glauben der Juden an Jesus Christus als Bedingung für ihr Heil* ist in dieser Fürbitte nicht die Rede. Das ist auch gar nicht nötig, weil die Kirche darauf vertrauen darf, dass Gott die Juden durch die Treue zu ihrem Gottesbund zum Heil führen wird. Dieses Vertrauen kann sich nicht nur auf den Römerbrief des

Apostels Paulus, sondern auch auf die Bergpredigt stützen, in der es heißt: *„Nicht jeder, der zu mir ‚Herr, Herr' sagt, wird in das Himmelreich kommen, sondern wer den Willen meines Vaters tut" (Mt 7,21). Die matthäische Gemeinde erkennt damit an, dass es in der Treue zur Tora eine Erlösung gibt, die sich nicht auf Jesus berufen muss. Darum eint die Hoffnung auf die vollendete Erlösung Juden und Christen mehr, als sie die christliche Jesusinterpretation trennt.*[1]

Ein für die Liturgie untaugliches Gebet

Seit der kommentarlosen Veröffentlichung der neuen Fürbitte sind Enttäuschung, Verletztheit, Proteste und Anfragen, wie der Autor den Text verstanden wissen wolle, nicht zur Ruhe gekommen. Papst Benedikt will, wie Kardinal Kasper öffentlich erklärt hat, seine Fürbitte nicht zugunsten der auch von Juden gutgeheißenen Bitte von Papst Paul VI. zurückziehen. Nur eine authentische Erklärung bzw. Klarstellung durch Kardinalstaatsekretär Bertone, den zweiten Mann im Vatikan, ist mehrfach angekündigt, aber bis Karfreitag nicht erfolgt.

Es fällt schwer, dieses sechswöchige Schweigen mit der Liebe zu vereinbaren, die Papst Benedikt in seiner ersten Enzyklika so überzeugend als Fundament und Mitte des Christentums dargestellt hat. Vielmehr hätte man erwarten dürfen, dass er die Juden um Vergebung bäte, weil er seinen Brüdern – und die Juden sind unsere „älteren Brüder" (Johannes Paul II.) – eine so schmerzliche Wunde zugefügt hat und sie seitdem sich selbst überlässt. Eine solche Geste würde auch der Auslegung des Herrenwortes von Mt 5,23f. in seinem Jesusbuch entsprechen: „Unversöhnt mit dem Bruder kann man nicht vor Gott hintreten; ihm zuvorzukommen in der Geste der Versöhnung, ihm entgegenzugehen, ist Voraussetzung rechter Gottesverehrung" (192).

Aber mit einer Vergebungsbitte allein wäre es nicht getan. Denn das vom Papst neu formulierte Gebet ist ein missglückter, weil missverständlicher und in sich widerspruchsvoller Text. Nur durch eine gewalttätige Interpretation könnten die Lücken geschlossen und die Gegensätze geradegebogen werden. Wenn etwa Kardinal Kasper erläutert, das Gebet drücke theologisch korrekt die eschatologische Hoffnung der Kirche aus, wie doch das Pauluszitat klar anzeige, kann der Rettungsversuch nicht überzeugen. Denn zum einen ist diese Interpretation aus dem ersten Satz über die Anerkenntnis Jesu als Retter der Welt nicht herauszulesen, sondern höchstens hineinzuinterpretieren. Zum anderen wird im zweiten Satz das eschatologische Zitat in Röm 11,25f. vom Papst in eine geschichtliche Aussage umgebogen. Denn der „Eintritt der Fülle der Völker in die Kirche" ist ein geschichtlicher Prozess, während das Pauluswort vom Eintritt der Völker in das Reich Gottes vom Ende bzw. der Vollendung der Geschichte spricht. Mit dem Bekenntnis der Kirche, dass Jesus als Erlöser zum Heil der ganzen Welt gekommen ist und am Ende der Geschichte als der in der Schrift verheißene Messias wiederkommen wird, können die Juden leben gemäß dem bekannten Ausspruch des Religionsphilosophen Franz Rosenzweig (1886–1925): „Ob Jesus der Messias war, wird sich zeigen, wenn der Messias kommt." Aber nicht leben können sie mit der Forderung oder Aufforderung, um ihres Heiles willen müssten sie sich zu Jesus Christus bekehren, an ihn glauben. Denn die Notwendigkeit der Bekehrung würde ihren Gottesbund nicht als vollgültigen Weg zum Heil anerkennen, sondern ihn als insuffizient abwerten.

Diese und andere irritierende Fragen, die in der Stellungnahme des Gesprächskreises des ZdK vom 29.2.2008 aufgelistet sind, machen die neue Fürbitte für die Liturgie untauglich. Denn der Text widerspricht klar der Maßgabe der Liturgiekonstitution des Zweiten Vatikanums: „Die Riten mögen den Glanz edler Einfachheit an sich tragen und knapp, durchschaubar und frei von unnötigen Wiederholungen sein. Sie seien der Fassungskraft der Gläubigen angepasst und sollen im Allgemeinen nicht vieler Erklärungen bedürfen" (Sacrosanctum Concilium, 34). Der Text der neuen Fürbitte ist hingegen wegen seiner Ungereimtheiten und Missverständlichkeit nicht verbesserungsfähig. Er muss zurückgenommen werden. Und wenn der Papst dazu nicht bereit ist?

Die Juden nicht im Stich lassen

So ernst und nachhaltig die aktuelle Störung aus Rom auch sein mag, ist sie doch für mich und viele jüdische und christliche Freunde kein hinreichender Grund, die 45-jährige Arbeit an einer vertrauenswürdigen und belastbaren Beziehung zwischen Juden und Christen grundsätzlich in Frage zu stellen. Trotz Stolpersteinen gilt es, auf dem eingeschlagenen Weg voranzuschreiten! Im Übrigen bete ich seit Aschermittwoch für die Bekehrung von Papst Benedikt: Dass unser Gott und Herr sein Herz erleuchte, damit ihm eine größere Sensibilität für die religiösen Gefühle Andersdenkender zuteil werde.

Für die Zukunft des christlich-jüdischen Dialogs sind wir auch an offenen und öffentlichen Stellungnahmen deutscher Bischöfe sehr interessiert, zumal das schriftliche Votum der Bischofskonferenz für den Wortlaut von 1970 vom Papst nicht beachtet wurde. Bis Ostern hat sich aus Deutschland nur der Aachener Bischof Heinz Mussinghoff, Leiter der Unterkommission für die Beziehungen zum Judentum, mit der Bemerkung geäußert, er selbst sei „unglücklich mit der Formulierung" und hoffe auf baldige klärende Gespräche mit den Rabbinern in Deutschland (dpa vom 6.3.2008). Ferner haben sich die beiden deutschen Kurienkardinäle Paul Josef

Cordes und Walter Kasper am 20. 3. 2008 zu Wort gemeldet. Kardinal Cordes verwies im Deutschlandfunk zur Rechfertigung des Gebets der Kirche für die Bekehrung der Juden darauf, dass es selbst im Judentum die Bewegung messianischer Juden gebe. Ausführlich argumentierend hat nur Kardinal Kasper Stellung bezogen. In einem ganzseitigen Beitrag in der FAZ versucht er, die neue Fürbitte theologisch zu rechtfertigen, geht aber leider weder auf die nahe liegende Frage, warum sich der Papst nicht für die Formulierung von Papst Paul VI. entschieden habe, noch auf andere Einwände ein.[2] Man darf gespannt sein, ob sich die anderen Bischöfe und die diözesanen Räte in den nächsten Wochen weiterhin bedeckt halten und die Juden mit ihren christlichen Dialogpartnern allein im Regen stehen lassen. Dann wären die Juden wieder einmal von der Kirche in Deutschland im Stich gelassen – wie vor Jahrzehnten. Auf jeden Fall aber wird die alt-neue Karfreitagsfürbitte auf dem Osnabrücker Katholikentag im Mai im Forum „Beten Juden und Christen zu demselben Gott?" diskutiert werden.

Anmerkungen

1 *Juden und Christen in Deutschland. Verantwortete Zeitgenossenschaft in einer pluralen Gesellschaft. Erklärung des Gesprächskreises „Juden und Christen" beim Zentralkomitee der deutschen Katholiken vom 13. 4. 2005*, 22 (www.zdk.de)

2 Kardinal Kasper teilt auch mit, dass die Überschrift „Für die Bekehrung der Juden" nicht verändert wird.

Bewahrung jüdischer Treue zum Bund und Liebe zum göttlichen Namen

Zum kirchlichen „Hauptgebet“ und zur Karfreitagsfürbitte 2008

von Hans Hermann Henrix

Der Karfreitag des Jahres 2008 wird in der Geschichte der katholisch-jüdischen Beziehungen seinen eigenen Platz erhalten. Die von Papst Benedikt XVI. promulgierte und in einer Note des Staatsekretariats vom 4. Februar 2008 veröffentlichte Karfreitagsfürbitte „für die Juden“ hat eine tiefe Krise im katholisch-jüdischen Verhältnis ausgelöst. Sie ist die schwerste seit dem Konflikt um den Karmel von Auschwitz der Jahre 1985 bis 1989. Die Kontroverse hat die allgemeine Öffentlichkeit beschäftigt, gehörte zu den ersten Meldungen der Nachrichtensendungen öffentlicher Fernsehanstalten am Vorabend des Karfreitags vom 21. März 2008 und äußerte sich in zahlreichen und vielstimmigen Reaktionen, Analysen und Kommentaren. Rabbiner und jüdische Repräsentanten protestierten, dass die Karfreitagsfürbitte „die Juden erniedrige“, und beklagten einen „Bruch“ des besonders unter Papst Johannes Paul II. gewachsenen gegenseitigen Vertrauens. Auch Stimmen aus der katholischen Kirche und Theologie zeigten sich bestürzt über Inhalt und Wirkung der Fürbitte von Papst Benedikt. Ich teile diese Bestürzung. Dennoch will ich mich auf den Versuch der analytischen Bemühung einlassen, die Kontroverslage sondieren und theologisch abwägen und schließlich Perspektiven des Umgangs mit der Krise ansteuern.

Im Gegensatz zur allgemeinen jüdischen Zurückweisung der päpstlichen Karfreitagsfürbitte hat ein Rabbiner Verständnis für das Gebet Benedikts geäußert: Jacob Neusner, mit dessen Jesus-Verständnis Papst Benedikt in seinem Buch „Jesus von Nazareth" ein viel beachtetes literarisches Gespräch führte,[1] verwies mit dem Tenor „Katholiken haben ein Recht, für uns zu beten" auf die Gebetspraxis der Synagoge, für die Nichtjuden zu beten; also sollten die anderen Monotheisten einschließlich der Kirche dasselbe Recht haben, ohne dass jemand sich dadurch verletzt fühlen sollte. „Jedes andere Verhalten gegenüber den Nichtjuden würde diesen den Zugang zu dem einen Gott verwehren, den Israel aus der Tora kennt. Das katholische Karfreitagsgebet bringt dieselbe großherzige Geisteshaltung zum Ausdruck, die für das Gebet des Judentums charakteristisch ist." Neusner begründet seine Auffassung mit dem Hinweis, dass die synagogale Liturgie in ihrem dreimal täglich gebeteten Gebet „An uns ist es, zu preisen den Herrn des Alls", dem so genannten „Alenu"-Gebet, dem Gott Israels dafür dankt, dass er sein Volk nicht wie die anderen Völker gemacht hat, und darum bittet, dass die ganze Menschheit Gottes Namen anrufe und jedes Knie sich vor ihm beuge. Es drückt die Hoffnung des baldigen Kommens des Reiches Gottes aus, bei dem vor Gott alle Gräuel von der Erde schwinden und alle Menschenkinder ihn erkennen. Die tägliche Liturgie des Judentums lasse keinen Zweifel daran, dass das im Gebet vor Gott versammelte Israel Gott um die Erleuchtung der Herzen der Völker bittet, und ihre endzeitliche Vision der einen Menschheit bei den Propheten Nahrung findet. Diese normativen Gebete im Judentum könnten als „Gegenstück" zu dem katholischen Gebet gelten, „welches darum bittet, ‚dass beim Eintritt der Völker in Deine Kirche ganz Israel gerettet wird'."[2]

Jacob Neusner setzte bei seiner innerjüdischen Zurückweisung der Kritik am Karfreitagsgebet Benedikts eine Reziprozität voraus, von der Kardinalstaatssekretär Tarcisio Bertone in einem Interview in Baku/Aserbeidschan (sic!) sprach. Kardinal Bertone forderte in seinem Interview „Reziprozität" in den Angelegenheiten ein, welche Irritationen zwischen der jüdischen und der kirchlichen Glaubensgemeinschaft verursachten: Wie hoch geachtete jüdische Vertreter geschrieben hätten, gebe es auf beiden Seiten Gebete, die geändert werden könnten und vielleicht auch geändert werden sollten. Was gefordert sei, sei eine Haltung der Reziprozität und des Respekts bei der Bekräftigung der jeweiligen Identität und zwar ohne Wunsch einer aufgenötigten Konversion, wenn man den eigenen Glauben mit dem größten Respekt für anderen Glauben vorträgt.[3] Allerdings hat Bertone bei seiner Forderung nach Reziprozität jene Asymmetrie vernachlässigt, die sowohl im Grundverhältnis von Christentum und Judentum – aufgrund der Differenz von Alter, struktureller Identität und historischer Belastung – als auch im vorliegenden Fall herrscht. Denn seine Erwartung an die jüdische Seite, ein altes Gebet zu ändern[4], scheint Mehreres außer Acht zu lassen. Das von Neusner angesprochene Alenu-Gebet war bereits im Mittelalter wie auch im 18. Jahrhundert Gegenstand heftiger christlich-jüdischer Kontroverse. Es ist von den Märtyrern in der Verfolgung der Juden von Blois 1171 als martyrologisches Zeugnis gesungen worden und hat die Verwunderung der Verfolger ausgelöst, die noch nie eine solche Melodie wie die vom Alenu-Gebet gehört hätten.[5] Ein christlicher Gast des jüdischen Gottesdienstes wird dieses Gebet mit Respekt und einer Komponente von Beschämung hören bzw. mitlesen, wenn er sich vor Augen hält, dass dieses Gebet frömmigkeitsgeschichtlich in der Situation des Verfolgtseins als ein Bekenntnis des Glaubens gebetet wurde. Demgegenüber hat in der Geschichte der christlichen Frömmigkeit der Karfreitag mit seinem Gebet für die Juden im ausgehenden Mittelalter und in der beginnenden Neuzeit irregeleitete Christen dazu angestachelt, ihre Compassio mit dem gekreuzigten Herrn in der Leidenszufügung gegenüber Juden und ihrer Verfolgung zum Ausdruck zu bringen. Eine weitere Asymmetrie zwischen dem „Alenu"-Gebet und der neuen Karfreitagsfürbitte liegt darin, dass die aktuelle Irritation durch eine aktuell vorgenommene Änderung neu verursacht ist.

Lektüre des Textes der Karfreitagsfürbitte 2008 als Text

Wenn man sich des Gedankens der Reziprozität entschlägt und dem Text der Karfreitagsfürbitte 2008 als Text zuwendet und dabei einmal bewusst vom (frömmigkeits-) geschichtlichen Kontext des Gebets absieht, so erscheint eine Lesart als möglich, die nach der theologischen Aussage und nach der biblischen, näherhin neutestamentlichen Geprägtheit des Textes fragt. Diese ist bereits greifbar in der Gebetseinladung: „Lasst uns auch beten für die Juden. Dass unser Gott und Herr ihre Herzen erleuchte, damit sie Jesus Christus erkennen, den Retter aller Menschen". In zweiten Korintherbrief (4,6) wie im Epheserbrief (1,18) ist vom Aufleuchten in den Herzen oder vom Erleuchten der (Augen der) Herzen die Rede. Die Gebetseinladung spricht vom „Retter aller *Menschen*" – ähnlich spricht das Johannesevangelium von Jesus Christus als „Retter der Welt" (Joh 4,42; vgl. auch 1 Joh 4,14) – und scheint von 1 Tim 2,4 angeregt; dort ist von Gott bekannt, dass er „alle Menschen retten will". Denkbar wäre gewesen, dass die Gebetseinladung vom „Retter aller *Völker*" spricht. Diese Formulierung hätte die biblische Unterscheidung zwischen „Israel" und den „Völkern" aufgenommen. Sie könnte in die exegetische Diskussion um Mt 28,19 hineinsprechen, in der eine Israel einschließende oder ausschließende Bedeutung des Aussendungsbefehls „Geht zu allen Völkern“ und seines griechischen Worts *ethne* (für „Völker“ oder „Heiden“) erörtert wird. Sie könnte auch eingetragen werden in eine Dialoglage, in der jüdische Autoren die Aufgabe Jesu Christi als Retter der Völker durchaus zugestehen können, zugleich aber daran festhalten, dass er nicht der Messias Israels ist. Jedoch lässt die Gebetseinladung in der vorliegenden Form eine solche Interpretation nicht zu, weil sie – in sachlicher Entsprechung etwa zu Apg 4,12 oder Röm 1,16 und anderen Stellen des Neuen Testamentes – universal formuliert ist und Israel in diese Universalität einbezieht.

Das eigentliche Gebet hat weitere biblische bzw. neutestamentliche Anknüpfungen; es lautet: „Allmächtiger ewiger Gott, der du willst, dass alle Menschen gerettet werden und zur Erkenntnis der Wahrheit gelangen, gewähre gnädig, dass beim Eintritt der Fülle aller Völker in deine Kirche ganz Israel gerettet wird. Darum bitten wir durch Christus, unseren Herrn.“ Die Formulierung vom Willen Gottes, alle Menschen zu retten, kann auf alttestamentliche Aussagen – etwa zum Noachbund (Gen 9, 1–17, besonders 15–17) oder Abrahamsbund (Gen 12,3 und 18,18) oder bei prophetischen Visionen (Jes 25,6–8; 45, 21–24 u.a.) – bezogen werden, enthält aber ausdrücklicher als die Gebetseinladung ein Zitat von 1 Tim 2,4 und dessen Aussage: „er will, dass alle Menschen gerettet werden und zur Erkenntnis der Wahrheit gelangen“. Die Fortsetzung des Gebets spielt auf Röm 11,25 und 26 an, freilich ohne wörtliches Zitat der Römerbriefaussage: „[Verstockung liegt auf einem Teil Israels,] bis die Heiden in voller Zahl das Heil erlangt haben; dann wird ganz Israel gerettet werden“ zu sein. Gegenüber der neutestamentlichen Aussage von der *Erlangung des Heils* durch die Heiden bzw. Völker in voller Zahl spricht das Gebet vom *„Eintritt* der Fülle aller Völker *in deine Kirche*“. Die

Heiden bzw. Völker erhalten darin eine so in Röm 11, 25 nicht behauptete Zuordnung zur Kirche, die durch das Eintreten der Völker und Menschen im Laufe ihrer Geschichte wächst. Sollte der „Eintritt der *Fülle aller* Völker in deine Kirche“ ein endzeitliches Geschehen sein, bei dem „ganz Israel gerettet wird“? Wird hier aber nicht ein Sinnzusammenhang zwischen der Kirche und der Rettung ganz Israels implizit geknüpft? Die Rettung von ganz Israel geschieht dem expliziten Wortlaut des Karfreitagsgebets 2008 nicht aufgrund einer Initiative der Kirche. Das Karfreitagsgebet Benedikts könnte in seinem eigentlichen Gebet damit ähnlich verstanden werden, wie Franz Mußner Röm 11,25f. so oft und leidenschaftlich interpretiert hat: Israel wird gerettet „ohne vorausgehende ‚Bekehrung‘ der Juden zum Evangelium. Gott rettet Israel auf einem ‚Sonderweg‘, der ebenfalls auf dem Gnadenprinzip *(sola gratia)* beruht und damit die Gottheit Gottes, seine ‚Wahl‘, seinen ‚Ruf‘ und seine Verheißungen an die Väter und seine von allen menschlichen Wegen und Spekulationen unabhängigen ‚Ratschluss‘ zur Geltung bringt.“[6] Mußner sieht die Rettung ganz Israels als Tun und Wirken des Parusiechristus. Das eigentliche Gebet der Karfreitagsfürbitte 2008 ist da offener. Liest man jedoch die Karfreitagsfürbitte als Einheit von Gebetseinladung und eigentlichem Gebet und sieht man das zweimalige „retten“ des eigentlichen Gebets durch die Aussage der Gebetseinladung von Jesus Christus als „Retter“ gelenkt, dann erscheint auch in diesem Gebet die Rettung ganz Israels als Tat und Wirken des in der Endzeit wiederkommenden Jesus Christus. Wenn der Text der Karfreitagsfürbitte 2008 so im Sinne der „Sonderwegthese“ zu verstehen ist, dann spricht er nicht von einem missionarischen Zugehen der Kirche auf das jüdische Volk.[7]

Mit einem am 7. Juli 2007 veröffentlichten Apostolischen Schreiben „Pontificum Summorum" über den Gebrauch der römischen Liturgie aus der Zeit vor der Reform von 1970 wollte Papst Benedikt XVI. den Gläubigen, die den früheren liturgischen Formen anhängen und sie feiern, den Gebrauch des von Papst Johannes XXIII. 1962 herausgegebenen Messbuchs erleichtern. Der Kreis jener Gläubigen, die dieses Missale benützen, erhielt die Möglichkeit, für das so genannte Triduum, das heißt die hohen Feiertage von Gründonnerstag bis Ostersonntag, auf das Missale 1962 zurückzugreifen. Und in der dortigen Karfreitagsfürbitte für die Juden war von der „Verblendung" der Juden und von der „Finsternis", der sie entrissen werden müssen, die Rede – ohne jeden Zweifel eine schwere Kränkung und Demütigung des jüdischen Volkes. Papst Benedikt hat hier mit seiner Karfreitagsfürbitte 2008 eine neue Form des Gebets vorgeschrieben, die nicht mehr die kränkenden Formulierungen des Missale 1962 enthielt. Nach dem Motu Proprio vom Juli 2007 hatten zahlreiche Interventionen gegenüber dem Vatikan oder in der Öffentlichkeit den Papst gedrängt, die Karfreitagsfürbitte des Missale 1970 auch für die Gläubigen verbindlich zu machen, welche die alte Form des Ritus begehen. Die Karfreitagsfürbitte des Missale 1970 lautet in der seit dem ersten Fastensonntag 1976 gültigen deutschen Übersetzung für die Gebetseinladung: „Lasst uns auch beten für die Juden, zu denen Gott, unser Herr, zuerst gesprochen hat: Er bewahre sie in der Treue zu seinem Bund und in der Liebe zu seinem Namen, damit sie das Ziel erreichen, zu dem sein Ratschluss sie führen will" und für das eigentliche Gebet: „Allmächtiger, ewiger Gott, du hast Abraham und seinen Kindern deine Verheißung gegeben. Erhöre das Gebet deiner Kirche für das Volk, das du als erstes zu deinem Eigentum erwählt hast: Gib, dass es zur Fülle der Erlösung gelangt. Darum bitten wir durch Christus, unseren Herrn."[8] Diese Fürbitte setzt die Anerkenntnis der theologischen und heilsgeschichtlichen Würde Israels durch das Zweite Vatikanische Konzil und seine Erklärung „Nostra Aetate" gottesdienstlich um. Sie ist das liturgische Herzstück der Haltung und Lehre des Respekts der Kirche gegenüber dem Judentum und jüdischen Volk. Sie spricht eine große Wertschätzung für das jüdische Volk als das von Gott erwählte Volk aus. Sie enthält nicht den Namen Jesu Christi. Offenbar wollte Papst Benedikt den Gläubigen, welche die Liturgie nach der Ritusform von 1962 feiern, nicht ein Gebet zumuten, in dem der Name Jesu Christi fehlt. Er befürchtete wohl die Nichtakzeptanz dieser Gläubigen, wenn er den Namen Jesu Christi ausließe. Zwar hat er mit seinem Karfreitagsgebet 2008 die kränkenden Ausdrücke der alten Karfreitagsfürbitte von der „Verblendung" und „Finsternis" getilgt und einen Teil der angezielten Gläubigen erreicht und doch für das katholisch-jüdische Verhältnis eine schwere Krise hervorgerufen.

Die durch das Karfreitagsgebet 2008 hervorgerufene aktuelle Krise im katholisch-jüdischen Verhältnis zeigt vielleicht mehr das Gewicht der Last der Geschichte zwischen Kirche und jüdischem Volk an als das Gewicht der theologischen Grunddifferenz. Denn die Karfreitagsfürbitte hat mit ihrer Bitte um (An-)Erkenntnis Jesu Christi sowie mit ihren Formulierungen von der Erleuchtung der Herzen der Juden und vom Gelangen zur Erkenntnis der Wahrheit an eine vitale Tiefenschicht im Judentum gerührt, die ihre eigene Autorität hat. Diese Tiefenschicht besteht im jüdischen Gedächtnis einer langen Geschichte schwerer Existenzbeeinträchtigung, Gefährdung, Verfolgung und gar Tötung und Ermordung durch Christen besonders im zweiten Jahrtausend christlicher Zeitrechnung. In dieser Geschichte hat der Karfreitag seinen eigenen Stellenwert, weil seine Vergegenwärtigung der Passion Jesu von Nazareth frömmigkeitsgeschichtlich eine manchmal konstitutiv scheinende Polemik gegen das jüdische Volk und Judentum bei sich hatte; sie verschaffte sich in Aussagen und Gesten der Liturgie und in Haltungen und Taten der Verachtung und Verfolgung Ausdruck. Diese Erfahrungen der Verachtung, Erniedrigung und Feindseligkeit haben sich tief in das jüdische Gedächtnis eingebrannt. Und in diesem Gedächtnis einer langen Kette jüdischer Generationen wurde – jenseits päpstlicher Absicht – etwas durch die Karfreitagsfürbitte angesprochen, das eruptiv aufbrach und den Eindruck der Bedrohung bei sich hatte: das intuitive Wissen um eine Gefährdetheit christlicher Passionsfrömmigkeit, die Erinnerung an Verfolgungs- und Leidenserfahrungen, ein geschichts- und erfahrungsbedingtes Misstrauen gegenüber Kirchen und Christentum, der Nachhall oder besser die Gegenwart eines schwer belasteten Langzeitgedächtnisses.

Es hat im Vorfeld der Veröffentlichung nicht an Hinweisen auf diese Tiefenschicht gefehlt. Ja, bei Papst Johannes Paul II. war das Wissen um diese Tiefenschicht tief verankert. Sie war ihm beim Prozess der Gewissenserforschung und Reinigung des Gedächtnisses zum Großen Jahr 2000 sehr gegenwärtig. Nachdem er in den Jahren zuvor zahlreiche Gesten und Aussagen zur theologischen Würde Israels gesetzt bzw. gemacht hatte, hat er im feierlichen Gottesdienst des Ersten Fastensonntags 2000 in St. Peter zu Rom Gott gebeten, dass die Christen „ihre Sünden anerkennen, die nicht wenige von ihnen gegen das Volk des Bundes und der Lobpreisungen begangen haben, und so ihr Herz reinigen", und ihn um Verzeihung für das Verhalten aller angerufen, die im Laufe einer langen Geschichte die Angehörigen des jüdischen Volkes „leiden ließen". Und er hat dieses Schuldbekenntnis und die Bitte um Verzeihung bei seinem Besuch der Westmauer von Jerusalem am 26. März 2000 wiederholt und zwar ohne die christologische Schlussformel „Darum bitten wir durch Christus unseren Herrn." Dieser kirchliche Akt der Umkehr und *teschuwah* und die zahlreichen Aussagen kirchlicher Wertschätzung der theologischen Würde Israels seit „Nostra Aetate" und im langen Pontifikat von Johannes Paul II.[9] scheinen für nicht wenige Juden mit der Karfreitagsfürbitte 2008 wie vergessen. Tatsächlich fehlt es in dieser Fürbitte an einer ausdrücklichen und zweifelsfreien Bekräftigung theologischer Dignität Israels *post Christum*. Es ist rätselhaft, warum Papst Benedikt XVI. bei seinem Vorhaben einer neuen Karfreitagsfürbitte für die Gläubigen, die das Triduum nach dem Missale von 1962 begehen, nicht vor der Promulgation dieser Bitte das Gespräch mit jüdischen Partnern im offiziellen katholisch-jüdischen Dialog geführt hat. Und es gibt nicht weniger Anlass zur Frage, warum er es unterlassen hat, mit der Veröffentlichung der Karfreitagsfürbitte 2008 auch eine Interpretation durch ihn oder den Ressortverantwortlichen der Kurie, Kardinal Walter Kasper zu geben, welche die Intention dieses Gebets klärt und herausstellt, dass und inwiefern die seit dem Zweiten Vatikanischen Konzil gelehrte Haltung des Respekts gegenüber dem jüdischen Volk und Judentum nach wie vor gültig ist. Es ist sicherlich keine Gewähr dafür gegeben, dass die vorherige Konsultation mit jüdischen Autoritäten und die begleitende Erläuterung über die Anliegen der Karfreitagsfürbitte 2008 den jüdischen Protest aufgefangen oder vermieden hätte. Aber die wichtigen Äußerungen und Interpretationen, die Kardinal Kasper nachgereicht hat und mit denen er die umlaufende Befürchtung bestätigt, dass als Leselenkung die frühere Überschrift „Für die Bekehrung der Juden" unverändert stehen bleibt[10], haben mit dem Eindruck eines Defizits von Glaubwürdigkeit und Überzeugungskraft zu kämpfen, weil sie eben nachgeschoben wirken.

Das katholisch-jüdische Verhältnis hat sich in der aktuellen Krise um das Karfreitagsgebet 2008 erneut als ein bleibend störanfälliges Verhältnis gezeigt. Aber es haben sich in diesem bleibend störanfälligen Verhältnis Strukturen ergeben und Persönlichkeiten auf beiden Seiten engagiert, welche die aufgetretenen Störungen, Kontroversen und Konflikte jeweils bearbeitet und manchmal auch konstruktiv aufgelöst haben. Darauf ist auch gegenwärtig zu setzen. Die Nüchternheit gebietet es, bei der Bearbeitung der aktuellen Krise davon auszugehen, dass die Karfreitagsfürbitte 2008 für die „tridentinische" Form des Ritus bleibt. Wie wird aber unter dieser Voraussetzung die katholisch-jüdische Beziehung weitergehen?

Zunächst wird man an innerkirchliche Gegebenheiten erinnern wollen. Die Karfreitagsfürbitte 2008 gilt nur für die außerordentliche Ausdrucksform des katholischen Ritus, die von einer verschwindend kleinen Zahl von Gläubigen gefeiert wird. Die überwältigende Mehrheit der Katholiken feiert die ordentliche Ausdrucksform in der Maßgabe des von Papst Paul VI. promulgierten Messbuches von 1970. Die damit gegebene Ordnung des Gebets enthält jenes Karfreitagsgebet, mit dem die übergroße Zahl von Gemeinden und Gläubigen Jahr um Jahr betet: „Lasst uns auch beten für die Juden, zu denen Gott, unser Herr, zuerst gesprochen hat: Er bewahre sie in der Treue zu seinem Bund und in der Liebe zu seinem Namen, damit sie das Ziel erreichen, zu dem sein Ratschluss sie führen will". Dieses bleibt das „Hauptgebet" der katholischen Kirche für die Juden und ist geprägt von der Anerkenntnis, dass die Juden in der Treue zum Bund Gottes und in der Liebe zu seinem Namen stehen und darin gemäß dem Ratsschluss Gottes fortschreiten mögen. Dass dies das „Hauptgebet" ist und bleibt, liegt in besonderer Verantwortung der Bischöfe. Daneben bleibt theologisch und kirchenrechtlich das Verhältnis zwischen dem ordentlichen und der außerordentlichen Ausdrucksform des Ritus der katholischen Kirche zu klären.

Sodann ist darauf zu verweisen, dass die Karfreitagsfürbitte 2008 nicht die theologische Sicht der Beziehung zwischen der Kirche und dem jüdischen Volk bei Papst Benedikt XVI. ausschöpft. In den Schriften des Papstes als Kardinal Joseph Ratzinger war mit den 90er Jahren ein auffälliges Interesse an der Beziehung der Kirche zum jüdischen Volk und Judentum gewachsen. Seine Ausführungen sind dabei von der Grundüberzeugung getragen, dass sich Juden und Christen gegenseitig annehmen sollten und dies nicht unter Absehung von ihrem Glauben oder gar unter dessen Verleugnung, sondern vom Glaubenszentrum selbst heraus; in der Begegnung von Juden und Christen begegnet also Glaube dem Glauben und steht nicht Glaube dem Un- oder Irrglauben gegenüber. In nicht nur impliziter Nähe zur hier anstehenden theologischen Frage steht seine Mahnung an die Christen, „doch Gottes Verfügung an(zu)erkennen, der Israel offenbar in der ‚Zeit der Heiden' eine eigene Sendung aufgetragen hat, die die Väter so umschreiben: Sie müssen als die ersten Eigentümer der Heiligen Schrift uns gegenüber bleiben, um gerade so ein Zeugnis vor der Welt aufzurichten".[11] Die darin ausgesprochene Anerkennung des bleibenden Gegenübers von Kirche und Israel bedeutet eine Zurückweisung der Judenmission. Sodann war unter Vorsitz von Kardinal Ratzinger das jüdischerseits sehr anerkannte Dokument der Päpstlichen Bibelkommission „Das jüdische Volk und seine heilige Schrift in der christlichen Bibel" vom 24. Mai 2001 erarbeitet worden, welches die bleibende theologische Würde des nachbiblischen Judentums nachdrücklich herausstellte.[12] Und nach seiner Wahl zum Papst empfing Benedikt noch vor seinen viel beachteten Gesten des Kölner Synagogenbesuchs am 19. August 2005 bzw. seines Besuchs in Auschwitz am 28. Mai 2006 das Internationale Jüdische Komitee, welches der jüdische Partner beim offiziellen katholisch-jüdischen Dialog auf Weltebene ist, im Vatikan und äußerte seinen Willen zur konstruktiven Weiterpflege der katholisch-jüdischen Beziehung. Weiterhin hat Papst Benedikt in seinem Jesus-Buch durch sein literarisches Gespräch mit dem Jesus-Verständnis von Rabbiner Jacob Neusner ein Faktum von großem hermeneutischem Gewicht bekräftigt: Jüdische Stimmen sind eine Instanz für die Erkenntnisbildung christlicher Theologie und zwar auch dann, wenn diese ihre Christologie betreibt und weiterführt. Zudem hat der Papst mit der Kennzeichnung Jesu Christi als „lebendige Tora Gottes“ in seinem Jesus-Buch ein Fundament von Kontinuität gelegt, dem weiter nachzugehen die christliche Theologie aufgerufen ist.[13] Es gibt eine jüdische wie katholische Erwartung an den Papst, dass er die angedeutete Perspektivik zur katholisch-jüdischen Beziehung weiter ausführt.

Die Kommissionen der Kirche für die religiösen Beziehungen zu den Juden werden sich in der nächsten Zukunft als ein Forum ausweisen müssen, auf dem die aktuelle Krise freimütig diskutiert wird und Wege ihrer Überwindung erkundet werden. So hat die Unterkommission der Deutschen Bischofskonferenz für die religiösen Beziehungen mit dem Judentum die beiden deutschen Rabbinerkonferenzen zu einem nachgehenden Gesprächsgang zur Karfreitagsfürbitte 2008 eingeladen. Und die Vatikanische Kommission wird sich mit ihrem offiziellen jüdischen Dialoggremium, dem Internationalen Jüdischen Komitee für interreligiösen Konsultation (IJCIC), im November 2008 zu einem weiteren Treffen des Internationalen katholisch-jüdischen Verbindungskomitees in Budapest treffen. Dort wird es gewiss zum Austrag der gegenwärtigen Spannungen kommen, ohne die Weiterführung des Austausches zu ethischen und sozialen Fragen der letzten Jahre etwa zum Problem von „Religion und Zivilgesellschaft heute" zu vernachlässigen. Die Delegation des Vatikans wird eine Entwicklung im Blick behalten müssen, damit die kräftige Einbeziehung der jüdischen Orthodoxie nicht das Reformjudentum als Partner im offiziellen Dialog marginalisiert und der Austausch zu sozialen und ethischen Fragen nicht zentrale theologische Fragen verdrängt.

Die offiziellen Gremien des katholisch-jüdischen Dialogs haben sich bei Irritationen des katholisch-jüdischen Verhältnisses in den zurückliegenden Jahren als konstruktive Instrumente der Krisenbearbeitung und -bewältigung erwiesen. Sie stehen aktuell vor der Herausforderung, sich darin erneut zu bewähren. Auf den Willen der Beteiligten zu solcher Bewährung darf man setzen – und vertrauen.

Anmerkungen

1 Joseph Ratzinger/Benedikt XVI., *Jesus von Nazareth. Erster Teil von der Taufe im Jordan bis zur Verklärung*, Freiburg 2007; das Gespräch mit Jacob Neusner und dessen Buch: *Ein Rabbi spricht mit Jesus. Ein jüdisch-christlicher Dialog*, München 1997, führt der Papst auf den Seiten 131–160.

2 Vgl. Jacob Neusner, *„Catholics Have a Right To Pray for Us"*, in:www.jcrelations.net/en/?item=2936; deutsche Übersetzung *„Monotheistische Logik"*, in: Tagespost vom 23. Februar 2008 bzw.: http://www.die-tagespost.de/Archiv/titel_anzeige.asp?ID=38204.

3 Vgl. Il Messaggero vom 9. März 2008: Bertone: „Reciprocità sulla preghiera degli ebrei", in: http://www.ilmessaggero.it/articolo_app.php?id=5704&sez=HOME_INITALIA&snw=R.

4 Es ist in Gebetbüchern des Reformjudentums zu Vorschlägen der Änderung des „Alenu-Gebets" gekommen, etwa: „An uns ist es, den Herrn des Alls zu rühmen, dem Weltenschöpfer zu huldigen. Er hat uns erwählt, Seine Einheit zu bekennen; Er hat uns berufen zu Seinem Dienst. Darum beugen wir vor Ihm das Knie, beten Ihn an und bekennen uns dankend zu Ihm, dem König aller Könige, dem Heiligen, gelobt sei Er", so in: Jakob J. Petuchowski (Hg.), *„Dass wir Dir in Wahrheit dienen". Ein jüdischer Gottesdienst für den Sabbatmorgen*, Aachen [4]2001, 27.

5 Näheres dazu in den Artikeln *„Aleinu Le-Shabbe'ah"*, in: Encyclopaedia Judaica 2 (Jerusalem 1979), 555–559, *„Alaynu"*, in: Macy Nul-

man, The Encyclopedia of Jewish Prayer. Ashkenazic and Sephardic Rites, Northvale/London 1996, 24–26 und *„Alénou le-chabbéah"*, in: Alan Unterman, Dictionnaire du Judaïsme. Histoire, myths et traditions, Paris 1997, 22.

[6] Franz Mußner, *Traktat über die Juden*, München 1979, 60; vgl. auch ders.: *„Der Stein des Anstoßes" und der christlich-jüdische Dialog*, in: Rudolf Voderholzer u.a. (Hg.), *Mittler und Befreier. Die christologische Dimension der Theologie. Für Gerhard Ludwig Müller*, Freiburg, 2008, 467–478, 472f.

[7] Darauf liegt ein besonderer Akzent des Beitrags von Kardinal Walter Kasper *„Das Wann und Wie entscheidet Gott"*, in: Frankfurter Allgemeine Zeitung, Nr. 68 vom Donnerstag, 20. März 2008, 39.

[8] Zitiert nach: Rolf Rendtorff/Hans Hermann Henrix (Hg.), *Die Kirchen und das Judentum. Band I: Dokumente von 1945 bis 1985*, Paderborn-Frankfurt [3]2001, 57; dort auch 56–60 eine Skizze der Entwicklung der Karfreitagsfürbitte für die Juden seit 1570. Vgl. zur Interpretation und Analyse des Karfreitagsgebets des Missale 1970 nur: Hans Hermann Henrix, *Kühne Liturgie. Zur neuen Karfreitagsfürbitte für die Juden*, in: gd 12 (1978) 37; ders., *Gottes Ja zu Israel. Ökumenische Studien christlicher Theologie*, Berlin/Aachen 2005, 15–18 und Albert Gerhards, *Universalität und Toleranz. Die Großen Fürbitten am Karfreitag als Maßstab christlichen Glaubens, Betens und Handelns*: gd 24 (1990) 41–43.

[9] Vgl. dazu nur: Hans Hermann Henrix (Hg.), Nostra Aetate – Ein zukunftsweisender Konzilstext. Die Haltung der Kirche zum Judentum 40 Jahre danach, Aachen 2006 und die dort genannte Literatur; zur Vergebungsbitte des Jahres 2000 siehe: ders./Wolfgang Kraus (Hg.), *Die Kirchen und das Judentum. Band II: Dokumente von 1986 bis 2000*, Paderborn–Frankfurt 2001, 154 und 161.

[10] Hier besonders sein Statement gegenüber Radio Vatikan vom 7. Februar 2008 nach: http://www.oecumene.radiovaticana.org/ted/Articolo.asp?c=184997 und sein Beitrag in der Frankfurter Allgemeine Zeitung vom 20. März 2008, a.a.O.

[11] Joseph Kardinal Ratzinger, *Die Vielfalt der Religionen und der Eine Bund* (Urfelder Reihe 1), Hagen 1998, 110f.

[12] Päpstliche Bibelkommission, *Das jüdische Volk und seine Heilige Schrift in der christlichen Bibel* – 24. Mai 2001 (Verlautbarungen des Apostolischen Stuhls 152), Bonn o.J. (2002).

[13] Weiteres hierzu im Beitrag des Autors: „Die lebendige Tora Gottes". Zum Dialog von Papst Benedikt XVI. mit Rabbiner Jacob Neusner in seinem Jesus-Buch: Theologie und Philosophie 83 (2008) (im Druck).

Wir müssen die Stagnation im katholisch-jüdischen Verhältnis überwinden!

von John T. Pawlikowski OSM

In den letzten Jahren stieg in katholisch-jüdischen Dialogkreisen die Sorge um eine Stagnation des katholisch-jüdischen Dialogs – insbesondere auf der institutionellen Ebene[1]. Zum einen war da die laue Reaktion katholischer Bischöfe und des Vatikans auf Mel Gibsons neuerliche Verwendung klassischer antisemitischer Stereotype in seinem Film „Die Passion Christi" 2004. Zuvor hatten schon der amerikanische Theologe und Kardinal Avery Dulles und Stimmen aus dem Vatikan das Dokument „Reflexionen über Bund und Mission", das 2002 aus dem Dialog zwischen dem Nationalen Rat der Synagogen und dem Sekretariat für ökumenische und interreligiöse Beziehungen der US-Bischofskonferenz entstanden war, attackiert. Diese Stellungnahme war von Kardinal Walter Kasper, dem Präsidenten des Päpstlichen Rates für die Einheit der Christen und dessen Kommission für die religiösen Beziehungen mit den Juden, ausdrücklich ermutigt worden.

Allerdings war Kasper in der letzten Zeit bei theologischen Themen leise geworden, obwohl er die Konsultation „Christus und das jüdische Volk", die von führenden katholischen Bildungsinstitutionen in Europa und den USA veranstaltet wurde, stillschweigend unterstützt und an deren Treffen im italienischen Arriccia, Oktober 2006, auch persönlich teilgenommen hatte. Zu Beginn seiner Präsidentschaft beim Einheitsrat 2001 hatte Kasper Bahnbrechendes zum christlich-jüdischen Verhältnis geliefert, in den folgenden Jahren nahm das stark ab. Es gelang ihm auch nicht, 2005, anlässlich des 40-Jahr-Jubiläums der Konzilserklärung Nostra Aetate eine neue vatikanische Stellungnahme dazu herauszubringen. Schlüsselfrage ist, ob die Überlegungen Kaspers oder die Ergebnisse der Konsultation „Christus und das jüdische Volk" ins katholische theologische Denken Eingang finden können. Die Theologie des christlich-jüdischen Verhältnisses, wie sie von Gregory Baum oder Johann Baptist Metz entwickelt wurde, steht im Nervenzentrum christlicher Identität. Als oberster Sprecher des Vatikans sowohl für die Ökumene der Christen untereinander als auch für die christlich-jüdischen Beziehungen hätte Kardinal Kasper instrumental dafür sein können, dass das neue Verständnis theologischer Mainstream wird. Aber in der Karwoche 2007 unterstützte Kasper persönlich eine vom Vatikan und der russisch-orthodoxen Kirche veranstaltete Aufführung der Matthäuspassion (einer Komposition des Wiener russisch-orthodoxen Bischofs Hilarion Alfejew), in der Texte der klassischen antijüdischen Theologie der Kirchenväter, die in orthodoxen Kreisen verbreitet ist, verwendet wurden, etwa der Satz: „Du (Christus) hast uns befreit vom Fluch des Gesetzes." Damit sich die christlich-jüdischen Beziehungen verbessern, müsste die Kirchenleitung aber bereit sein, gegen die fortdauernden Manifestationen des klassischen theologischen Antijudaismus aufzutreten. Nur wenn die neue Theologie des Verhältnisses der Kirche zum jüdischen Volk hier in den Vordergrund tritt, kann man wirklich sagen, dass diese die christliche Seele erreicht hat. Ein Test für den Standpunkt der katholische Kirche wird sein, wenn das Dokument über die Grundlage kirchlicher Identität der Kommission für Glaube und Kirchenverfassung des Weltkirchenrats, in der auch der Vatikan Mitglied ist, erscheint. Der Internationale Rat der Christen und Juden veranstaltete im Dezember 2006 gemeinsam mit dieser Kommission eine Konsultation im schweizerischen

Boldern. Die Leitung der Kommission für Glaube und Kirchenverfassung gab damals zu der Hoffnung Anlass, dass in dieses das neue theologische Denken einbezogen wird, das durch den christlich-jüdischen Dialog entstanden ist, Der gegenwärtige Papst schrieb als Präfekt der Glaubenskongregation einige potenziell positive Aufsätze zur Theologie des katholisch-jüdischen Verhältnisses, darunter sein Vorwort zum ausführlichen Dokument der Päpstlichen Bibelkommission „Das jüdische Volk und seine heilige Schrift in der christlichen Bibel“ (2001). Aber bis heute gibt es wenige Anzeichen für diese Sicht in seinen Äußerungen als Papst. Im Gegenteil, einige seiner Überlegungen, etwa die Gründonnerstagspredigt 2007, scheinen sich teilweise an der antijüdischen Sichtweise eines Johannes Chrysostomus auszurichten.

Anlass zur Sorge gibt auch, dass ein Vortrag von Kardinal Dulles, den er 2005 in Washington hielt, von der Kirchenleitung öffentlich unwidersprochen blieb. Der Vortrag richtete sich gegen das Herzstück von Nostra Aetate und die eindeutige Lehre von Johannes Paul II., indem Dulles erklärte, das II. Vatikanum habe die Frage, ob die Juden in den Bund Gottes mit eingeschlossen sind, nicht gelöst: Das ist ein Verweis auf den Gedanken in der klassischen christlichen Theologie, dass die Juden vom Bund Gottes ausgeschlossen wären, weil sie Jesus abgewiesen hätten. In der Linie solchen Denkens, das bereits diskreditiert schien, wurden die Juden im Bund durch die Anhänger Christi ersetzt. Es gab nur private Versicherungen von Kardinal Kasper und anderen Bischöfen, wonach Kardinal Dulles‘ Sichtweise eine rein persönliche wäre und nicht das offizielle katholische Denken repräsentiere. Aber ich selbst habe erlebt, wie andere Bischöfe die Sicht von Dulles gutgeheißen haben.

Des Weiteren scheint Papst Benedikt von der Anerkennung einer größeren katholischen Mitverantwortung an der Schoa Abstand zu nehmen. Hier scheint der gegenwärtige

Papst hinter die von Johannes Paul II. eingestandene katholische Verstrickung zurückzugehen. Benedikt hat natürlich die NS-Ideologie verdammt und sich gegen Manifestationen des Antisemitismus geäußert. Aber in seiner Ansprache in der Kölner Synagoge 2005 und bei seinem Besuch im Auschwitz-Birkenau 2006 interpretierte er den Nationalsozialismus als neuheidnisches Phänomen und spielte die zentrale Rolle der klassischen Kirchenlehre als Nährboden für die Unterstützung seiner Ideologie herunter. Sowohl in Köln als auch in Birkenau erwähnte Benedikt weder das vatikanische Dokument über die Schoa 1998, „Wir erinnern", noch die stärkeren Aussagen über die katholische Mitverantwortung, wie sie in Stellungnahmen der deutschen (1995) und französischen (1997) Bischöfe sichtbar war.

Auch Benedikts XVI. Motu Proprio „Summorum Pontificum", das den Gebrauch des tridentinischen Messritus erleichtert, wirft ernste Fragen auf, denn es scheint die praktische Eliminierung alttestamentlicher Lesungen zu sanktionieren sowie das Gebet für die Bekehrung der Juden aus dem Missale von 1962 neu zu bestätigen, das die Juden als „blind" anspricht und sagt, dass sie „einen Schleier vor ihren Augen" hätten. Einige Bischofskonferenzen – darunter die deutsche und die US-amerikanische – haben den Papst ersucht, die nachkonziliare Version des Gebets für die Juden für alle liturgischen Feiern am Karfreitag verpflichtend zu machen. Der Internationale Rat der Christen und Juden, der Arbeitskreis Juden und Christen beim Zentralkomitee der deutschen Katholiken und das Internationale Jüdische Komitee für interreligiöse Konsultationen haben dasselbe getan. Protest kam auch aus Österreich und Frankreich, die Oberrabbiner von Israel haben dem Papst gleichfalls in diesem Sinn geschrieben. Auch die Medien haben wiederholt jüdische Besorgnisse über dieses Dokument thematisiert. Juden haben in der Tat jeden Grund, besorgt zu sein.

Die Kontroverse über die Frage des geeigneten Gebets für die jüdischen Menschen in der katholischen Liturgie begleitet uns seit der Zeit von Papst Johannes XXIII. Vor dem II. Vatikanischen Konzil entfernte Johannes XXIII. den Begriff „perfide“ aus dem Karfreitagsgebet. Im Jahre 1965 eliminierte Papst Paul VI., kurz vor der II. Deklaration des Vatikans über die Kirche und die Juden, die negative Wortwahl über die Juden (z. B. ihre „Blindheit“) aus der Karfreitagsliturgie, ließ jedoch den Konvertierungs-Grundton des Gebets intakt. Das Messbuch von 1970, die definitive Antwort auf die vom II. Vatikanischen Konzil in Auftrag gegebenen liturgischen Veränderungen, revidierte das Gebet von 1965 weiter, wobei es in positiver Weise den fortdauernden Glauben des jüdischen Volkes an Gott anerkannte und offen ließ, was die eschatologische Lösung des offenkundigen Konflikts zwischen den Vorstellungen der universellen Seelenrettungshandlung von Christus und der andauernden feierlichen Verpflichtung der Juden sein könnte. Dieses Gebet ist eindeutig im Geiste von Nostra Aetate verfasst, das die theologische Sichtweise auf die Juden von fast zwei Jahrtausenden völlig ablehnte, ohne jedoch einen definitiven Ersatz anzubieten. Diese Aufgabe überließ man nachfolgenden Generationen von Theologen und Exegeten für die Zeit nach dem Ende des Konzils. Die ständige theologische Konsultation „Christus und die Juden“, die gemeinsam vom Boston College, der Catholic Theological Union, der Päpstlichen Universität Gregoriana und der Katholischen Universität Leuven mit Unterstützung von Walter Kardinal Kasper getragen wird, und das langjährige Projekt über Paulus und das Judentum an der Katholischen Universität Leuven sind nur zwei solcher andauernden Bestrebungen.

In einem offiziellen vatikanisch-jüdischen Dialog 1977 in Venedig schlug Professor Tomaso Federici, ein in Vatikankreisen hoch geschätzter Laiengelehrter, vor, dass der

Katholizismus angesichts von Nostra Aetate formell auf jede Missionierung der Juden verzichten sollte. Die offiziell veröffentlichte Fassung seiner Schrift, die erst mehrere Jahre später erschien, wurde dahingehend geändert, dass sie zu einer Ablehnung „unangemessener" Missionierung aufrief. Wenige Jahre zuvor hatte Walter Kardinal Kasper in seinen Schriften den Standpunkt vertreten, dass keine Notwendigkeit bestehe, Juden zu missionieren, weil sie eine authentische Offenbarung besitzen und aus der Sicht des II. Vatikanischen Konzils im Bund mit Gott bleiben. Er fügte aber hinzu, dass der Katholizismus an der Vorstellung von Christi universellem Erlösungshandeln festhalten müsse. Leider hat er nie weiter ausgeführt, wie sich diese beiden theologischen Aussagen miteinander verbinden lassen. Die umstrittene Erklärung „Betrachtungen über Bund und Mission", die als Studiendokument des ständigen Dialogs zwischen der United States Conference of Catholic Bishops' Secretariat for Ecumenical and Interreligious Affairs und dem National Council of Synagogues herausgegeben wurde und von Kardinal Edward Idris Cassidy, Kardinal Kaspers Vorgänger, gepriesen wurde, und die Erklärung der ökumenischen Wissenschaftlergruppe über christlich-jüdische Beziehungen in den Vereinigten Staaten, „Eine heilige Pflicht", rief ebenfalls zu einer Einstellung der Missionierung von Juden auf. Dies traf auf die harsche Kritik von Avery Kardinal Dulles.

Die Diskussion über das Gebet für die Juden im Kontext des Motu Proprio von Papst Benedikt XVI. über die lateinische Liturgie begann im Sommer 2007, als bekannt wurde, dass sich das Dokument am Horizont abzeichnete. Gruppen, die sich seit langem mit Bemühungen um die christlich-jüdische Verständigung nach dem II. Vatikanischen Konzil befassten, wie z. B. der Gesprächskreis Juden und Christen beim Zentralkomitee deutscher Katholiken, der International Council of Christians & Jews, der Österreichische Koordinierungsausschuss für christlich-jüdische Zusammenarbeit und der North American Council of Centers on Christian-Jewish Relations, schickten Botschaften an den Vatikan, in denen sie dringend dazu rieten, die lateinische Fassung des Gebets von 1970 in das Messbuch von 1962 für Karfreitag aufzunehmen. Bedeutende Kirchenführer wie Karl Kardinal Lehmann aus Deutschland ebenso wie die United States Conference of Catholic Bishops schalteten sich ebenfalls ein, zusammen mit mehreren jüdischen Gruppen einschließlich des offiziellen jüdischen Dialogpartners des Vatikans, dem International Jewish Committee for Interreligious Consultations (IJCIC) und den Oberrabbinern von Israel. Die Besorgnis über das Gebet wurde gleichermaßen von Christen und Juden geteilt und war kein einseitiger jüdischer Protest, wie es die Boulevardpresse und einige Funktionäre des Vatikans vielleicht glauben machen wollten. Ende August bestätigte der Päpstliche Staatssekretär Kardinal Bertone öffentlich diese Besorgnis und schlug vor, dass es die beste Lösung sein könnte, das Gebet von 1970 zum gemeinsamen Text für beide Messbücher zu machen. Aber dann kam es zu etwas, wodurch dieser Vorschlag vom Tisch gefegt wurde: zur Ankündigung, dass Papst Benedikt XVI. selbst ein neues Gebet verfassen würde.

Das neue päpstliche Gebet hat viel Streit erzeugt. Proteste kamen aus vielen Ländern, und die italienische Rabbinervereinigung beschloss, jeglichen weiteren katholisch-jüdischen Dialog auszusetzen. Wenn das päpstliche Gebet auch die höchst ungehörige Wortwahl aus dem Messbuch von 1962 entfernt, bleibt es doch eindeutig von der Einstellung her bekehrungsorientiert.

Angesichts der gegenwärtigen Kontroverse müssen mehrere Punkte zur Sprache gebracht werden:

(1) Jeder Dialog lebt in hohem Maße von der Begegnung von Menschen, er ist nicht bloß eine akademische the-

ologische Übung. Im Geiste der eigenen Richtlinien des Vatikans von 1974 über katholisch-jüdische Beziehungen ist es für Katholiken unbedingt notwendig, zu verstehen, warum die Frage der „Bekehrung“ angesichts der langen Geschichte des christlichen Antisemitismus und des Holocaust einen so blank liegenden Nerv innerhalb der jüdischen Gemeinschaft trifft. Fairerweise werden auch die Juden verstehen müssen, dass „Mission“ zum Kern der christlichen Identität gehört und daher nicht einfach neu interpretiert werden kann. Letztendlich beinhaltet ein authentischer Dialog beiderseitiges Lernen. Dieses Gebet weist kein Gespür dafür auf.

(2) Juden brauchen eine Bestätigung dafür, dass die Verwendung dieses päpstlichen Gebets keine neuen konkreten Programme hervorbringt, die auf die Bekehrung von Juden abzielen. Kürzlich haben Kardinal Kasper und andere versucht, dieses Gebet in einen rein eschatologischen Kontext zu stellen. Kardinal Kasper hat diese Sicht auf ein eschatologisches Verständnis von Römer 11 zurückgeführt, auf dem das neue päpstliche Gebet beruht. Ob eine derartige Lesart Bestand haben wird, ist eine offene Frage. Es besteht nur geringe Hoffnung, das Gebet an dieser Stelle ändern zu können. Es ist aber möglich, es streng als Gebet aufzufassen, das frei ist von jeglichem praktischen Missionsanliegen.

(3) Ein Gebet am Karfreitag, besonders angesichts dessen, was dieser Tag historisch an Leid für die Juden nach sich zog, sollte nicht zu einem Anlass für die Proklamierung einer definitiv neuen Theologie der Kirche und der Juden werden. Das neue päpstliche Gebet könnte weitgehend vor dem II. Vatikanischen Konzil geschrieben worden sein. Das Gebet von 1970 ist diesem überlegen, weil es den jüdischen Glauben bestätigt, ohne die Frage zu klären, wie sich das auf christliche Vorstellungen von

endgültiger Erlösung auswirkt. Das ist eine Aufgabe für Theologen, nicht für die Gläubigen beim Karfreitagsgebet. Auch das Gebet von 1970 ist ein päpstliches Gebet, das von Papst Paul VI. gebilligt worden ist. Die hinter dem gar nicht so neuartigen Gebet Papst Benedikts XVI. stehende Theologie berücksichtigt nicht, was der Theologe Gregory Baum (der selbst einen Beitrag zum Entwurf von Nostra Aetate leistete) als die von diesem Dokument ausgehende radikale Umgestaltung der herkömmlichen katholischen Lehre zur jüdischen Frage und als die vom II. Vatikanischen Konzil ausgehende bemerkenswerteste Wende im Lehramt bezeichnet hat.

(4) Wir müssen in diesem kritischen Moment auf die christlich-jüdische Begegnung zurück verweisen. Schweigen bringt uns nicht weiter. Verschiedene christliche und jüdische Gruppen, einschließlich der United States Conference of Catholic Bishops, haben sich für eine solche Fortsetzung ausgesprochen, trotz des Schmerzes, den das päpstliche Gebet hervorgerufen hat. Eine Fortsetzung des Dialoges muss jedoch auch einen energischen Protest gegen dieses Gebet beinhalten. Ich für meinen Teil begrüße die feste Haltung, die viele Juden einnehmen, zumal ich in letzter Zeit befürchtet hatte, dass bestimmte jüdische Organisationen sich für oberflächliche, fotogene Formen der Begegnung mit dem institutionellen Katholizismus entschieden hätten. Es gibt Möglichkeiten, einige der negativen Auswirkungen von Papst Benedikts neuem Gebet rückgängig zu machen. Das Vorbereitungsdokument für die Weltbischofssynode über die Bibel, die vom 3. bis 16. November 2008 stattfinden soll, hat mit einer großen Betonung der Verbindungen der Kirche zum jüdischen Volk dieses Potenzial – wenn die Bischofssynode es sich zu Eigen macht. Aber das erfordert auch die gemeinsame Anstrengung jüdisch-christlicher Gruppen,

um sicherzustellen, dass wichtige Bischöfe dieses Thema auf der Synode auch aufnehmen. Tun sie das, wird das sicher eine Nagelprobe für Benedikts XVI. persönliches Engagement für die katholisch-jüdische Versöhnung darstellen, denn der Papst muss das Schlussdokument der Synode ja approbieren. Und das vom Vatikan angekündigte Paulusjahr ab Juni 2008 bietet in der erhofften ökumenischen Zusammenarbeit die Möglichkeit, die in der exegetischen Forschung deutlich gewordene Sicht des Paulus ins öffentliche Bewusstsein zu bringen: als eine Persönlichkeit, die dem Judentum durchaus positiv gegenüberstand und nicht lediglich ein Gegner „des Gesetzes“ war. Diese beiden Gelegenheiten müssen ernsthaft als Gegenmaßnahmen zu der durch das neue Gebet geschaffene Anspannung genutzt werden.

Die Geschichte der Revision des Gebets für die Juden seit dem Messbuch von 1962 ist von Anfang bis Ende unbefriedigend. Aber die gegenwärtige Kontroverse bietet auch die Möglichkeit zu lernen und sich aufs Neue für die katholisch-jüdischen Versöhnung zu engagieren. Kann der Dialog wieder in Fahrt kommen? Ich hoffe es. Wenn Christen ihren Willen zeigen, die theologische Diskussion neu zu entfachen, könnten sie den Dialog wieder auf einen guten Kurs bringen. Ich habe noch Hoffnung darauf. Aber die Stagnation kann nicht mehr viel länger andauern, ohne dass eine dauerhafte Verschlechterung im katholisch-jüdischen Verhältnis eintritt.

Anmerkungen

[1] Der Beitrag ist in Teilen am 10. Januar 2008 in DIE FURCHE Wien erschienen.

Von Heilswegen und Holzwegen

Die Karfreitagsfürbitten für die Juden und ihre Theologien

von Heinz-Günther Schöttler

Die Karfreitagsfürbitte, die seit dem frühen Mittelalter (Ende 7. Jh.) bis 1962 für die treulosen/ungläubigen Juden [perfidis Iudaeis] betete, hat eine lange, bittere Wirkungsgeschichte. Das ‚fromme' Gebet war eine Herabsetzung des jüdischen Glaubens, insofern es die Juden als ungläubig/treulos (perfidus), als verblendet und verstockt bezeichnete. Die Folge waren seit dem Mittelalter bis ins 19. Jahrhundert schlimme Demütigungen und gefährliche Ausschreitungen gegen die Juden nach dem Karfreitagsgottesdienst. In der Streichung des „perfidus" durch Papst Johannes XXIII. kündigte sich bereits der – wenn auch späte und im Blick auf die Schoa zu späte! – grundstürzenden Wandel im Verhältnis des Christentums zum Judentum an, ein Wandel, der auf dem Konzil nicht zuletzt durch das beharrliche Bemühen von Johannes XXIII. mit dem Dekret „Nostra aetate" (Kap. 4) endgültig vollzogen wurde.[1] Dieser Wandel hat in der grundlegenden Neufassung der Karfreitagsfürbitte für die Juden im Missale Romanum durch Papst Paul VI. im Jahre 1970 seinen gültigen und nach dem theologischen Axiom „lex orandi – lex credendi" für den Glauben der Kirche normativen Ausdruck gefunden, ist doch die Liturgie der Ort gelebten Glaubens und Quelle theologischer Erkenntnis (vgl. SC 10; LG 11). „Das Gesetz des Betens (lex orandi) der Kirche entspricht ihrem Gesetz des Glaubens (lex credendi)", heißt es denn auch programmatisch im zweiten Abschnitt des Motu proprio „Summorum Pontificum" vom 7. Juli 2007, mit dem

Benedikt XVI. die so genannte Tridentinische Messe nach der letzten Ausgabe des Missale Romanum von 1962 als außerordentliche Form (forma extraordinaria) wieder zugelassen hat.

Es geht um die Identität der Kirche selbst

Die Karfreitagsfürbitte für die Juden ist von weittragender hermeneutischer Relevanz. Bei ihr handelt es sich nicht um eine ‚liturgische Kleinigkeit', sondern um eine zentrale theologische Äußerung der Kirche über sich selbst. Es geht hier um Wesentliches: nicht in erster Linie, weil die textliche Fassung der Fürbitte bis 1962 in ihrer jahrhundertelangen Wirkungsgeschichte nicht unbeträchtlich zur Judenverfolgung durch Christen und Kirche beigetragen hat; das macht die ganze Angelegenheit nur umso problematischer. Es geht um Wesentliches, insofern die Kirche sich nur dann angemessen selbst versteht, wenn sie ihre Verbindung mit den Juden sieht, „dem Gottesvolk des von Gott nie gekündigten Alten Bundes" (Papst Johannes Paul II.[2]; vgl. Röm 11,29), und wenn die Kirche diese Beziehung *in angemessener Weise* artikuliert. „Bei ihrer Besinnung auf das Geheimnis der Kirche gedenkt die Heilige Synode des Bandes, wodurch das Volk des Neuen Bundes mit dem Stamme Abrahams geistlich verbunden ist", so beginnt das 4. Kapitel von „Nostra aetate". 1986 sagte Papst Johannes Paul II. bei seinem Besuch der Großen Synagoge in Rom, diesen Einleitungssatz von „Nostra aetate 4 aufgreifend, zur christlichen Identität,

> „dass die Kirche Christi ihre ‚Bindung' zum Judentum entdeckt, indem sie sich auf ihr eigenes Geheimnis besinnt. Die jüdische Religion ist für uns nicht etwas ‚Äußerliches', sondern gehört in gewisser Weise zum ‚Inneren' unserer Religion. Zu ihr haben wir somit Beziehungen wie zu keiner anderen Religion. Ihr seid unsere bevorzugten Brüder."[3]

Derselbe Papst hat diese ekklesiologische Bedeutung am 12. März 1979 in einer Ansprache an leitende Persönlichkeiten jüdischer Organisationen programmatisch so formuliert:

> „Das Konzil begriff also, dass unsere beiden Religionsgemeinschaften auf der Ebene ihrer je eigenen religiösen Identität eng und beziehungsvoll miteinander verbunden sind."[4]

Sich dieser inneren, mit der Beziehung zu keiner anderen Religion verwechselbaren Verbundenheit des Christentums mit dem Judentum zu erinnern und aus ihr zu leben, gehört zur Identität des Christentums selbst!

Eine nachhaltige Störung des christlich-jüdischen Dialogs

Bereits im Vorfeld der Wiederzulassung des Missale von 1962 war vor einer nachhaltigen Störung des christlich-jüdischen Dialogs gewarnt worden, besonders vom Gesprächskreis „Christen und Juden" beim Zentralkomitee der deutschen Katholiken in seiner Erklärung vom 4. April 2007.[5] Die deutsche Bischofskonferenz, insbesondere ihr damaliger Vorsitzender Karl Kardinal Lehmann, hatten sich beim Papst vehement dafür eingesetzt, die alte, mit der Theologie des Zweiten Vatikanischen Konzils absolut nicht vereinbare tridentinische Fürbitte durch die der Neufassung im Missale Romanum von 1970 bzw. im Deutschen Messbuch von 1975 auszutauschen. Der Papst hat dieser eindringlichen Bitte nicht entsprochen, sondern am 4. Februar 2008 eine Neuformulierung für die außerordentliche Form der Liturgie veröffentlicht. Benedikt XVI. hat diese Fürbitte höchstselbst formuliert, ohne den Präsidenten der Kommission für die religiösen Beziehungen mit den Juden, Kurienkardinal Walter Kasper, geschweige denn Juden zu konsultieren.

Es ist und bleibt höchst erklärungsbedürftig, warum für

den außerordentlichen Ritus nicht die vorliegende Karfreitagsfürbitte des Missale Romanum von 1970 genommen wurde, die im ordentlichen Ritus gebetet wird. Der Grund liegt auf der Hand. Die Theologie der „nachkonziliaren" Fürbitte und wesentliche Aspekte der biblischen Rekonstruktion des Verhältnisses zum Judentum in den vergangenen vier Jahrzehnten nach dem Konzil sollen revidiert werden. In einem Brief vom 13. Februar 2008 an Rabbiner David Rosen, den Präsidenten des Internationalen Jüdischen Komitees für den interreligiösen Dialog (IJCIC), nennt Kardinal Kasper in entlarvender Offenheit die päpstliche Intention der Neuformulierung:

> „Bei der Neuformulierung des Gebets der jetzt außerordentlichen Liturgie wollte der Papst Formulierungen vermeiden, die von vielen Juden als beleidigend wahrgenommen würden, er wollte aber gleichzeitig auf der Linie der inneren sprachlichen und stilistischen Struktur dieser Liturgie bleiben." (Übers.: HGS)[6]

Die Fürbitte sollte also rhetorisch judenfreundlicher ausfallen, ansonsten aber sprachlich und formal dem Missale Romanum von 1962 entsprechen. Insofern aber auch die Neuformulierung von 1970/75 sich formal voll in der liturgischen Struktur der „klassischen" Karfeitagsfürbitten bewegt, kann die Aussage von Kardinal Kasper nur eines bedeuten: Die Neuformulierung von 2008 soll sich in den Grenzen der Theologie des vorkonziliaren Missale bewegen, also die substantielle Weiterentwicklung der Israeltheologie durch das Konzil und seither zurücknehmen, wie denn unter dem Axiom „lex orandi – lex credendi" die Wiederzulassung der Tridentinischen Messe überhaupt eine Rückkehr zu vorkonziliaren theologischen Paradigmen (Kirchenbild, Gottesbild, Messopfertheologie etc.) bedeutet.

Aufs erste Lesen täuscht vor dem Hintergrund der vorkonziliaren Fassung der judenfreundliche Eindruck, den die neue Fürbitte macht. Man darf sich von dieser rhetorischen ‚Meisterleistung', die die ‚alte' Theologie jetzt nur in judenfreundlicher Sprache ausdrückt und an entscheidender Stelle vorgibt, in biblischer Sprache zu sprechen, nicht täuschen lassen!

Für die theologische Beurteilung der neuen Fürbitte ist die vorkonziliare Karfreitagsfürbitte in der Fassung von 1962 als Bezugspunkt zu nehmen; ihr theologischer Maßstab aber muss die Neuformulierung von 1970/75 und die seit „Nostra aetate" besonders von Papst Johannes Paul II. substantiell weiterentwickelte Israeltheologie der Katholischen Kirche[7] sein. Schauen wir uns also die Neuformulierung nun genauer an und vergleichen wir sie mit den Fassungen von 1962 und 1970/75.

Sprach die vorkonziliare Fassung von den verschleierten, das heißt verblendeten, verstockten Herzen der Juden, so sagt die neue Fassung, indem sie von der Erleuchtung ihrer Herzen spricht, inhaltlich dasselbe, mit teilweise gleichen Worten, nur eben rhetorisch freundlicher formuliert. Diejenigen, um deren Erleuchtung gebetet wird, werden damit indirekt als verblendet angesehen. Hier ist an ein Papst Johannes XXIII. zugeschriebenes Gebet zu erinnern, indem es unter anderem heißt:

> „Wir erkennen nun, dass viele, viele Jahrhunderte der Blindheit unsere Augen bedeckt haben, so dass wir die Schönheit deines erwählten Volkes nicht mehr sehen und in seinem Gesicht nicht mehr die Züge unseres erstgeborenen Bruders wiedererkennen. Wir erkennen, dass das Kainszeichen auf unserer Stirn steht…"

Ist die Fassung der Fürbitte von 1962 von einer tiefen Verachtung des jüdischen Glaubens geprägt, so sticht die Fassung von 1970/1975 gerade dadurch heraus, dass sie eine einzige Wertschätzung der Würde Israels bezeugt, wovon Benedikts Fürbitte nichts ‚weiß', im Gegenteil: Gleich zu Beginn, genau an der Stelle, wo die Fürbitte von 1970 die „Israelitica dignitas" (Liturgie der Osternacht)[8] beschreibt, insinuiert Benedikt eine Konversion der Juden zu Jesus Christus als Bedingung zu ihrem Heil und legt damit auf subtile Weise indirekt wieder den Gedanken an Judenmission nahe. Dass es der Neufassung der Fürbitte dezidiert um die *Erlösung* der Juden *durch Christus* geht, zeigt auch die Tatsache, dass in der Fürbitte dreimal die Wurzel salv* (salvatorem, salvi, salvus) vorkommt. Dieser Heilsabsolutismus und die christologische Zuspitzung ruft die zu Beginn beschriebenen alten Ängste der Juden vor „Missionierung" und christlicher Judenfeindschaft wach. Auf eine kleine syntaktische Besonderheit sei zur Unterstreichung unserer Exegese noch hingewiesen: In der Gebetseinladung der vorkonziliaren Fassung ist „unsern Herrn" relativ lose als Apposition an „Jesus Christus" angefügt. Die Neufassung von 2008 formuliert, insofern „Heiland aller Menschen" als Prädikativum zu „Jesus Christus" zu lesen ist, christologisch zugespitzter als die vorkonziliare Fürbitte.

Die alte Bitte, dass die Juden zur Erkenntnis des Lichtes der Wahrheit Gottes, das heißt zur Erkenntnis Christi kommen sollen, ist inhaltlich bis auf unwesentliche Retuschen gleich geblieben. Betet die alte Fassung in einer in ihrer Judenfeindlichkeit nicht mehr zu überbietenden Sprache zu Gott, „der du sogar die Juden von deiner Erbarmung nicht ausschließt", so ist in der neuen Fassung wieder „positiv" formuliert: „der Du willst, dass alle Menschen gerettet werden". Es ist zu beachten, dass diese Aussage über den universalen Heilswillen Gottes im Kontext einer Fürbitte für die Juden steht! Mit dieser an 1 Tim 2,4f angelehnten Formulierung insinuiert die neue Fassung, dass die Juden gerettet werden müssten, weil sie als Glaubensgemeinschaft auf dem falschen Weg seien! Selbst Paulus wehrt sich in Röm 9–11 gegen ein solches Missverständnis, das entstehen könnte, wenn er über das Heil Israels nachdenkt (vgl. etwa Röm 11,1-2a).

Mit der Fürbitte von 1970/75 bekennt die Kirche, dass die Juden in der Treue zu Gottes Bund und in der Liebe zu seinem Namen leben, also bereits auf dem Weg des Heils sind. Deshalb bittet die Kirche darum, dass die Juden „zur Fülle der Erlösung [gelangen]", was theologisch etwas grundsätzlich anderes ist als zu bitten, dass sie „Jesus Christus als den Heiland aller Menschen anerkennen"[9]. Vom Glauben der Juden an Jesus Christus als Bedingung für ihr Heil spricht die Kirche in dieser Fürbitte nicht, weil sie darauf vertrauen darf, dass die Treue zu ihrem Gottesbund die Juden zum Heil führen wird. Die von Rom approbierte deutsche Übersetzung der Karfreitagsfürbitte von 1975 drückt diesen eigenständigen Heilsweg der Juden – neben der Kirche und nicht „per Christum"[10] – noch deutlicher aus, indem sie einen Satzteil, der über das lateinische Original von 1970 hinausgeht, am Schluss der Gebetseinladung anfügt: „… damit sie das Ziel erreichen, zu dem sein Ratschluss sie führen will." Das „Nein" der Juden zu Christus bzw. zum Christusdogma bedeutet weder Verstockung noch Unglaube, sondern im Gegenteil: Das „Nein" der Juden bedeutet Treue zum Wort Gottes, zu Seiner Verheißung (vgl. Röm 9,4), wie Israel dieses Wort „hört" und wie es seines Weges, der in Gottes Ratschluss und Heilsplan eingeborgen ist (vgl. Röm 11,33–36), geführt wird. Im Verhältnis der Ecclesia zur Synagoga stehen also Wahrheit neben Wahrheit und Glaube neben Glaube – auf Augenhöhe: Der jüdische Weg ist aus christlicher Sicht im Unterschied zu allen anderen Religionen ein vollgültiger, in keiner Hinsicht defizitärer Weg zum Heil!

Eine verkirchlichende und dadurch verquere Paulusrezeption

Die neue Fürbitte nimmt Bezug auf Röm 11,25f. Ihr Schriftgebrauch ist aber theologisch problematisch, auch wenn Kardinal Kasper drei Tage nach Veröffentlichung der Fürbitte in einem Statement für Radio Vatikan am 7. Februar 2008 folgendes erklärte:

> „Wenn der Papst nun von der Bekehrung der Juden spricht, dann muss man das richtig verstehen. Er zitiert wörtlich das elfte Kapitel des Apostels Paulus aus dem Römerbrief. Dort sagt der Apostel, dass wir als Christen hoffen, wenn die Fülle der Heiden eingetreten ist in die Kirche, dass dann ganz Israel sich bekehren wird. Das ist eine eschatologische endzeitliche Hoffnung, bedeutet also nicht, dass wir die Intention haben, nun Judenmission zu betreiben, so wie man Heidenmission betreibt."[11]

Doch anders, als Kardinal Kasper meint, ist die eschatologische Perspektive im Kontext der Fürbitte durch eine ‚päpstliche Bearbeitung' des Pauluszitats in die Geschichte zurückgenommen, also: aufgehoben. Röm 11,25f lautet in der Vulgata, nach der die Fürbitte zitiert, so:

> Röm 11[25] Nolo enim vos ignorare fratres mysterium hoc ut non sitis vobis ipsis sapientes quia caecitas ex parte contigit in Israhel *donec plenitudo gentium intraret* [26] *et sic omnis Israel salvus fieret* sicut scriptum est: … – [[25] Denn ich will euch, Brüder, nicht in Unkenntnis lassen über dieses Geheimnis, dass ihr nicht in euch selbst klug seid: Verstockung ist Israel zum Teil widerfahren, *bis die Vollzahl der Heiden hineingekommen sein wird,* [26] *und so wird ganz Israel gerettet werden,* wie geschrieben steht: …]

(Die in der Fürbitte zitierten Teile sind kursiv gesetzt.) Vergleicht man nun Röm 11,25f mit dem Zitat in der neuen Karfreitagsfürbitte, so fällt auf, dass im Zitat der Fürbitte *„in Ecclesiam Tuam"* textwidrig eingefügt ist. Das „intrare" / „Hineinkommen" hat bei Paulus keinen Ort. Diese „Ortlosigkeit“ unterstreicht die unbedingte eschatologische Qualität der Aussage, die etwas betrifft, das sich „am Ende“ der Zeit ereignet, wenn der Fluss von Zeit und Geschichte an sein Ziel gekommen ist. Gott (!) ist das Ende der Zeit und der Geschichte, und das bedeutet den Übergang in Gottes Ewigkeit, ins ‚bleibende Jetzt‘. Wohin gelangt die „Vollzahl der Heiden“? „Paulus nimmt hier die geläufige urchristliche Wendung auf, die die Eröffnung des endzeitlichen Heils als Eingehen in das Reich Gottes bestimmt“[12] (vgl. etwa Mt 5,20; 7,21; 18,3 u. ö.; Mk 10,25; Joh 3,5; Apg 14,22). Es ist jener eschatologische „Augenblick“ gemeint, „da Gottes Rettungswerk an den Völkern beendet ist, weil die von ihm bestimmte Fülle der Heiden das Heil empfangen hat“[13].

Mit dem endgültigen Anbruch des ‚Reiches Gottes‘, ohne menschliches Zutun, auch ohne Zutun der Kirche, das heißt mit dem von sich aus hereinbrechenden ‚Reich Gottes‘, ist auch die Zeit der Kirche an ihr Ziel gelangt; sie hat ihre Aufgabe erfüllt und ist an ihr Ende gekommen, oder wie es gerne mit einem Wortspiel ausgedrückt wird: Die Kirche muss sich in das ‚Reich Gottes‘ hinein selbst auf-heben![14] Mit der Einfügung von „in Ecclesiam Tuam“ identifiziert die Fürbitte ‚Kirche‘ mit ‚Reich Gottes‘ und nimmt damit die eschatologische Differenz der Kirche in ihrem Verhältnis zum ‚Reich Gottes‘ nicht ernst.

Die Differenz zwischen Kirche und ‚Reich Gottes‘ ist in der Kirchengeschichte nicht immer mit der notwendigen Klarheit gesehen worden. So verwischt auch die unter anderem von Augustinus getroffene platonisierende Unterscheidung zwischen himmlischer und irdischer (empirischer) Kirche diese notwendige Unterscheidung.[15] Der ekklesialen Versuchung, die Differenz zwischen Kirche und ‚Reich Gottes‘ theologisch zu überspielen, erliegt auch Joseph Ratzinger in seiner platonistisch-augustinisch konzeptionierten Theologie. Nicht in der Kirche aber münden die Wege Gottes, wie

Benedikts neue Karfreitagsfürbitte mit der Einfügung von „in Ecclesiam Tuam" in das Pauluszitat suggerieren will, sondern im ‚Reich Gottes'.[16]

Kann man also noch von einem Zitat sprechen, wenn die neue Karfreitagsfürbitte die unbedingt eschatologische Aussage von Röm 11,25f durch die Einfügung von *„in Ecclesiam Tuam"* in die Zeit der Kirche, also in die Geschichte zurücknimmt und die eschatologische Weite des Paulus kirchlich verengt?! Das vorgebliche Zitat kann wegen dieser sinnwidrigen Umdeutung nicht mehr als Pauluszitat gelten. Die neue Karfreitagsfürbitte bedient sich nur eines Versatzstückes aus Röm 11,25f und gibt damit vor, die Sprache der Bibel zu sprechen. Von einer eschatologischen Perspektive, die Kardinal Kasper als ‚Rettungsversuch' der Fürbitte mehrmals behauptet hat, spricht das offizielle Kommuniqué des Vatikanischen Staatssekretariats zur neuen Karfreitagsfürbitte vom 4. April 2008 denn auch erst gar nicht mehr.

Demut statt exklusiver Ansprüche!

Auch wenn die Kirche antizipatorisches Zeichen auf das ‚Reich Gottes' hin ist (vgl. Vatikanum II, Lumen gentium 1; 2 und 5), so muss doch zwischen Zeichen und Sache streng unterschieden werden. „Unterlässt die Kirche, diesen Unterschied deutlich zu machen, dann maßt sie sich selber die Endgültigkeit und Herrlichkeit des Gottesreiches an und macht umgekehrt durch die Erbärmlichkeit und das allzu Menschliche in ihrem eigenen Daseinsvollzug die christliche Hoffnung unglaubwürdig. […] Nur in der geistlichen Armut und Demut solcher Selbstunterscheidung ist sie [= die Kirche] der Ort, an dem durch die Kraft des heiligen Geistes die eschatologische Zukunft der Gottesherrschaft schon gegenwärtig zum Heil der Menschen wirksam ist. Nur unter Verzicht auf exklusive Ansprüche für ihre jeweilige eigene, partikulare Gestalt kann sie deutlich Zeichen der Universalität des Reiches Gottes und Instrument zur Versöhnung der Menschen untereinander und mit Gott über alle die Menschen voneinander und von dem Gott Israels trennenden Gegensätze hinweg sein."[17]

Aber genau solche exklusiven ekklesialen Ansprüche werden durch die Paulus manipulierende und ekklesial verengende Rezeption von Röm 11,25f reklamiert. Sie liegt ganz auf einer Linie mit der Erklärung „Dominus Iesus" der Kongregation für die Glaubenslehre aus dem Jahr 2000, deren Präfekt Joseph Kardinal Ratzinger seinerzeit war. Es wurde damals schon mit Verwunderung registriert, dass eine so hochoffizielle Erklärung „über die Einzigkeit und die Heilsuniversalität Jesu Christi und der Kirche" – so der Untertitel der Erklärung – den eigenständigen Heilsweg der Juden mit keinem Wort artikuliert, und mit Recht wurde der christologische und ekklesiologische Absolutheitsanspruch, der in „Dominus Iesus" in keiner Weise relationalisiert ist, kritisiert, der einen ehrlichen Dialog mit den Kirchen der Reformation, aber auch mit dem Judentum erschwert. Die neue Karfreitagsfürbitte vom 4. Februar 2008 und die Erinnerung an „Dominus Iesus" durch eine neuerliche Erklärung der Kongregation für die Glaubenslehre „zu einigen Aspekten bezüglich der Lehre über die Kirche" vom 29. Juni 2007 zeigen, dass Absicht hinter all dem steckt.

Der jüdische Glaube ist nicht defizitär!

Aus der eschatologischen Aussage des Paulus ist in der Fürbitte eine Geschichtsaussage geworden, das heißt: Auch die Rettung ganz Israels, die in der Fürbitte jetzt parallel zur Aussage vom „Eingehen" der Heiden *in die Kirche* steht, ist damit kein eschatologisches Ereignis mehr, sondern ein Vorgang in der Geschichte. In Verbindung mit der Gebetseinladung, die darum bittet, dass Gott „die Herzen der Juden erleuchte, damit sie Jesus Christus als den Heiland aller Menschen erkennen", ist somit eindeutig ausgedrückt, dass der jüdische Glaube insuffizient ist und die Juden zum Heil des Glaubens an Jesus als den Christus bedürfen. Wer das aber behauptet, setzt Gott selbst in der Theologie und im Glauben aufs Spiel, als sei den von Gott einmal gegebenen Verheißungen nicht zu trauen. Aber es gilt: Den Juden „*sind* [Präsenz!] die Verheißungen gegeben" (Röm 9,4), und: „Ohne Reue / unwiderruflich sind die Gaben und die Berufung Gottes" (Röm 11,29). Dies hat Papst Johannes Paul II. vom „nie gekündigten Alten Bund" sprechen lassen.

Die Deutung von Röm 11,25f, wie sie in der neuen Karfreitagsfürbitte vorliegt, ist nicht neu: In seiner erstmals 1977 erschienenen „Eschatologie" spricht Joseph Ratzinger im Blick auf Röm 11,25–32 zweimal von der „Bekehrung Israels als Folge des Eintretens der Fülle der Völker", um dann christologisch zuzuspitzen: „Paulus selbst hat ja die Bekehrung Israels [...] als eine zur Mitte des christologischen Geheimnisses selbst gehörende Wirklichkeit prophetisch aus dem Kern seines Heilsglaubens heraus beschrieben."[18] Paulus aber vermeidet in Röm 11, in dem es um die eschatologische Rettung Israels geht, – wohl sehr bewusst, weil im Unterschied zu den beiden vorausgehenden Kapiteln – jede christologische Fixierung: Der Christustitel kommt in Röm 11 überhaupt nicht vor! Demnach ist in Röm 11,25f auch nicht von der Bekehrung Israels zu Jesus Christus die Rede, wie Kardinal Kasper im oben zitierten Statement behauptet, sondern von der *Rettung* Israels, und diese geschieht, wie die Parallelität der Aussage in Röm 11,25b.26a zeigt, neben der Kirche und nicht „per Christum". Und weil Gott zu seinen Verheißungen an Israel steht, braucht die Kirche sich keine ‚Sorgen' um das Heil der Juden zu machen! Aus dieser Haltung, besser: aus diesem Glauben heraus ist die Fürbitte von 1970/75 formuliert.

Die Fürbitte von 1970 ist die maßgebliche „lex credendi"

Die neue Fürbitte bietet nicht nur eine unzureichende Israeltheologie; sie bewegt sich – jetzt nur in einem rhetorisch freundliche(re)n Sprachgewand – in dem alten Denkmuster, das meint, die Juden um ihres Heiles willen zu Jesus Christus bekehren zu müssen! Sie ‚weiß' nichts von der „Israelitica dignitas" und leugnet den eigenständigen Heilsweg der Juden, auf dem der *eine*, Juden und Christen einende Gott die Juden führt. Und dieser eigenständige Heilsweg ist in Gottes Ratschluss und Heilsplan eingeborgen. Damit ist Kardinal Kasper entgegenzuhalten, dass das Problem der Judenmission nicht nur faktisch, sondern auch theologisch geklärt ist.[19] In Bezug auf das Judentum kann es nicht um Bekehrung gehen! Doch gerade die sieht Kardinal Kasper „in der Bitte um Erleuchtung der Juden, damit sie Jesus Christus erkennen, indirekt eingeschlossen"[20]. Die neue Fürbitte wird von Juden deshalb mit Recht als eine Bedrohung ihrer Religion empfunden; „manchmal sprechen sie sogar von der Schoa mit anderen Mitteln" (Kardinal Kasper)[21]. Erinnerungen an jene unseligen Zeiten, in denen die Kirche Juden Unglaube und Untreue (perfidia) vorwarf und sie deshalb verfolgte und „zwangstaufte", kommen auf. Diese Fürbitte stößt alle, die sich in den vergangenen vierzig Jahren um ein neues, auch theologisches Verhältnis zum Judentum bemüht haben, die sich persönlich für Versöhnung engagiert haben, vor den Kopf und belastet den christlich-jüdischen Dialog nachhaltig. All das nimmt der Papst wissentlich in Kauf.

Die neue Fürbitte wird aber nicht nur dem Judentum aus christlicher Sicht theologisch nicht gerecht, sondern beschädigt darüber hinaus auch den Glauben der Kirche, weil sie damit jenem Gott, auf den sie zugeht, seine Verheißungen nicht glaubt. Insofern gilt das, was Johannes Paul II. am 6. März 1982 in einer Ansprache an Delegierte nationaler

Bischofskonferenzen für die Beziehungen mit dem Judentum sagte, auch in Bezug auf die Neufassung der Karfreitagsfürbitte, „dass Ungenauigkeit und Mittelmäßigkeit dem jüdisch-christlichen Dialog außerordentlich schaden“[22], und ich füge hinzu: besonders der Kirche selbst, weil es um ihre Identität geht.

Kardinal Kasper erklärte in der Sendung „Report Mainz“ (Südwestrundfunk) am 10. März 2008, die Fürbitte sei „aus unserer Sicht theologisch vollkommen in Ordnung. Es ist nur schwierig für die Juden, das zu akzeptieren.“ Hier irrt der Kardinal: Die neue Fürbitte ist theologisch *nicht* in Ordnung! Deshalb können die heftigen Proteste von jüdischer und christlicher Seite nicht einfach als „weithin nicht rational, sondern emotional begründete Irritationen“ abgetan werden, wie Kardinal Kasper es in seinem oben genannten Beitrag in der Frankfurter Allgemeinen Zeitung tut.

Die neue Fürbitte offenbart eine Theologie ohne Erinnerung, ohne Erinnerung an die Schuld der Christen und der Kirche, von der im Schuldbekenntnis und in der Vergebungsbitte, die der Papst am 1. Fastensonntag 2000 im Petersdom sprechen ließ, die Rede ist:

> „Lass die Christen der Leiden gedenken, die dem Volk Israel in der Geschichte auferlegt wurden. Lass sie ihre Sünden anerkennen, die nicht wenige von ihnen gegen das Volk des Bundes und der Lobpreisungen [*hebr.:* berachot] begangen haben, und so ihr Herz reinigen. – Gott unserer Väter, du hast Abraham und seine Nachkommen auserwählt, deinen Namen zu den Völkern zu tragen. Wir sind zutiefst betrübt über das Verhalten aller, die im Laufe der Geschichte deine Söhne und Töchter leiden ließen. Wir bitten um Verzeihung und wollen uns dafür einsetzen, dass echte Brüderlichkeit herrsche mit dem Volk des Bundes. Darum bitten wir durch Christus, unseren Herrn.“[23]

Dieses Gebet ist übrigens formal ganz im Stil der Karfreitagsfürbitten verfasst! Wenn also der Papst eine Neuformulierung vornehmen wollte, dann wäre der einzig angemessene Grund dafür, in die ‚neue‘ Karfreitagsfürbitte für die

Juden diesen Aspekt der Schuld und eine Bitte um Vergebung aufzunehmen!

Die Fürbitte von Papst Benedikt XVI. ist ein *qualitativer theologischer Rückschritt* hinter die Fürbitte von Papst Paul VI. (1970/75) und hinter die wegweisende Israeltheologie und die beeindruckenden Gesten von Papst Johannes Paul II. Das bereits erwähnte Kommuniqué des Vatikanischen Staatssekretariats vom 4. April 2008 stellt weder klar, dass die Fürbitte *keine* Judenmission insinuiert, noch gibt es in seinem trotzig-assertorischen Stil eine Erklärung dafür, warum die neue Fürbitte nicht von der Würde Israels spricht. Der Papst muss seine Entscheidung revidieren und unmissverständlich zum Ausdruck bringen, dass die Fürbitte von 1970 die maßgebliche Theologie – die „lex credendi" – ist und nicht etwa, wie die Ausführungen von Kardinal Kasper nahelegen, ein ‚Betriebsunfall', der dem „Ganzen des Neuen Testaments" und dem „Zusammenhang aller Konzilsdokumente" nicht gerecht werde[24]. Die Karfreitagsfürbitte von 1970/75 muss für den gesamten Römischen Ritus gelten!

Anmerkungen

1 Dass dieser Wandel grundstürzend ist, zeigt sich schon formal daran, dass das Kap. 4 von „Nostra aeatete" in den Anmerkungen nicht, wie die anderen Konzilstexte selbstreferentiell und dadurch die Kontinuität in der Lehre der Kirche aufweisend, auf Texte der Tradition oder von Päpsten rekurriert, sondern fast ausschließlich auf die Bibel, bes. auf Röm 9–11, verweist. Für diesen Wandel konnte sich das Konzil also nicht auf die Tradition berufen, sondern musste den ‚Anfang', wie er in der Heiligen Schrift ‚bewahrt' ist, neu re-konstruieren!

2 Papst Johannes Paul II. in seiner Ansprache an den Zentralrat der Juden in Deutschland und die Rabbinerkonferenz am 17. November 1980 in Mainz, in: Rendtorff, R./Henrix, H.H. (Hgg.), *Die Kirchen und das Judentum, Bd. I: Dokumente 1945–1985*, Paderborn – München 1988, 75.

3 Rendtorff/Henrix (Hgg.), *Die Kirchen und das Judentum*, Bd. I, 106–111, Zitat: 109.

[4] Rendtorff/Henrix (Hgg.), *Die Kirchen und das Judentum*, Bd. I, 64. Diesen Satz hat Johannes Paul II. vielfach wiederholt.

[5] Siehe: http://www.zdk.de

[6] Veröffentlicht unter: http://www.cfnews.org/Kasper-Feb13.htm

[7] Vgl. dazu bes. Heinz-Günther Schöttler, *„Auf der Ebene ihrer je eigenen Identität verbunden" (Johannes Paul II.) – Theologische Überlegungen zu einem neuen Verhältnis von Kirche und Israel und zum christlich-jüdischen Dialog*, in: Baumann, M.P./Becker, T./Woebs, R. (Hgg.), *Musik und Kultur im* jüdischen *Leben der Gegenwart*, Berlin 2006, 3387.

[8] Vgl. dazu Heinz-Günther Schöttler, *Preaching the Hebrew Bible – a Christian Perspective*, in: Deeg, A./Homolka, W./Ders. (Hgg.), *Preaching in Judaism and Christianity. Encounters and Developments*, Berlin–New York 2008 (SJ 41), 155–174, hier: 170–174.

[9] In dieser Formulierung bereits in: Joseph Ratzinger, *Die Vielfalt der Religionen und der Eine Bund*, Bad Tölz [1]1998; [4]2005, 110f.

[10] Vgl. dazu: Heinz-Günther Schöttler, *Israels eigenständiger Weg zum Heil: neben der Kirche, nicht „per Christum" (Röm 11,25–32)*, in: Göttinger Predigtmeditationen 62 (2007/2008) 338–347.

[11] Quelle: http://www.radiovaticana.org/ted/Articolo.asp?c=184997

[12] Eduard Lohse, *Der Brief an die Römer*, Göttingen 2003 (KEK. NT 4), 319.

[13] Heinrich Schlier, *Der Römerbrief*, Freiburg–Basel–Wien 1977 (HThK. NT 6), 339.

[14] Das Wortspiel mit dem Verb „auf-heben", das als negativen Aspekt den des Beendigens und als positiven Aspekt den des Aufbewahrens ausdrückt, geht auf Karl Rahner zurück, der vom „Aufheben [der Kirche] in dem kommenden Reich Gottes" spricht (Kirche und Parusie Christi, in: Ders., *Schriften zur Theologie* 6, Einsiedeln 1965, 348–367, Zitat: 351).

[15] Vgl. Augustinus, *De civitate De*i XIII, 16; XVIII, 29; XX, 9,1 („Ergo et nunc ecclesia regnum Christi est, regnumque caelorum."); XX,9,2: („Ecclesia, quae nunc etiam est regum Christi."); vgl. auch Ders., *Enchiridion ad Laurentium* 56,15.

[16] Theologisch höchst problematisch sind Aussagen im Katechismus der Katholischen Kirche (1997/2003), die die Differenz zwischen Kirche und Reich Gottes bis zur Unkenntlichkeit verwischen (vgl. etwa Nr. 769 und Nr. 1042), ja: ihre Beziehung zueinander umkehren, so Nr. 865: „In ihr [= Kirche] existiert schon ‚das Himmelreich', ‚das Reich Gottes' (vgl. Offb 19,6); in ihr wird es am Ende der Zeiten vollendet sein."

[17] Wolfhart Pannenberg, *Systematische Theologie*, Bd. 3, Göttingen 1993 (Neuauflage: 2000), 45.

[18] Joseph Ratzinger, *Eschatologie. Tod und ewiges Leben*, Regensburg 1977, 165; Neuausgabe: Regensburg 2007, 161; vgl. auch: Ders., *Die Vielfalt der Religionen und der Eine Bund*, 110f.

[19] Vgl. Walter Kasper, *Karfreitagsfürbitte. Das Wann und Wie entscheidet Gott*, in: Frankfurter Allgemeine Zeitung vom 20. März 2008, 39.

[20] Ebd.

[21] Ebd.

[22] Rendtorff/Henrix (Hg.), *Die Kirchen und das Judentum*, Bd. 1, 78.

[23] Henrix, H. H./Kraus, W. (Hg.), *Die Kirchen und das Judentum*, Bd. 2: Dokumente von 1986–2000, Paderborn - Gütersloh 2001, 154. Diese Vergebungsbitte hat der Papst am 26. März 2000 bei seinem Besuch in Israel, auf einen Zettel geschrieben, als persönliche Vergebungsbitte in einen Spalt der Klagemauer in Jerusalem gelegt. Es ist anzumerken, dass die Katholische Kirche, wenn sie von ihrer Schuld - auch und gerade den Juden gegenüber - spricht, immer nur die individuelle Dimension thematisiert, also immer nur von der Schuld einzelner Christinnen und Christen spricht, und ausdrücklich *nicht* die institutionelle Dimension. Insofern solche Dokumente die Schuld der Kirche zugunsten ihrer Heiligkeit, die augenscheinlich nicht kompromittiert werden soll, individualisieren, bleiben sie ekklesiologisch äußerst unzureichend, weil die individuelle Seite der Kirche von der institutionellen nicht zu trennen ist. Eine ausschließlich individualisierte Sicht der Schuld hat eine gewollt-ungewollt verharmlosende Wirkung. Vgl. Heinz-Günther Schöttler, *Christliche Predigt und Altes Testament. Versuch einer homiletischen Kriteriologie*, Ostfildern 2001, 366–368.

[24] Kasper, *Karfreitagsfürbitte.*

Christlicher Heilsuniversalismus und jüdisches Gotteszeugnis

Überlegungen zu ihrem Verhältnis aus Anlass der revidierten Karfreitagsfürbitte

von Knut Wenzel

Das Verhältnis des Christentums zum Judentum ist nicht relativierbar. Dies gilt prinzipiell, ist also nicht als Zugeständnis der Reue aus der christlichen Schuldgeschichte abgeleitet. Diese wird dadurch aber noch gravierender – oder muss man sagen: unverzeihlicher? Die Nichtrelativierbarkeit jenes Verhältnisses ist deswegen prinzipiell, weil das Christentum seinen Ursprung nicht nur in Israel als dem Volk des Bunds, sondern historisch im Frühjudentum hat. Die Bezeichnung dieser letzteren Zuordnung als historisch darf freilich nicht mit dem Vorzeichen „nur“ gelesen werden. Christen, die die inkarnatorische Prägung ihres Glaubensgehalts ernst nehmen, werden aufgrund der unumgehbaren Bedeutung, die der geschichtliche Jesus für ihren Glauben und damit für ihren Gottes- und Heilszugang hat, dem historisch-genealogischen Verhältnis des Christentums zum Judentum eine theologische Bestimmung ablesen.

Israel: Ursprung der Kirche

Das Christentum hat von Anfang an gegen eben diese prinzipielle Nichtrelativierbarkeit seines Verhältnisses zum Judentum verstoßen, indem es Wege der Relativierung und schließlich der Aufhebung seines Verhältnisses zum Judentum zu etablieren suchte. Es hat damit gerade die *theolo-*

gische Dimension seiner *geschichtlichen* Verbundenheit mit dem Judentum und seiner Geschichtlichkeit überhaupt verraten: entweder, indem es das mit Jesus Christus verbundene Heilsgeschehen auf einer transgeschichtlichen Ebene angesiedelt hat, auf der Jesu Menschheit und Geschichtlichkeit, und damit auch sein Judesein, bedeutungslos ist, oder indem es das Judentum in seiner Bedeutung für das Christentum sozusagen heilsgeschichtlich „historisiert", also als überwundene und unwirksam gewordene Etappe der Heilsgeschichte verabschiedet hat.

Auf beiden Wegen hat das Christentum vor der zentralen theologischen Aufgabe, die sich ihm bleibend stellt, versagt: nämlich den Glaubens-Gedanken zu denken und als vernünftig auszuweisen, dass menschliche Wirklichkeit sich erfüllen *kann*, und dass diese Erfüllung sich tatsächlich *ereignet hat*, und zwar *in* dieser Wirklichkeit – zu ihren Bedingungen, also *geschichtlich*, und in menschlich fassbarer Weise, also *personal*. Denkerisch vollkommen widersprüchlich und für den Glauben vollkommen unannehmbar (auch wenn christliche Theologie und Glaubenspraxis diesen Weg faktisch nicht ausgelassen haben) ist es dann aber, die Erfüllung der Geschichte unter Abziehung wesentlicher geschichtlicher Merkmale verstehen zu wollen. „Erfüllung", als geschichtliche Wirklichkeit verstanden, kann nun aber eben nicht die Abservierung der von ihr her als erfüllt angesehenen Hoffnungsgeschichte bedeuten, sondern muss deren bleibende Präsenz sein. Gerade als „absoluter Heilsbringer"[1] und „universaler Heilsmittler"[2] kann Jesus Christus die legitimen Heilssehnsüchte der Menschen nicht desavouieren (wenn die endzeitliche Erfüllung menschlicher Hoffnungen auch deren konkrete Gestalten konterkarieren, über sich selbst aufklären mag, wovon freilich die Hoffnungen der Christen nicht ausgenommen sind). Um wieviel mehr gilt dies für die konkrete Hoffnungsgeschichte Israels, in deren geschichtlicher und semantischer Tiefendimension sich Jesu Christi Erfüllung der Geschichte bestimmt und als deren je aktueller Träger und Zeuge das Judentum den Christen zu gelten hat?

Wahrscheinlich trifft für alle Religionen zu, dass sie mehr oder weniger synkretistisch komponiert sind, dass ihrer Identität die autochthone Reinheit abgeht; das Christentum muss aber damit ringen, dass es sich – seit Paulus und dann noch einmal verschärft unter dem Eindruck der marcionitischen Krise – ziemlich ausdrücklich als exzentrische Religion zu begreifen hat, deren Ursprung in einer anderen Religion liegt. Eine feinsinnige Unterscheidung zwischen Anfang und Ursprung, die Paul Ricœur im Zusammenhang einer philosophischen Reflexion des biblischen Schöpfungsdenkens vorgebracht hat, macht darauf aufmerksam, dass wohl unter Anfang ein Ereignis in der Zeit zu verstehen ist, durch welches jener Prozess initiiert worden ist, der es im Maß des Fortschreitens der Zeit hinter sich zurücklässt, dass aber der Ursprung bleibendes Merkmal einer geschichtlichen Entwicklung durch alle ihre Permutationen in der Zeit hindurch ist – in allen Entwicklungsphasen prägend und gegenwärtig.[3] Das Christentum ist, entgegen manchem Augenschein, in der Tiefenstruktur seiner Geschichte, mit den Weichenstellungen durch Paulus und durch die großkirchliche Zurückweisung des Marcion, diesen Weg der Bewahrung seiner Ursprungsverbundenheit mit Israel und dem Judentum gegangen. Wäre dem nicht so, hätte es keine innerchristliche Basis für den mehrschichtigen, polyphonen und keineswegs schon rückschlagsfrei abgeschlossenen Prozess der Konversionen gegeben, dem sich die christlichen Kirchen am hoffentlichen Ende einer unerträglich langen Geschichte des christlichen Antijudaismus, die auch in den modernen Antisemitismus einfloss und ihren Anteil an der Shoah hat, unterzogen haben.

Auf katholischer Seite stellt die Erklärung des Zweiten Vatikanischen Konzils über das Verhältnis der Kirche zu den nichtchristlichen Religionen, *Nostra aetate*, einen unzweifelhaften, jedoch in sich wieder gebrochenen und veruneindeutigten, Höhepunkt dieser Konversionsgeschichte dar. Manche katholische Würdenträger und Christen wollen nicht glauben, dass ihre Kirche eine Umkehr nötig habe oder überhaupt wesensgemäß vollbringen könne. Im Glauben, die Kirche schrecklich ernst zu nehmen, nehmen sie das inkarnatorische Prinzip ihres Glaubens nicht ernst: Ist Gott durch Jesus bei den Menschen angekommen, und ist die Kirche der identifizierbare Geschichts-Ort dieser Ankunft Gottes „im Fleisch", dann ist sie eben auch eine menschliche Veranstaltung, die sich – wie Menschen überhaupt – stets neu auf ihren Ursprung zu besinnen hat. Die Würde, welche Christen der Kirche gemäß ihrem Glauben zuzusprechen haben, liegt eben darin: dass es eine Gemeinschaft der Menschen ist, in der Gott Wohnung nehmen will. Papst Johannes Paul II. hat durch eine ganze Reihe von Zeichenhandlungen der Bitte um Vergebung unter Beweis gestellt, dass die Kirche umkehren kann und muss.[4] Sie muss durch ihr Fehlgehen hindurch stets neu – also entsprechend den je anderen Herausforderungen der Zeit – ermitteln, wie die sie absolut bindende Norm ihres Ursprungs jeweils jetzt zur Geltung zu bringen, zu formulieren ist. Dieser Ermittlungsprozess liegt – auch das Frucht der Inkarnation – nicht von vornherein fest, vollzieht er sich doch „im Fleisch". Seine aufs Ganze, also auf Gott hin, gesehene Irrtumsfreiheit muss sich freilich durch die Irrtumsanfälligkeit menschlichen Denkens, Entscheidens und Lebens hindurch jeweils erst verwirklichen. Die Kirche ist immer dann authentisch sie selbst, wenn sie auch ihr eigenes Tun noch einmal der je größeren Ehre Gottes unterstellt: wenn sie Gott darin die Ehre gibt, dass sie die revisionsoffene Menschlichkeit des eigenen Tuns erkennt und bekundet. Dadurch erweist sie Gottes Treue zu den Menschen.

Die Israelgebundenheit der Kirche als dogmatische Wahrheit

Nostra aetate, die Religionserklärung des II. Vatikanums, war in diesem Sinn eine Umkehr, eine Neubesinnung, der Bruch mit bis dahin üblichen Denkmustern und Redeweisen – aber eben nicht um der Neuerung willen, sondern als Rückgewinnung eines dem Ursprung entsprechenden Selbstverständnisses. Es ist eine bis heute offene Frage, wie der Endtext der Religionserklärung auf der Basis seiner Entstehungsgeschichte zu bewerten ist: Dass dieses Dokument am Ende existiert, muss als Verwirklichung des Unwahrscheinlichen gelten. Von Papst Johannes XXIII. persönlich gewollt, vom Gründungsleiter des Sekretariats für die Förderung der Einheit der Kirchen, Kardinal Augustin Bea, maßgeblich vorangetrieben, vom Direktor des Instituts für christlich-jüdische Studien der Seton-Hall-University, New Jersey, Johannes Oesterreicher, weitgehend und durch alle Entstehungsstufen verfasst, entsteht der Text zunächst als Erklärung zum Verhältnis der katholischen Kirche zu den Juden. Das ist der Kern der Religionserklärung. Seinen über fünf Jahre andauernden Weg in die Verabschiedung und Approbierung hat dieser Text gegen etliche Widerstände und um den Preis einer radikalen Neukomposition seines Aussagegefüges gehen müssen.

Wenn auch in der Endfassung das Phänomen Religion allgemein, sowie die Weltreligionen des Hinduismus, des Buddhismus und des Islam thematisiert werden – wofür man aufgrund aktueller interreligiöser und religionspolitischer Gemengelagen dankbar sein kann, ohne dabei die Natur der Gründe, die zu einer solchen Erweiterung der ursprünglichen Aussagelinie geführt haben, aus dem Blick verlieren zu wollen –, bleibt doch die in den Artikel vier eingegangene so genannte „Judenerklärung“ der genealogische Kern des Texts. Alle anderen Teile, insbesondere die Ausführungen zum Islam, existieren nur wegen dieses einen Artikels: ein Faktum, das zu denken geben muss; hier ist an die zuvor erwähnten Brechungen und Veruneindeutigungen zu erinnern, an denen der Text zu tragen hat. Man kann leicht übersehen, dass der Text vom Judentum ganz anders als von den anderen Religionen oder von der Religion als solcher spricht: Letztere werden *fundamentaltheologisch* behandelt, was konform zur theologischen Systematik ist und deswegen auch nichts Bemerkenswertes darstellt: Die Theologie der Religionen, die erst als Wirkungsgeschichte der Religionserklärung des Konzils einen Schub der Entfaltung erfährt,[5] gehört insofern in die Fundamentaltheologie, als diese gewissermaßen die „Außenbeziehungen“ der Kirche thematisiert – zu den anderen christlichen Kirchen und Gemeinschaften, zur profanen Wissenschaft und Philosophie, und eben auch zu den anderen Religionen. Das Verhältnis der Kirche zu den Juden wird nun aber *dogmatisch* behandelt, also im Rahmen der Entfaltung der Glaubensinhalte der katholischen Kirche. Damit wird unmissverständlich deutlich gemacht, dass dieses Verhältnis in den inneren Kern der Selbstvergewisserung der katholischen Kirche gehört. Über das Verhältnis zu den Juden zu sprechen, bedeutet für die Kirche des Konzils offensichtlich nicht, eine „Außenbeziehung“ zu pflegen, sondern sich der eigenen Identität zu vergewissern. Im Grund enthält der erste Satz des vierten Artikels von *Nostra aetate* bereits die volle dogmatische Bestimmung dieses Verhältnisses: „Bei der Besinnung auf das Geheimnis der Kirche gedenkt die Heilige Synode des Bands, wodurch das Volk des Neuen Bunds mit dem Stamm Abrahams geistlich verbunden ist.“

In Entsprechung zur vorhin skizzierten Unterscheidung zwischen Anfang und Ursprung kann für *Nostra aetate* geltend gemacht werden, dass im Eröffnungssatz von Artikel vier die bleibende und prägende Ursprungsbindung der Kirche an das Judentum ausgesagt wird: „Der Text hat daher keineswegs allein eine theologiegeschichtliche Sicht. Die Herkunft der Kirche bestimmt ihre Gegenwart und bleibende Zukunft."[6] Entscheidend ist nun aber die Bestimmung des theologischen Orts, an dem die nicht historistisch, sondern „jetztzeitig" zu verstehende Herkunftsgebundenheit der Kirche an das Judentum zur Geltung kommt: Dieser ist die „Besinnung auf das Geheimnis der Kirche". Im kirchlich-theologischen Sprachgebrauch steht „Geheimnis" nicht einfach für etwas Verborgenes oder Verhohlenes, sondern bezeichnet oft die zentrale, die wesentliche Dimension (an) einer Wirklichkeit. In der Besinnung also auf die Wirklichkeit, die die Kirche von ihrem Wesen her, in ihrem Innersten, eigentlich, ist, gedenkt die auf dem Konzil sich aktuierende Kirche ihrer Verbindung zu Israel und dem Judentum.

„Gedenken" darf hier freilich nicht missverstanden werden: Was manche Übersetzungen so wiedergeben, kann auch „untersuchen", „erforschen" heißen. Ein historisierendes oder nostalgisches Zurück-Denken an definitiv Vergangenes ist jedenfalls völlig ausgeschlossen. Gemeint ist die ernsthafte Besinnung auf diese Verbindung, ihre Vergegenwärtigung. In einer 1962 verfassten Grundsatzstudie hat Johannes Oesterreicher die innere Betroffenheit der Kirche durch ihre Verbindung zum Judentum noch weitaus deutlicher exponiert: „Wer dieses Volk verachtet oder verfolgt, der fügt der katholischen Kirche Leid zu."[7] Sachlich ist diese Aussage durch den zitierten Eröffnungssatz aus NA 4 mitgetragen: Trifft die Kirche in ihrem Innersten – „Geheimnis der Kirche" – auf die Juden, ist sie durch das, was ihnen zugefügt worden ist und wird, als Kirche mitbetroffen. Damit steht die Geschichte des christlichen Antijudaismus, aus der die Kirche sich als Kirche nicht wird herausdefinieren können, für ein Handeln gegen die Kirche, bzw. für ein Handeln der Kirche gegen sich selbst – gegen das, was sie von ihrer innersten Bestimmung her ist.

Der Geheimnis-Begriff muss, fällt er in einem kirchlichen Dokument, theologisch aufgefasst werden. Vom Geheimnis kann in der Theologie aber leicht inflationär die Rede sein, weswegen Karl Rahner einmal vorschlug, ihn strikt diätetisch zu verwenden.[8] Rahners konzentrierte Pragmatik zugrunde gelegt, steht der theologische Geheimnisbegriff für die Relation zwischen Gott und Mensch: für das, was in dieser Relation sich von Gott zeigt; für das, was in dieser Relation sich am Menschen ereignet. Unter dem Geheimnis der Kirche ist demnach ihre wesentliche Bedeutung zu verstehen, die in ihrem Gegründet- und Begründetsein in Gottes Heilswillen besteht. Nun entdeckt die Kirche Realität und Bedeutung ihres bleibenden Verhältnisses zu Israel und zum Judentum in dieser theozentrischen Perspektive. Es gehört also in ihr theologisches *principium*, in ihre Ursprungsdimension, die sie bleibend normativ bestimmt. Darin ist aber auch mitgesagt, dass es zum Wesen der Kirche Jesu Christi gehört, an ein bleibendes Volk Israel gebunden zu sein, das in seinem Bund (von Gott her) bestehen bleibt und das (religions-)geschichtlich in den Gestalten des Judentums lebt. Aufgrund des zuvor Gesagten gilt diese Verhältnisbestimmung unabhängig von der Frage, ob und wie eine solche Verhältnisbestimmung, die es verbietet, den christologischen Heilsuniversalismus in einen ekklesiologischen Gemeinschaftsholismus umzumünzen, theologisch gedacht werden kann: Dass alle Menschen durch Jesus Christus gerettet sind, kann sich offensichtlich nicht daran erweisen, dass alle Menschen Glieder der Kirche und damit ausdrückliche Bekenner des kirchlichen Glaubens an Jesus Christus geworden sein werden.

Das bleibende, das kirchliche Glaubenszeugnis bestimmende Vermächtnis Papst Johannes Pauls II. wird in dieser Zumutung der Anerkennung eines eigenen jüdischen Gotteszeugnisses zu sehen sein. Papst Johannes Paul II. hat in unverwechselbarer Weise die Neuorientierung des vierten Artikels von *Nostra aetate* ernst genommen und in Ausübung des Lehramts tatsächlich rezipiert. So spricht er in seiner Ansprache in Mainz am 7.11.1980 von der „Begegnung zwischen dem Gottesvolk des von Gott nie gekündigten Alten Bundes und dem des Neuen Bundes".[9] In einer Ansprache anlässlich seines Besuchs der Synagoge in Rom am 13.4.1986 sagt der Papst: „Die jüdische Religion ist für uns nicht etwas Äußerliches, sondern gehört in gewisser Weise zum Inneren unserer Religion. Zu ihr haben wir somit Beziehungen wie zu keiner anderen Religion. Ihr seid unsere bevorzugten Brüder und, so könnte man gewissermaßen sagen, unsere älteren Brüder."[10]

Christusereignis und biblischer JHWH-Glaube: ein wechselseitiges Bestimmungsverhältnis

Es bleibt, wie gesagt, die Schwierigkeit, ein solches Verhältnis der Bezogenheit der Kirche Jesu Christi auf das bleibende, also im Judentum fortdauernde Volk Israel, christlich-theologisch zu denken und zu verantworten. Bekannt geworden sind sowohl christliche als auch jüdische Lösungsvorschläge: Nach Augustinus sind die Juden unter den Völkern Zeugen für das Gesetz, jedoch für dessen Wahrheit unverständig und blind.[11] Franz Rosenzweig schlägt vor, das Christentum als jene spezifische Verkündigungsversion der biblischen Gottesoffenbarung zu sehen, die den (Um-)Weg durch die Völker nimmt.[12] Hier zeigt sich, wie sehr Rosenzweigs Religionsphilosophie von ihrem großen Gegner, Hegel, abhängig ist: Eine ganze Welt-Heils-Geschichte wird spekulativ so aufgeräumt, dass Juden- und Christentum sich spannungsfrei nebeneinander her entfalten und erfüllen können. Als Preis ist freilich eine rein funktionale Bestimmung des Verhältnisses der beiden zu entrichten.

Eine christlich-theologisch verantwortete Bestimmung des Verhältnisses zwischen Juden- und Christentum muss dort ansetzen, wo der Frageüberhang am virulentesten ist, in der Christologie. Wenn, auf der Linie Papst Johannes Pauls II., die Kirche den Bund Gottes mit seinem Volk Israel als ungekündigt, als von Gott her weiter bestehend anerkennt, anerkennt sie damit auch die theologische und glaubensmäßige Legitimität der Treue Israels und der Juden zu diesem Bund. Wenn das Verhältnis Jesu Christi zu dieser Bundesgeschichte christologisch als ein Bestimmungsverhältnis gedeutet werden kann, dergestalt, dass „Jesu Leben und Geschick als die (innergeschichtlich) endgültige Gestalt der Menschenzuwendung des Gottes Israels" bezeichnet werden kann,[13] ist damit diese Bundesgeschichte gerade nicht aufgehoben, sondern bestätigt: „Denn so gewiß Israels Glaube durch das Christusgeschehen näher bestimmt wird, so wesentlich wird er dabei vorausgesetzt und bekräftigt, so daß nun auch der Glaube der Christen von dieser Wurzel sich nährt."[14] Darin, dass Christen ihren Glauben durch die in und durch Jesus Christus geschehene neue und endgültige Bestimmung der Bundesgeschichte Gottes mit seinem Volk inhaltlich formuliert sein lassen, ist keine Bestreitung der Legitimität einer Fortdauer dieser jüdischen Bundesgeschichte notwendig mit enthalten. Wenn Christen Gründe dafür vorbringen, dass ihr Glaube an den Mensch gewordenen trinitarischen Gott, richtig und unmissverständlich begriffen und bezeugt, wesentliche Elemente des JHWH-Glaubens Israels in einer Weise deutlich erfasst, deren Verbesserbarkeit prinzipiell nicht ausgeschlossen werden kann, hinter die jedoch nicht mehr zurück gegangen werden kann oder sollte, können sie nicht ausschließen, müssen vielmehr davon ausgehen, dass Juden (damals wie heute), die einer unverkürzten Entfaltung ihres eigenen Glaubens nichts in den Weg legen, im Kern, wenn auch in der Sprache der eigenen Glaubenstradition, nichts anderes glauben als das, was das christliche Glaubensbekenntnis aussagen will.

Es gibt eine Indifferenz zwischen Judentum und Christentum, die im Gedanken von der Bestimmung des biblischen Glaubens durch das Christusereignis zum Ausdruck kommt. Kann doch eine solche Bestimmung nur stattfinden, wenn sie dem Bestimmten auch entspricht. Dasselbe Verhältnis muss freilich in die Gegenrichtung lesbar sein: Wenn die Bestimmung des biblischen Glaubens durch das Christusereignis diesem Glauben entspricht, muss sie von ihm her auch prinzipiell annehmbar sein. Muss eine solche Feststellung nicht aber als Aufforderung an die Juden, das christliche Glaubensbekenntnis anzunehmen, verstanden werden? Nein. Es geht um den Gehalt, um die Sache dieses Bekenntnisses: Gott ist in der Welt um ihres Heils willen erreichbar geworden; er hat sich unwiderruflich („endgültig") in der Welt gegenwärtig gesetzt und damit die Unwiderruflichkeit des Werts der Welt in ihr aufgerichtet; er hat schließlich diese Selbstvergegenwärtigung als seinem Wesen entsprechend erwiesen.

Nun ist die Sache des christlichen Bekenntnisses schon innerhalb der eigenen Glaubenstradition unter recht unterschiedlicher Beimischung philosophischen, kulturellen, etc., jedenfalls „weltlichen" Bedeutungsmaterials polyphon und stets an geschichtlich bedingte Formulierungen gebunden artikuliert worden. Im Umgang mit dieser diachronen wie synchronen und nicht nur im Feld der Ökumene virulenten christlichen Polyphonie hat sich das hermeneutische Axiom als notwendig erwiesen, dem Anderen, dem anders Sprechenden zu unterstellen, dass er *das Wahre* und, soll für die eigene Rede der Wahrheitsanspruch nicht aufgegeben werden, auch *das Selbe* wie man selbst aussagen will. Sollten Christen dann aufgrund des spezifischen Bestimmungsverhältnisses, das sie zwischen dem für sie prinzipiellen Christusereignis und dem Glauben Israels annehmen, dieses hermeneutische Axiom nicht auch hinsichtlich ihres Blicks auf den jüdischen Glauben beherzigen müssen? Und wird dies nicht von einer allgemeinen religionstheologischen Grundeinsicht gestützt, der zufolge der christliche Heilsuniversalismus auch die Identifizierung und Anerkennung des Eigenen im Anderen umfassen muss, die Identifizierung und Anerkennung nämlich der Sache des eigenen Glaubens im Glauben der Anderen, in einem anderen Glauben?

Wie schon in der Religionserklärung findet sich auch hier im Verhältnis zwischen einer allgemeinen religionstheologischen Perspektive und dem Spezifikum der Verbindung des Christentums mit dem Judentum eine Dialektik von Kontinuität und Diskontinuität. Denn das Judentum, welches das Erbe des Glaubens Israels lebendig hält, ist dem Christentum nicht einfach eine andere religiöse Bedeutungstradition, die es als Ausdruck einer allen Menschen aufgrund ihrer Geschöpflichkeit zukommenden natürlichen Religiosität anerkennen kann. Seine Verbindung zum Judentum ist enger, konkreter, geschichtlich vermittelt: Im Judentum begegnet dem Christentum jene religiöse Bedeutungstradition, die nicht nur dem christlichen Glauben zufolge in Jesus Christus eine endgültige Bestimmung erfahren hat, sondern die auch das geschichtlich vermittelte Bedeutungsprofil darstellt, dank dessen das Christusereignis überhaupt lesbar werden konnte und kann. „Denkt nicht, ich sei gekommen, um das Gesetz und die Propheten aufzuheben. Ich bin nicht gekommen, um aufzuheben, sondern um zu erfüllen" (Mt 5,17): Jesus ist als der Christus lesbar nur im Kontext der Geschichte des JHWH-Glaubens Israels und nicht ohne sie. Nizäa und Chalzedon, aufgrund ihrer Gebundenheit an geschichtlich bedingte Vorstellungs- und Sprachmuster prinzipiell verbesser-, jedoch nicht aufgebbar, müssen sich durch den Glauben Israels lesen, von ihm her bestimmen lassen, sollen sie ihrerseits die christliche Bestimmung der biblischen Glaubensüberlieferung sein können. Der christliche Heilsuniversalismus realisiert sich nicht als Abkoppelung von seiner Ursprungsgeschichte, sondern in der Hindurchführung „der Welt" durch diese konkret-geschichtliche Bedeutungsüberlieferung; ein Auslegungsprozess freilich mit Rückwirkungen auf das Verständnis der biblischen, jüdisch-christlichen Überlieferung selbst. Die Bedeutung des Christusereignisses muss in seiner universalen Geltung der konkreten, bedeutungsstoffgebundenen biblischen Glaubensgeschichte abgelesen werden.

Wenn nun manche Christen an dieser Stelle sagen möchten, dass die Glaubensgeschichte Israels doch ganz in ihrer neuen und endgültigen Bestimmung in und durch Jesus Christus aufgenommen ist und also im Christentum integriert sein müsste, können Juden antworten, dass das Christusereignis, soll es die Bestimmung des Glaubens Israels sein, in diesen integriert sein müsste. Man wird das Konzept einer wechselseitigen Bestimmung von jüdischem und christlichem Glauben von jedem Integrationsdenken abzulösen haben. Indem die katholische Kirche, mit *Nostra aetate* und bestärkt durch die Resonanz der Religionserklärung in vielen Äußerungen Papst Johannes Pauls II., die Beziehung zu einem lebendigen (und nicht beerbten oder musealisierten) Judentum als ihrer Identität wesentlich anerkennt, anerkennt sie auch die Möglichkeit und Legitimität eines jüdischen, nicht christlich integrierten Glaubens. Sie toleriert ihn nicht nur, sondern würdigt ihn: als für sie selbst von Bedeutung. Deren Mindestbestimmung wird in der Zeugenschaft für die geschichtlich-konkrete Bedeutung der Rede von Jesus als dem Christus zu sehen sein.

Eine solche Anerkennung beinhaltet eine Selbsteingrenzung. Diese betrifft aber keineswegs den Gehalt des christlichen Glaubens und nicht einmal die diesbezügliche Repräsentationsleistung der Kirche, sondern lediglich die Geltungsreichweite der Repräsentationsgestalt Kirche. Indem die Kirche die mögliche Wahrheit des jüdischen Glaubens anerkennt, setzt sie den eigenen Wahrheitsanspruch nicht zurück, sondern gibt zu verstehen, dass der jüdische Glaube, wenn er wahr ist, nichts anderes bedeuten kann als der christliche Glaube, wenn er wahr ist. Beide mögen die Wahrheit ihrer jeweiligen Bedeutungsgestalt geschichtlich-konkret einholen und verwirklichen, indem sie auf das wechselseitige Bestimmungsverhältnis achten, das sie verbindet, ohne dass sie, weder die eine noch die andere Seite, über eine integrale Gestalt der geschichtlichen Verwirklichung dieser Wahrheit verfügen könnten. Die Kirche kann im liturgischen Gebet, also in einem ihrer sie wesentlich bezeichnenden Vollzüge, deswegen ihrer Verbundenheit mit den Juden gedenken; in der Bitte des überarbeiteten Messbuchs von 1970 ist dieser Anerkennung des eigenen jüdischen Wegs der Verwirklichung der gemeinsamen Wahrheit eine kirchliche Gestalt gegeben worden: „Lasst uns beten für die Juden, zu denen Gott, unser Herr, zuerst gesprochen hat: Er bewahre sie in der Treue zu seinem Bund und in der Liebe zu seinem Namen, damit sie das Ziel erreichen, zu dem sein Ratschluss sie führen will."

Anmerkungen

1 Vgl. Karl Rahner, *Grundkurs des Glaubens*, in: Ders., *Sämtliche Werke*, Bd. 26, Düsseldorf/Freiburg 1999, 188f.

2 Vgl. Dominus Iesus, 11; 13–15.

3 Vgl. Paul Ricœur, *Thinking Creation*, in: André LaCocque/Paul Ricœur, *Thinking Biblically*, Chicago-London: The University of Chicago Press, 1998, 31–67, hier: 61–65.

4 Vgl. Luigi Accattoli, *Wenn der Papst um Vergebung bittet. Alle „mea*

culpa" von Papst Johannes Paul II., Innsbruck–Wien 1999. Siehe auch Nikolaus Klein, *Unsere Schuld und die Geschichte*, in: Orientierung 64(2000), 61f.

[5] Einen ersten systematischen Entwurf zu einer Theologie der Religionen aber hat Heinz Robert Schlette bereits 1963 vorgelegt: *Die Religionen als Thema der Theologie. Überlegungen zu einer „Theologie der Religionen"*, Freiburg 1963 (= QD 22).

[6] Roman A. Siebenrock, *Theologischer Kommentar zur Erklärung über die Haltung der Kirche zu den nichtchristlichen Religionen* Nostra aetate, in: HThKVatII, 3, Freiburg 2005, 591–693, hier: 661. Vgl. a. a.a.O., Anm. 78, mit der Erwähnung der in diese Richtung argumentierenden Voten einiger Konzilsväter (Liénard, Šeper, Elchinger), sowie der entsprechenden Stellungnahme Johannes Oesterreichers.

[7] Abgedruckt in: Johannes Oesterreicher, *Einleitende Kommentierung zu* Nostra aetate, in: LThK.E II, Freiburg-Basel-Wien 1967, 406–478, hier: 426.

[8] Rahner lässt als *mysteria stricte dicta* nur „die Trinität, die Inkarnation und die Vergöttlichung des Menschen in der Gnade und Glorie" gelten. Karl Rahner, *Über den Begriff des Geheimnisses in der katholischen Theologie*, in: Ders., Schriften zur Theologie IV, Einsiedeln–Zürich–Köln [5]1967, 51–99, hier: 89.

[9] In: Rolf Rendtorff/Hans Hermann Henrix (Hg.), *Die Kirchen und das Judentum. Dokumente von 1945 bis 1985*, Paderborn [2]1989, 75.

[10] A.a.O., 109.

[11] Vgl. etwa Tr. adv. Jud. 7,9.

[12] Vgl. zu Rosenzweigs geschichtsphilosophischer Konzeption des Verhältnisses von Judentum und Christentum im dritten Buch des *Sterns der Erlösung*: Stéphane Mosès, *System und Offenbarung. Die Philosophie Franz Rosenzweigs*, München 1985, 175–180.

[13] Thomas Pröpper, *Evangelium und freie Vernunft. Konturen einer theologischen Hermeneutik*, Freiburg 2001, 279.

[14] A.a.O., 280.

Die Karfreitagsfürbitte für die Juden als Indikator des Grundverhältnisses von Juden und Christen

von Josef Wohlmuth

Um sich ein umfassendes Bild von der Karfreitagsfürbitte zu machen, ist es unumgänglich, die vier Textgestalten miteinander zu vergleichen.[1] Dabei ist zu beachten, dass ein erster Versuch, die Karfreitagsfürbitte von 1570 zu ändern, bereits im Jahre 1928 gescheitert ist. So blieb die Fürbitte in der offiziellen Fassung von 1570 bis zur Erneuerung der Liturgie durch das Zweite Vatikanische Konzil in Kraft. Übersetzungen wurden jedoch erlaubt.[2] Eine offizielle Übersetzung der neu formulierten Fürbitte von 2008 gibt es nicht. Ich habe deshalb selbst einen Versuch gemacht, von dessen Richtigkeit zugegebenermaßen auch meine Interpretation maßgeblich abhängt.

Fast auf den ersten Blick ist zu sehen, dass sich der neue Text auf alle bisherigen Vorlagen bezieht und sich zugleich signifikant von ihnen abhebt. Ebenso ist klar: Alle neueren Versionen unterscheiden sich vom Text von 1570. Zu fragen ist: War der Höhepunkt der Textproduktion 1970 (dt. 1975) erreicht? Tatsache ist jedenfalls, dass die weltweiten Proteste gegen die mögliche Erhaltung des Textes von 1570, an denen sich auch der Gesprächskreis „Juden und Christen" beim Zentralkomitee der deutschen Katholiken beteiligt hat, den Papst zu einer weiteren Variante der Karfreitagsfürbitte veranlasst haben. Deshalb ist die Frage berechtigt, ob diese hinter den Text von 1970 zurückfällt. Das ist für mich als dogmen- und theologiegeschichtlich interessierter Dogmatiker die entscheidende Frage, die ich im Folgenden zu beantworten versuche. Ein genauer Sprachvergleich ist dabei unumgänglich.

Fürbitte 1570 (lat.) *(Pro conversione Judaeorum)*	**Fürbitte 1965 (lat.)** *Pro Iudaeis*	**Fürbitte 1970 (lat.)** *Pro Iudaeis*	**Fürbitte 2008 (lat.)**
Oremus et pro perfidis Judaeis: ut Deus et Dominus noster auferat velamen de cordibus eorum; ut et ipsi agnoscant Jesum Christum, Dominum nostrum.	Oremus et pro Iudaeis: ut Deus et Dominus noster faciem suam super eos illuminare dignetur; ut et ipsi agnoscant omnium Redemptorem, Iesum Christum Dominum nostrum.	Oremus et pro Iudaeis: ut, ad quos prius locutus est Dominus Deus noster, eis tribuat in sui nominis amore et in sui foederis fidelitate proficere.	Oremus et pro Iudaeis: ut Deus et Dominus noster illuminet corda eorum, ut agnoscant Iesum Christum salvatorem omnium hominum.
Omnipotens sempiterne Deus, qui etiam judaicam perfidiam a tua misericordia non repellis: exaudi preces nostras, quas pro illius populi obcaecatione deferimus; ut, agnita veritatis tuae luce, quae Christus est, a suis tenebris eruantur. Per eundem Dominum.	Omnipotens sempiterne Deus, qui promissiones tuas Abrahae et semini eius contulisti: Ecclesiae tuae preces clementer exaudi; ut populus acquisitionis antiquae ad Redemptionis mereatur plenitudinem pervenire. Per Dominum nostrum.	Omnipontens sempiterne Deus, qui promissiones tuas Abrahae eiusque semini contulisti: Ecclesiae tuae preces clementer exaudi, ut populus acquisitionis prioris ad redemptionis mereatur plenitudinem pervenire. Per Christum Dominum nostrum.	Omnipotens sempiterne Deus, qui vis ut omnes homines salvi fiant et ad agnitionem veritatis veniant, concede propitius, ut plenitudine gentium in Ecclesiam Tuam intrante omnis Israel salvus fiat. Per Christum Dominum nostrum. Amen

Fürbitte 1570 (dt.)	Fürbitte 1965 (dt.)	Fürbitte 1970 (dt. 1975)	Fürbitte 2008 (dt.)
(Für die Bekehrung der Juden) Lasset uns auch beten für die treulosen Juden, dass unser Gott und Herr die Verblendung von ihrem Herzen hinwegnehme, damit auch sie Jesus Christus erkennen mögen.	Für die Juden Lasset uns auch beten für die Juden. Unser Gott und Herr lasse über sie leuchten sein Angesicht, damit auch sie erkennen den Erlöser aller Menschen, unsern Herrn Jesus Christus.	Laßt uns auch beten für die Juden, zu denen Gott, unser Herr, zuerst gesprochen hat: Er bewahre sie in der Treue zu seinem Bund und in der Liebe zu seinem Namen, damit sie das Ziel erreichen, zu dem sein Ratschluß sie führen will.	Lasst uns beten auch für die Juden, dass Gott, unser Herr, ihre Herzen erleuchte, damit sie Jesus Christus als den Heiland aller Menschen erkennen.
Allmächtiger, ewiger Gott, der Du auch die treulosen Juden von Deinen Erbarmungen nicht ausschließest, erhöre unser Gebet für dieses verblendete Volk, damit es Christus, das Licht Deiner Wahrheit, erkenne und aus der Finsternis erlöst werde. Durch Christus, unseren Herrn. Amen	Allmächtiger ewiger Gott, dem Abraham und seiner Nachkommenschaft hast du deine Verheißungen gegeben; erhöre in Güte die Bitten deiner Kirche; und jenes Volk, das du in alter Zeit angenommen als eigen, laß gelangen zur Fülle des Heils: Durch unsern Herrn. Amen	Allmächtiger, ewiger Gott, du hast Abraham und seinen Kindern deine Verheißung gegeben. Erhöre das Gebet deiner Kirche für das Volk, das du als erstes zu deinem Eigentum erwählt hast: Gib, daß es zur Fülle der Erlösung gelangt. Darum bitten wir durch Christus, unsern Herrn. Amen	Allmächtiger, ewiger Gott, der du willst, dass alle Menschen gerettet werden und zur Erkenntnis der Wahrheit gelangen, gewähre gnädig, dass, indem [während, in der Zeit, da] die Heidenvölker in deine Kirche eintreten, ganz Israel gerettet werde: Durch Christus unsern Herrn. Amen

Benedikt XVI. hat wiederholt betont, dass sich die Kirche auch in ihrer Gebetstradition nicht prinzipiell widersprechen dürfe. Unter dieser Prämisse stellt meines Erachtens das Wort von der göttlichen *misericordia* das Bindeglied dar. Niemand wird zurückgestoßen, auch nicht das Judentum, dessen Treulosigkeit bezüglich der Nicht-Anerkennung Jesu Christi beklagt wird. Hier wären liturgiegeschichtliche Studien notwendig, die zeigen, ob sich die Oration von 1570 (und die dahinter stehende Gebetstradition) auf Röm 11,30–32 zurück bezieht, wo Paulus ausführt, es gebe eine zeitliche Verschiebung bezüglich Glaube und Unglaube: einst seien die Heiden ungläubig gewesen, jetzt aber habe sich Gott wegen des Unglaubens der Juden *(propter incredulitatem illorum)* der Heiden erbarmt. So sind nach Paulus Juden *und* Heiden im Unglauben zusammengeschlossen, auf dass sich der treue Gott aller erbarme (vgl. V 32). Sollte die Oration tatsächlich auf diese Stelle Bezug nehmen, hätte sie allerdings die paulinische Grundthese in unverantwortlicher Weise verkürzt, ja halbiert, indem sie nur noch auf den Unglauben der Juden rekurriert. Es ist nicht mehr mitzuhören, dass gerade auch die heidenchristliche Gemeinde, die für die Juden betet, aus der Zeit des Ungehorsams kommt und jetzt ganz und gar aus dem Erbarmen Gottes lebt. In der Fassung von 1570 wird diese größte Gemeinsamkeit von Juden und Christen, die Paulus im Erbarmen Gottes grundgelegt sieht, zerstört. Damit fällt auch das „Grunddogma“ von der unwiderruflichen Treue des Gottes Israels dahin, das Paulus in Röm 11,29 vertritt, wenn er schreibt: „Denn unwiderruflich sind Gnade und Berufung, die Gott gewährt.“ Indem die Oration diese große Gemeinsamkeit unterläuft, gerät der Nichtglaube der Juden in das schiefe Licht schuldhaften Nicht-glauben-wollens. Von da aus ist der Weg zum (spät)mittelalterlichen Antijudaismus, der in hochoffiziellen Texten jener Zeit zum Ausdruck kommt, nicht weit.[3] Nicht zuletzt wegen dieses Zusammenhangs nimmt das Judentum bis heute die Karfreitagsfürbitte mit besonderer Sensibilität wahr. In der Gebetsform von 1570 wird jedenfalls die bleibende Erwählung Israels ausgeblendet. Die heilsbesitzende Kirche schaut auf die treulosen Juden herab und vergisst dabei die Treue des einen Gottes Israels, auf dessen Erbarmen die Erlösung für Juden *und* Heiden beruht. Wenn in den vergangenen Wochen wiederholt zum Ausdruck gebracht wurde, dass der Text von 2008 zu dem von 1570 zurückkehre, so ist dies, wie sich zeigen wird, völlig unzutreffend.

2. Der Übergangstext von 1965

Die Fassung von 1965 ist eine erste deutliche Korrektur des Textes von 1570. Dieser Fassung war eine erste, noch zaghafte Korrektur Johannes XXIII. im Jahre 1959 vorangegangen, die im Text von 1570 das Wort *perfidi* (treulose) strich und in der Oration *iudaicam perfidiam* (jüdischen Unglauben) durch *Judaeos* (Juden) ersetzte. In der Formulierung des Gebetsanliegens wird der Wunsch ausgedrückt, dass Gott sein Angesicht über den Juden aufleuchten lassen möge, damit sie den Erlöser aller Menschen, nämlich Jesus Christus, erkennen. Die anschließende Oration wird 1965 neu formuliert. Das Stichwort von 1570 *misericordia* wird nun positiv ersetzt durch den Ausdruck *ad Redemptionis plenitudinem pervenire* („zur Fülle des Erlösung/des Heiles gelangen"), wobei dieses Heil auf den Verheißungen beruht, die an Abraham und seine Nachkommenschaft ergangen waren. Während also die Gebetseinladung die Erkenntnis des Erlösers aller Menschen auch durch die Juden erbitten will, verzichtet die Oration selbst auf die Erwähnung des christologischen Zusammenhangs mit den Verheißungen an Abraham.

3. Die Fürbitte im *ritus ordinarius* von 1970

Die Version von 1970 behält die Oration von 1965 bei, verändert aber die Gebetseinleitung deutlich: Für die Juden, von denen gesagt wird, dass Gott zuerst zu ihnen gesprochen habe, wird nun die Bitte an Gott herangetragen, sie mögen in der Treue zu seinem Bund und in der Liebe zu seinem Wort bewahrt werden. Eine christologische Präzisierung des Gebetsanliegens erfolgt nicht. So gipfelt die Oration von 1970 in der Bitte, dass die Juden zur Fülle des Heiles gelangen mögen, da sie ja das Volk der Ersterwählung sind. Damit ist die theozentrische Ausrichtung der Gebetseinladung und der Oration konsequent durchgehalten.

Die Karfreitagsfürbitte von 1970, das ist sehr wohl zu beachten, bleibt für die gesamte katholische Kirche der offizielle Text der ordentlichen Liturgie. Abgesehen davon, dass er von der überwältigenden Mehrheit der Gemeinden in einer Unzahl von Übersetzungen gesprochen wird, behält er als Gebetstext auch für jene dogmatische Relevanz, die ihn im *ritus extraordinarius* nicht zu sprechen haben. Ich hätte es begrüßt, wenn der Gebetstext als solcher auch für alle Katholiken westlicher Tradition verbindlich geblieben wäre. Es kann deshalb nicht sein, dass sich beide Texte widersprechen. Auch der neue Text hat den Text der ordentlichen Liturgie neben sich und muss somit auch das Gespräch mit ihm bestehen. Deshalb frage ich, ob es gelingt, beide Texte so zu verstehen, dass der eine den anderen erklärt, ohne sich in den jeweils anderen auflösen zu müssen.

4. Die Karfreitagsfürbitte des *ritus extraordinarius* von 2008

Die Karfreitagsfürbitte von 2008 ist, wie unschwer zu sehen, eine nochmalige Neugestaltung der Texte von 1965 und 1970. Dies zeigt sich bereits in der Gebetseinleitung. Die

Gemeinde wird aufgerufen, für die Juden zu beten, „dass Gott ihre Herzen erleuchte, damit sie Jesus Christus als den Retter aller Menschen erkennen". Damit wird der universale Gesichtspunkt (*omnium Redemptorem*) einschließlich des christologischen Bezugs von 1965 aufgenommen. Vom universalen Retter wurde 1965 gesagt, er sei „unser Herr" *(Jesum Christum Dominum nostrum)*. Jetzt wird nur noch gesagt, die Juden mögen Jesus Christus als Heiland *(salvatorem)* aller Menschen *(omnium hominum)* erkennen *(ut agnoscant)*. Durch die Streichung des „unser" und darüber hinaus des „auch sie" *(et ipsi)* wirkt die Form von 2008 „objektiver". Gleichwohl entzündete sich nicht von ungefähr an der christologischen Klausel vor allem die Kritik der vergangenen Wochen. Wird etwa den Juden zugemutet, dass sie an Jesus als den universalen Retter *glauben*, so dass damit ein Aufruf zur Judenmission verbunden ist? Ich will mir die Antwort darauf nicht leicht machen.

Zunächst ist auf die sprachliche Formulierung genau zu achten. Schwierigkeiten bereitet vor allem die lateinische Begrifflichkeit im Wortfeld *agnoscere* und *agnitio*. Es fand sich bereits im Text von 1965. Lexikalisch hat *agnoscere* mehrere Bedeutungen, die von ‚anerkennen', über ‚genau erkennen', bis zu ‚erkennen' oder ‚verstehen' reichen. Im Wortfeld kommt zugleich eine Übersetzungstradition zum Vorschein, die über das Griechische bis in das Hebräische zurückreicht. *Agnoscere/agnitio* entspricht den griechischen Wörtern *gi(g)noskein/gnosis* oder *epigignoskein/epignosis* in der ntl. Gräzität. Beispielsweise verwendet der Brief an die Kolosser das Substantiv *epignosis* (lat. *agnitio*), wenn von der (tiefen) Erkenntnis des Geheimnisses Gottes und Christi gesprochen wird. (Vgl. Kol 2,2) Offensichtlich besteht das Gebetsanliegen nicht darin, dass die Juden an Jesus *glauben* sollen, sondern dass sich ihnen sein Mysterium als Retter aller Menschen *intellektuell erschließt*. Deshalb frage ich, ob der neue Text gegen alle Kritik auch so verstanden werden, dass er nicht notwendigerweise jüdische Ohren beleidigt und alle im jüdisch-christlichen Dialog Engagierten brüskiert? Ehe ich darauf eine Antwort gebe, wende ich mich der neu gestalteten Oration zu, die in der bisherigen Auseinandersetzung meines Erachtens fast völlig ausgeblendet wurde, auf der aber der Schwerpunkt der neuen Fürbitte liegt.

Die Oration ist eine völlige Neugestaltung gegenüber allen bisherigen Vorlagen. Die erste Überraschung besteht darin, dass er nicht nur theozentrisch beginnt, sondern auch insgesamt theozentrisch bleibt. Dabei bezieht er sich auf zwei kanonische Texte aus dem Neuen Testament, die ohne ihren frühjüdischen Hintergrund bzw. ohne das Grundproblem der Verhältnisbestimmung von Judentum und Christentum gar nicht verstanden werden könnten. In beiden Rückbezügen auf das Neue Testament werden also auch nähere und weitere Kontexte angedeutet. So nimmt die Oration zunächst auf den Ersten Timotheusbrief Bezug, aus dessen näherem Kontext im ersten Kapitel hervorgeht, dass die Gemeinde zum Gebet „für alle Menschen" aufgefordert wird. Es sei gut, so zu Gott als dem Retter zu beten, von dem es dann heißt, er wolle, „dass alle Menschen gerettet werden und zur Erkenntnis der Wahrheit gelangen". (1 Tim 2,4) Dem lat. Ausdruck *ad agnitionem veritatis venire* geht also gleichsam eine nähere Umschreibung des Gottesnamens voraus. Gott ist der, *qui omnes homines vult salvos fieri*, das heißt der Gott des universalen Heiles. Der universale Heilswille Gottes bietet sich somit der „verstehende[n] Angeignung" an.[4] Wie Jürgen Roloff zur Stelle ausführt, tritt die Erkenntnis an die Stelle des paulinischen Glaubensbegriffes, weshalb hier die „noetische Komponente des Heilsweges" deutlicher zum Ausdruck komme. Vom „Rettergott", der das Heil aller Menschen will – ein weichenstellender Grundsatz auch des

Zweiten Vatikanums – wird in 1 Tim 2,5 in einem der Gemeinde bereits bekannten hymnischen Zusatz der jüdische Monotheismus betont. „Einer ist Gott". Freilich wird sofort ergänzt, „einer auch Mittler zwischen Gott und den Menschen, der Mensch Christus Jesus, der sich als Lösegeld dahingegeben hat für alle [...]" Dieses hymnische Fragment betont nach Roloff das universale Heil des einen Rettergottes und des einen Mittlers, der sich zum Lösepreis für alle gab. So werde Paulus in der Rückschau schließlich als Lehrer verstanden, der für die universale Botschaft an die Völkerwelt eingetreten sei. Die in Vers 7 aus Röm 9,1 verwendete Beteuerungsformel – „ich sage die Wahrheit und lüge nicht" –, mit der Paulus dort seine Bindung an das Judentum betont hatte, wird hier im Timotheusbrief zur Bekräftigung seiner Funktion als universaler Lehrer der Völkerwelt verwendet. Der Text besteht meines Erachtens zugleich darauf, dass die christologische Ergänzung den jüdischen Monotheismus nicht zerstört. Es ist der *eine* Gott, der zugunsten der einen Menschheit handelt, indem der (jüdische) *Mensch* Christus Jesus zum Lösegeld für alle wird. In diesem Text kommt somit zum Ausdruck, dass das Christentum zur Zeit der Abfassung dieses Briefes bereits ganz und gar auf dem Weg ist, zur Völkerkirche zu werden und sich auch mit der Intellektualität jener Zeit auseinander zu setzen hatte.

Der zweite Teil der neuen Oration ist eine interpretierende Übernahme von Röm 11,25.26. Dort heißt es: „Damit ihr euch nicht auf eigene Einsicht verlasst, Brüder, sollt ihr dieses Geheimnis wissen: Verstockung liegt auf einem Teil Israels, bis die Heiden in voller Zahl das Heil erlangt haben; dann wird ganz Israel gerettet werden [...]." (Einheitsübersetzung) Der entscheidende Passus im lateinischen Vulgatatext lautet: [...] *donec plenitudo gentium intraret, et sic omnis Israel salvus fieret* („bis die Fülle der Völkerwelt eintritt und so ganz Israel gerettet wird"). Sofort fällt auf, dass die

Oration von 2008 über den paulinischen Text hinaus eine Ergänzung vornimmt: Das *intrare* betrifft das Eintreten der Heiden in die Kirche. In Röm 11,25 hat es hingegen, wie Heinrich Schlier zur Stelle bemerkt, keinen Ort. Entweder, so meint er, denke Paulus an das Eingehen in das Gottesreich oder – wahrscheinlicher – an den Eingang ins ewige Leben (vgl. Röm 11,15). Für Schlier ist aber die Stelle als solche klar: „Jedenfalls meint es den eschatologischen Augenblick, da Gottes Rettungswerk an den Völkern beendet ist, weil die von ihm bestimmte Fülle der Heiden das Heil empfangen hat."[5] Wenn dies zutrifft, nimmt der neue Gebetstext allerdings eine gehörige Interpretation vor: a) Wie bereits gesagt, geschieht der Eintritt „in deine [sc. des allmächtigen Gottes] Kirche". b) Die grammatische Konstruktion (ablativus absolutus) verweist nach meinem Verständnis auf einen andauernden Vorgang, das heißt einen Prozess, in dem die Heidenvölker durch das Evangelium in die Kirche eintreten. c) Daraus ergibt sich die gravierende Schlussfolgerung: Während dieses Wachstumsprozesses der Kirche unter den Völkern, wird ganz Israel gerettet. Die Rettung Israels geschieht somit – parallel und unabhängig vom Vorgang der Völkermission – durch Gott, nicht durch die Kirche. Von Judenmission kann deshalb nicht die Rede sein.

Für mich ist deshalb Folgendes besonders wichtig: Die Oration von 2008 ist, soviel ich sehe, das erste offizielle Gebet der katholischen Kirche, in dem von der Rettung ganz Israels gesprochen wird, und zwar nicht nur rückblickend auf das vorchristliche Israel, sondern auf das Israel aller Zeiten. Hätte man bei der Gebetsvorlage von 1970 noch vor allem an das Israel der vorchristlichen Zeit denken können, wenn davon gesprochen wird, Gott habe „*zuerst* zu ihm gesprochen" und es sei „als *erstes*" zu seinem „Eigentum erwählt" worden, so verbietet das neue Gebet die historisierende Rückschau und blickt auf das universale Heil der

Menschheit, ja der Welt, in das die Juden ohne Wenn und Aber eingeschlossen sind, und zwar um der Treue des *einen* Gottes willen. Das Gebet hält die *Theozentrik* bis zum Schluss durch. Dies gewährleistet, dass die Rettung ganz Israels und die Rettung der Völkerwelt nicht gegeneinander ausgespielt werden dürfen.

Falls diese Interpretation der Oration akzeptabel erscheint, ist allerdings noch zu fragen, wie die interpretierende Verwendung von Röm 11,25f. zu beurteilen ist. Der Gebetstext drängt meines Erachtens den apokalyptischen Tenor des paulinischen Textes zurück und eröffnet auf diese Weise für Israel und Kirche den einen Heilsweg in zwei Versionen, die jedoch trotz bleibender Differenz in der Frage, ob und wie jüdischer Monotheismus und Christologie widerspruchsfrei verstanden werden können, insofern grundlegend zueinander gehören, als sie beide, Israel und Völkerwelt, von der unwiderruflichen Treue und Barmherzigkeit des einen Gottes getragen werden. Dies bedeutet, dass in der Karfreitagsfürbitte von 2008 aus der paulinischen Überzeugung der Rettung ganz Israels am Jüngsten Tag eine Geschichtsaussage wird: *Während das Heil durch Jesus Christus der gesamten Völkerwelt via Kirche vermittelt wird, geschieht durch Gott die Rettung Israels.*

Von da aus komme ich noch einmal auf die Gebetseinladung zurück. Wenn sie davon spricht, dass die Juden Jesus Christus als Heil aller Menschen *erkennen* sollen, stellt sich die Frage, warum sich gerade durch diese Formulierung der Verdacht der Judenmission nahe legt. Hier reicht natürlich die Berufung auf die oben interpretierte Stelle aus dem ersten Timotheusbrief nicht aus. Gleichwohl ist es wichtig, dass hier nicht von Glaube, sondern von *Erkenntnis (epignosis/agnitio)* gesprochen wird. Deshalb möchte ich abschließend die These vertreten, dass es sich in den griechischen Ausdrücken bereits um eine Übersetzung aus dem Hebräischen handelt, auch wenn ich als Nichtexeget nur mit aller Vorsicht darauf hinweisen kann. Ich vermute, dass hinter den griechischen Ausdrücken das hebräische *jadah/daath* mit seinen vielfältigen Konnotationen steht. „Etymologisch ist die Bedeutung ‚(er)kennen, wissen' nicht mehr zu hinterfragen."[6] Dabei ist ein ganzheitliches, auch körperlich bestimmtes ‚erkennen' gemeint. Die sinnlich vermittelte Wahrnehmung spielt dabei eine große Rolle. Die aus dem Wissen kommende Freiheit und verantwortliche Lebensgestaltung ist ein weiterer Aspekt unter vielen.[7] Ich verweise hier nur auf eine Stelle, an der sich die Sprachwelten kreuzen. In Jer 31,31–34 (hebr.) und Jer 38,31–34 (LXX) wird gesagt, der Neue Bund zeichne sich dadurch aus, dass nicht mehr einer zum anderen (belehrend) sagen muss: *Gnothi ton kyrion* (Erkenne den Herrn), denn alle werden mich kennen *(hoti pantes eidäsousin)*. Im hebräischen Text wird beide Male das Verb *jadah* verwendet, während die LXX wechselt und von „erkennen" zu „kennen/wissen" übergeht. Die Tora wird nicht mehr durch Autoritäten vermittelt, sondern von Gott ins Herz gelegt. Betet also die Kirche für das Judentum, dass es zu einer Erkenntnis Jesu als des universalen Heilands aus der innersten Vertrautheit mit der Tora kommen möge? Dann könnte man immer noch darüber streiten, ob dies Juden für gut halten müssen. Aber mit Mission hätte dies nichts zu tun. Erkenntnis, die aus dem eigenen Inneren entspringt, kann als von Gott eingegebene Gabe verstanden werden, wie es der Prophet Jeremia nahe zu legen scheint. Diese fällt – frei nach Emmanuel Levinas – aus der Unvordenklichkeit des Ewigen als Idee des Unendlichen ins menschliche Bewusstsein ein und kann das menschliche Leben vor oder trotz aller Bevormundung zutiefst treffen.

Dann aber schließt sich auch der Kreis zur einleitenden Formulierung des Textes von 2008: Die Rettung ganz Israels durch Gott und die Rettung der Völkerwelt durch die Verkündigung der Kirche gehören zusammen. Dies möge das Judentum aus den eigenen Vorgaben der Offenbarung, die es mit dem Christentum teilt, selbst erkennen. Doch auch dann, wenn Juden zu dieser Erkenntnis kommen, wird ihr von Gott her eröffneter Heilsweg vom Heilsweg der Völkerkirche nicht verdrängt oder gar aufgesogen. Wenn sich also die Bitte der Kirche erfüllen würde, dann würden die Juden aus ihren eigenen Offenbarungsprämissen *erkennen* können, dass der aus dem Judentum „dem Fleische nach" stammende Jesus von Nazareth als der Auferstandene das Heil aller Menschen bedeutet. Dies würde aber ihre Existenz gerade nicht gefährden; vielmehr würden die Juden dann die Treue Gottes zu den Heiden mit der Treue zu ihnen selbst zusammenschauen und mit den Christen diesen Gott der Treue preisen können. Somit wäre die Erkenntnis der Heilsuniversalität Jesu Christi für das geschichtliche Israel (aller Zeiten) keine Vorbedingung seiner eigenen Rettung; denn diese Rettung ist schon im Gang, und zwar allein durch Gottes Treue, der auch die Völker ihre Rettung verdanken.

In der Gebetsweise von 1570 wurde der jüdische Heilsweg als Ungehorsam, Unglaube und Verblendung angesehen. Von dem ist in keiner der neueren Fassungen mehr die Rede. Alles ist positiv gewendet, was aber nicht faulen Kompromiss oder Wortspielerei, sondern ernsthaftes Bemühung um das tiefere Durchdringen der Offenbarung bedeutet, aus der Israel nicht ausgeschlossen werden kann. Insofern sehe ich in den jetzt gültigen *beiden* Texten der Karfreitagsfürbitte keinen grundsätzlichen Widerspruch zur Erklärung des Gesprächskreises „Juden und Christen" beim Zentralkomitee der deutschen Katholiken, in der es heißt:

„Jesus Christus ist nach christlichem Bekenntnis das ‚Ja und Amen (2 Kor 1,20) der unwiderruflichen Treue Gottes zu Israel und der ganzen Welt.

Dennoch gibt es – um der Treue desselben Gottes willen – ein Heil für Israel ohne Glauben an Jesus Christus."[8]

Amerkungen

[1] Vgl. Texte und Übersetzungen in: R. Rendtorff/H.H. Henrix, *Die Kirchen und das Judentum*. Bd. I. Paderborn-Gütersloh ^{3}2001, 56–60. Dort auch noch weitere Varianten bis zum endgültigen deutschen Text von 1975, der ab dem 1. Fastensonntag 1976 verbindlich wurde.

[2] So findet sich etwa im Gebet- und Gesangbuch des Bistums Mainz folgende Übersetzung: „Lasset uns beten für die treulosen Juden, dass unser Gott und Herr die Verblendung von ihrem Herzen hinwegnehme, damit auch sie Jesus Christus erkennen mögen." „Allmächtiger, ewiger Gott, der Du auch die treulosen Juden von Deinen Erbarmungen nicht ausschließest, erhöre unser Gebet für dieses verblendete Volk, damit es Christus, das Licht Deiner Wahrheit, erkenne und aus der Finsternis erlöst werde. Durch Christus, unseren Herrn." In: *Gelobt sei Jesus Christus. Gebet- und Gesangbuch für das Bistum Mainz,* Mainz 1935, 353.

[3] Vgl. *Nachdenken über die Schoa. Mitschuld und Verantwortung der katholischen Kirche*, in: H. Heinz (Hg.), *Um Gottes willen miteinander verbunden. Der Gesprächskreis „Juden und Christen" beim Zentralkomitee der deutschen Katholiken*, Münster 2004, 90–99, bes. 94f. Es betrifft das Vierte Laterankonzil, das Konzil von Basel und das Konzil von Florenz.

[4] „Quelle der Wahrheitserkenntnis ist die ‚gesunde Lehre', deren erstehende Aneignung erwartet wird." J. Roloff, *Der erste Brief an Timotheus*. EKK XV (1988), 120. Vgl. Roloff 107–125.

[5] H. Schlier, *Der Römerbrief,* Freiburg–Basel–Wien 1977, 339.

[6] W. Schottroff, *jd'* erkennen. In: Theologisches Handwörterbuch zum Alten Testament. Bd. I. München Zürich 1978, 683.

[7] Immerhin erstreckt sich der in Anm. 6 zitierte Artikel von Spalte 682–701.

[8] *Juden und Christen in Deutschland*, Bonn 2005, 20.

Das Nein heutiger Juden zu Jesus als ihrem Retter ernst nehmen

von Erich Zenger

1. Die neue kirchliche Sicht des Judentums seit dem Zweiten Vatikanum

Als Papst Paul VI. die Erklärung *Nostra aetate* des Zweiten Vatikanum promulgierte, rief er am 28. Oktober 1965 im Petersdom aus: „Die Kirche lebt. Wohlan denn, hier ist der Beweis, hier der Atem, die Stimme, das Lied … Die Kirche lebt. Die Kirche denkt. Die Kirche spricht. Die Kirche wächst. Wir müssen dieses erstaunliche Phänomen würdigen. Wir müssen seiner messianischen Bedeutung inne werden.“[1] In der Tat: Dass die katholische Kirche im Konzil, allen Widerständen zum Trotz,[2] diesen Schritt der Erneuerung vollzog, war ein Zeichen der Lebendigkeit, weil sie sich hier aus tödlichen und todbringenden Fesseln einer falschen Lehre über das Judentum befreite und den Juden nach jahrhundertelanger Diskriminierung endlich wieder ihre biblisch geschuldete theologische Würde zugestand. Man kann die in *Nostra aetate* vollzogene theologische Anerkennung des lebendigen Judentums durch die Kirche durchaus mit dem theologischen Begriff der „Umkehr“ kennzeichnen. Es war der Beginn einer „Umkehr“ im doppelten Sinn: (1) Abkehr von falscher Lehre über das Judentum und (2) Hinkehr, Zuwendung zum Judentum und zu den Juden von heute.

Die Kirche setzte auch nach dem Konzil diesen Weg langsam, aber konsequent fort, in vielfachen Erklärungen und Stellungnahmen Roms, aber auch zahlreicher Ortskirchen. Ein wichtiger Schritt auf diesem Weg der Umkehr und der

Erneuerung war die von Paul VI. für das Missale Romanum von 1970 angeordnete neue Form der Fürbitte „Für die Juden“ in der Karfreitagsliturgie, deren deutsche Fassung im ordentlichen Ritus nach wie vor verbindlich ist. Im Gebet von 1970 äußert die Kirche unmissverständlich ihre Wertschätzung für Gottes erwähltes Volk Israel. Die Kirche bekennt, dass die Juden in ihrer Treue zu Gottes Bund und in ihrer Liebe zu seinem Namen auf dem Wege des Heiles *sind* und nicht erst durch die Kirche auf diesen Weg gebracht werden müssen. Die Kirche bittet darum, dass Gott die Juden auf diesem Weg zum Ziele führt. Und vor allem überlässt die Kirche dies dem heiligen Ratschluss Gottes selbst – und folgt damit der Lehre des Apostels Paulus. Es ist keine Frage: Diese Form der Karfreitagsfürbitte von 1970 entspricht dem Zeugnis der Bibel und der Lehre des Zweiten Vatikanischen Konzils. Sie entspricht auch dem neuen Verhältnis des Respekts und des Vertrauens, das in den letzten Jahrzehnten zwischen Juden und Christen entstanden ist.

Wieso Benedikt XVI. im Februar dieses Jahres nicht diesen Wortlaut der Karfreitagsfürbitte auch für den so genannten außerordentlichen Ritus der Traditionalisten anordnete, sondern eine modifizierte Fassung des alten Missale von 1570 vorlegte, deren einführende Gebetsaufforderung nur eine „Entschärfung“ der alten „Judentheologie“ bedeutete, lässt viele Mutmaßungen zu. Die schlimmste wäre: Der Papst lehnt die Fassung von 1970 und die in ihr sich aussprechende Theologie des Zweiten Vatikanum ab. Dies kann und will ich mir nicht vorstellen. Ich will mich im Folgenden auch gar nicht an Mutmaßungen aufhalten, sondern will aus der Fülle der Probleme einen mir wichtigen Gesichtspunkt entfalten: Die von Benedikt XVI. vorgelegte Karfreitagsfürbitte hat darin ein fundamentales Defizit, dass sie in ihrer *Gebetseinleitung* eine nur verbal leicht „entschärfte“ Zusammenfassung des Gesamttextes von 1570 bietet[3] und dass sie mit ihrer Bitte, die Juden sollten Jesus Christus auch als ihren Retter erkennen, weder das Selbstverständnis heutiger Juden ernst nimmt noch begreift, was sie als Kirche angesichts der jahrhundertelangen kirchlichen Schuldgeschichte damit heutigen Juden zumutet. Wer *diese* Einleitung der Fürbitte von Benedikt XVI. für akzeptabel hält, hat meines Erachtens aus der Geschichte nichts gelernt. Ich behaupte sogar: Diese Einleitung der Fürbitte steht im Widerspruch zu all dem, was die Päpstliche Bibelkommission – unter Leitung des seinerzeitigen Präfekten der Glaubenskongregation Joseph Kardinal Ratzinger – über die Juden und die spezifische Weise ihres Umgangs mit ihrer ureigenen biblischen Tradition gesagt hat. Was Johannes Paul II. in seiner persönlichen Sensibilität für das christlich-jüdische Verhältnis zu diesem lehramtlichen Rückschritt seines Nachfolgers sagen würde, wage ich gar nicht mir vorzustellen. Ich selbst kann nur sagen: Dass ausgerechnet ein deutscher Papst derart geschichtsvergessen entscheidet, hätte ich nicht für möglich gehalten. Und dass Joseph Ratzinger, der in seinem Jesus-Buch so viel Sensibilität für das Judentum gezeigt hatte, nun – unter welchem kirchenpolitischen Druck auch immer – zur Heimholung der Traditionalisten die neue Sicht des Judentums auf dem Altar der innerkirchlichen Strategie opfert, ist schmerzlich.

2. Die geschichtliche Last der „tridentinischen" Karfreitagsfürbitte

Der Rückgriff von Benedikt XVI. auf die „altehrwürdige" Karfreitagsfürbitte des tridentinischen Ritus lässt sich nicht mit der Hochschätzung der Tradition legitimieren, die in dieser „alten" Fürbitte gegeben sei. Es braucht hier keinen differenzierten historischen Nachweis für die Tatsache, dass die hinter dieser Fürbitte stehende theologische Verurteilung des Judentums und die emotional aufgeladene Rezitation dieses Textes in der Karfreitagsliturgie für die Juden in ihrer langen Geschichte schreckliche Folgen hatte – von den berüchtigten Karfreitagspogromen bis hin zu den öffentlichen „Bekehrungsdisputationen" und den Zwangstaufen von Juden. Falls die in den Medien verbreitete Meldung zutrifft, ein römischer Kardinal habe gesagt, die Juden sollten erst mal selbst ihre Liturgie von „anti-christlichen" Passagen reinigen, wird die römische Geschichtsblindheit offenkundig: Hat es denn vergleichbare Christenpogrome durch Juden, die durch „anti-christliche" Gebete ausgelöst worden seien, jemals gegeben?

Gerade die Karfreitagsliturgie, zusammen mit der missverständlichen Sprachgestalt der Improperien *und* der Johannespassion mit ihrer hochproblematischen Kollektivrede von „den Juden", die Jesu Tod forderten und herbeiführten, ist für heutige Juden verständlicherweise das Schibboleth des christlich-jüdischen Verhältnisses. Das haben die Päpste Johannes XXIII. und Paul VI. klar erkannt – und dementsprechend die „alte" Fürbitte geändert: eine „kleine" Geste von großer Bedeutung. Wie wichtig Gesten und Symbole im Raum der Weltpolitik *und* in der Kirche sind, haben wir in den letzten Jahrzehnten wieder neu gelernt. Und deshalb ist auch die „neue" alte Fürbitte von Benedikt XVI. keine Kleinigkeit, die man nicht so hoch spielen dürfe, wie manche „Verteidiger" nun sagen. Nein: Für Juden und insbesondere für Christen, denen wie mir das christlich-jüdische Verhältnis am Herzen liegt, ist dies ein gravierender Vorfall, der den Verdacht hochkommen lässt, der Papst weigere sich, die tiefe *geschichtliche* Zäsur, die Auschwitz für die Kirche und für die Theologie ist, wahrzunehmen. Wie man nach Auschwitz zu einer Fürbitte von 1570 bzw. aus der Zeit vor 1570 zurückkehren kann, wenn man weiß, dass die hinter dieser Fürbitte stehende Theologie eine Mit-Verantwortung an der Schoa hat, ist mir schlechterdings unverständlich. Ob die Blindheit, die die Kirche jahrhundertelang den Juden vorgeworfen hat, *in dieser Frage* nicht doch über dem kirchlichen Lehramt liegt? Es ist eben keine Belanglosigkeit, dass Benedikt XVI. nicht nur alle positiven Aussagen des Missale von 1970 über die theologische Würde des Judentums einfach übergeht und dass er statt dessen in seiner Gebetseinleitung wieder das alte Klischee von der „Blindheit" der Juden bedient. Wie einfach wäre es doch gewesen, die Gebetseinleitung von 1970 (!) zu nehmen und dann, falls es der vom Papst intendierten theologischen Präzisierung bedarf, das „neue" *Gebet* von 2008 folgen zu lassen, über dessen Einzelheiten man freilich noch diskutieren müsste, dem ich aber auch positive Aspekte abgewinnen kann.

Dass Juden, denen an einer Erneuerung des christlich-jüdischen Verhältnisses gelegen ist, über die Gebetseinleitung von 2008 irritiert sind, ist keine bloß emotionale Reaktion, wie römische Stellen meinen, sondern durchaus rational begründet. Juden sehen meines Erachtens zu Recht in dieser Gebetseinleitung eine Abwertung ihrer Religion, die doch mit dem Christentum in einer einzigartigen Beziehung steht. Gewiss: Für das Christentum ist Jesus Christus der Retter aller Menschen. Dieses christliche Grundbekenntnis wollen Juden keinem Christen ausreden. Aber Juden protestieren zu Recht, wenn Christen, die die einzigartige Beziehung von Judentum und Christentum betonen, die Juden wegen ihres Nein zu Jesus immer noch als „verblendet" und das Judentum als gegenüber dem Christentum minderwertig bezeichnen.

3. Zwei unterschiedliche Leseweisen der gemeinsamen Bibel

Im aktuellen christlich-jüdischen Dialog geht es nicht mehr um die historische Frage, warum die meisten jüdischen Zeitgenossen Jesu ihn nicht als ihren Messias akzeptiert haben, also sehr vereinfacht gesagt: warum sie „Juden“ geblieben und nicht „Christen“ geworden sind. Das ist eine nicht nur historische, sondern auch eine theologische Frage, auf die viele Antworten möglich sind. Bei der Diskussion über die Karfreitagsfürbitte geht es nicht um diese historische Frage, sondern darum, warum *heutige* Juden Jesus nicht als ihren Retter annehmen können und warum sie deshalb diese „neue“ Repristinierung der „alten“ Karfreitagsfürbitte nicht nur mit Argwohn, sondern mit Unverständnis verfolgen.

Das Nein der Juden hängt zunächst damit zusammen, dass sie ihre ureigene Bibel, die zugleich das Alte Testament der Christen ist, anders lesen als die Christen, und dass deshalb ihre messianische Hoffnung eine andere Ausprägung hat als die Messias-Christologie von Christen. Christen glauben, dass die messianischen Verheißungen des Alten Testaments sich im Wesentlichen in Jesus Christus erfüllt haben, insbesondere auch durch die Universalität der Kirche. Christen glauben, dass die rettende Menschenliebe Gottes in einzigartiger Weise in Jesus als dem Sohn Gottes in dieser Welt – zum Heil der ganzen Welt – am Werk war und weiterhin ist, sodass in Jesus Christus die Welt endgültig und unwiderrufbar gerettet und „im Heil“ ist – allen katastrophischen und chaotischen Realitäten, die in dieser „erlösten“ Welt immer noch da sind, zum Trotz. Juden lesen und verstehen die so genannten messianischen Texte ihrer Bibel anders als die Christen. Sie nehmen den Wortlaut der Texte ernster – und sie nehmen vor allem die Welt so wahr wie sie ist. Deshalb tun sie sich schwer mit der schnellen Rede der Christen von der durch Christus erlösten Welt.

Ich will diese jüdisch-christliche Differenz paradigmatisch durch einen kurzen Blick auf den 72. Psalm verdeutlichen, den das Matthäusevangelium als in Jesus erfüllt präsentiert.[4]

Der 72. Psalm entwirft in plastischen Bildern die Vision einer Welt von Gerechtigkeit, Frieden und Heil. Zwar gibt es in dieser Welt Not und Armut, Unrecht und Gewalt, Unterdrückung und Feindschaft. Aber zugleich gibt es in dieser Welt eine Figur, die den Armen zu ihrem Recht verhilft, die gegen das Unrecht kämpft, die den Hilfeschrei der Bedrängten hört und sie rettet, ja den Armen vom eigenen Reichtum abgibt – um der Gerechtigkeit willen und aus Barmherzigkeit. Mehr noch: Der Psalm betont, dass die Durchsetzung von Recht und Gerechtigkeit im gesellschaftlichen Leben sogar die Natur verändern kann und blühende Landschaften hervorbringt: üppige Kornfelder mit reichlichen Ernten, sodass alle zu essen haben. Gleich zweimal zeichnet der Psalm in seiner Bildkomposition diesen Zusammenhang von sozialer Gerechtigkeit und kosmischer Fruchtbarkeit, von Gesellschaft und Natur. Dabei ist die Interdependenz dieser zwei Lebenswelten wichtig: Soziale Gerechtigkeit verwandelt die Erde zu einem Lebenshaus auch im Bereich der Natur, Ausbeutung und Unrecht dagegen zerstören nicht nur die Menschlichkeit, sondern machen die Schöpfung zur Wüste.

Die Figur, die sich für das Lebensrecht der Armen als Voraussetzung für das Wohlergehen der Gesellschaft und das Blühen der Natur einsetzt und so Schalom, das heißt Befriedung und Zufriedenheit, Glück und Heil, schafft, ist in Psalm 72 eine Königsgestalt. Der Psalm entwirft das Idealbild eines guten Königs, der das ihm übertragene königliche Amt, Beschützer und Verteidiger der Bedrängten und der Schwachen, Förderer des Lebens und des Friedens zu sein, effektiv und vorbildlich ausübt.

In seiner ersten Hälfte zeichnet der Psalm das plastische Bild einer fruchtbaren Landschaft: Wir sehen die Sonne und den Mond, den zart und kontinuierlich herabfallenden Regen, der die Felder zur Reife bringt. Dies sind nicht nur Realsymbole der „Gerechtigkeit“ und des „Friedens“, sondern dies ist die Welt als Schöpfung Gottes, wo die Fülle des Heils so groß ist, dass wirklich alle davon leben können. Hier verschmelzen Gesellschaft und Natur: Der ideale König vermittelt den Einklang beider Ebenen – zum Wohl *aller. Dieser* König *ist* der belebende Regen für sein Land (V 6) und er hat Anteil an der Lebensmächtigkeit von Sonne und Mond (V 5). Er ist die personifizierte Sonne der Gerechtigkeit, weil er Recht und Gerechtigkeit durchsetzt und so Mittler von Heil und Leben für sein Land und für sein Volk ist.

In seiner zweiten Hälfte, ab V 12, steigert der Psalm diesen Wirkzusammenhang. Während die erste Hälfte die Außenperspektive des königlichen Eintretens für die Armen und Gebeugten darstellt, geht es nun um die Innenperspektive: Der König lässt sich anrühren vom Leiden der Menschen, die um Hilfe schreien, und tut aus innerer Anteilnahme und aus Barmherzigkeit alles, um sie aus der Gewalt und in ihrer Not zu retten. Die vom Psalm gewählte Sprache sagt es noch pointierter: Der König tut dies, weil er die Ausgestoßenen und die Leidenden als seine Familienangehörigen betrachtet. Deshalb „löst er sie aus", sagt der hebräische Text. Wir übersetzen das meist mit „erlösen", vom Wortsinn her meint es die Hilfe, die man einem Familienangehörigen zuteil werden lässt, weil man dessen Not als Verwundung und Schädigung der Familiensolidarität empfindet. Ja, der Psalm steigert dann nochmals: Der König rettet die Armen und Leidenden, weil ihm ihr Blut kostbar und liebenswert ist. Sein eigenes Blut steht auf dem Spiel, wenn das Blut der Armen bedroht ist und vergossen würde.

Und abermals betont der Psalm mit paradiesischen Bildern des Wachstums und der Ernte: Das Land, in dem ein solcher barmherziger und das Leben der Menschen teilender König wirkt, verwandelt sich in eine Region der Lebensfülle. Sogar die Berghänge sind von kräftig stehenden Getreidefeldern bedeckt, durch die der Wind streift und sie zum Rauschen bringt, wie sonst die Wälder rauschen. Der für uns auf den ersten Blick unverständliche Vergleich mit den Hängen des Libanon fügt sich in diese Bildcollage, wenn man weiß, dass die Libanonhöhen wegen des dort wachsenden Zedernwaldes in der mythischen Poesie als Gottesgarten galten.

Die Botschaft dieser Bildwelten ist offenkundig: Dieser König, für den die wichtigste Aufgabe seines Amtes darin besteht, die Armen und Schwachen zu retten und ihnen Anteil an der Fülle des Lebens zu geben, verwandelt die Welt zu einem wahren Lebenshaus. Er macht die Welt zur Schöpfung Gottes.

Die Herrschaft dieses Königs ist „Schöpfungsherrschaft". Er verteidigt die vom Schöpfergott gewollte Lebensordnung und stellt sie wieder her, wo sie gestört ist. Wer das Erste Testament kennt, den werden die Bilder von Psalm 72 an einen Abschnitt aus dem Jesajabuch erinnern, den die christliche Liturgie der Adventszeit verwendet, um auf die Botschaft von der Geburt Jesu vorzubereiten. Es ist das 11. Kapitel des Jesajabuchs, das den aus der Wurzel Isais hervorsprossenden neuen König ebenfalls als Mittler der Gerechtigkeit zeichnet, mit der Folge eines kosmischen Friedens, wo der Wolf nicht mehr das Lamm frisst und der Löwe friedlich mit dem Kalb lagert. Sogar die Schlange und der Säugling spielen hier vergnügt miteinander. Das alles klingt wie der Traum einer anderen Welt. Es sind einerseits wunderschöne Bilder. Aber diese beanspruchen andererseits, von einer *Realität* zu reden, die in dieser unserer Welt Wirklichkeit werden soll und kann. Diese Bilder behaupten: Wo Gerechtigkeit und Barmherzigkeit geschieht, *wird* die Welt verwandelt.

Psalm 72 (und ähnlich Jesaja 11) legt noch eines drauf: In seiner Mitte, in V 8–11, stellt der Psalm sich vor, dass die Herrschaft eines solchen Königs auch die politische Weltlandschaft verändern wird. Dieser König wird zum Oberkönig aller Könige der Erde. Sie sind fasziniert von diesem „König der Gerechtigkeit“ und so kommen sie alle von Tarschisch und von den Inseln, das heißt vom äußersten Westen der Erde, und von Scheba und Saba, das heißt von Äthiopien und Arabien, also vom äußersten Osten der damaligen Welt, um ihm mit Geschenken zu huldigen und sich von seiner Regierungsweisheit inspirieren zu lassen. Sogar die Wüstenherrscher und die von allen gefürchteten Anführer der Kamelnomadenmilizen ordnen sich dem Regiment dieses Königs unter. Der Psalmtext spielt hier auf andere biblische Texte an, was wir hier nicht näher erläutern können. Zum Verständnis wichtig sind zwei Beobachtungen. Die Erste ist: Die Könige der Völker kommen freiwillig, sie suchen die Gemeinschaft mit diesem König und wollen bei der weltweiten Umsetzung seines Programms mitwirken. Die Zweite ist: Der Psalm spielt auf die Abrahamüberlieferungen an, sowohl in V 8 als auch in V 17 am Schluss des Psalms. Hier wird der König mit der dem Abraham in Gen 12,1–3 gegebenen Verheißung in Verbindung gebracht, wonach Abraham nicht nur für seine Nachkommen, sondern für alle Sippen und Völker der Erde zum Segensmittler werden soll. Da Gen 12,1–3 das erste Gotteswort in der Geschichte Israels ist, erhält die Vision von Ps 72 durch diese Anspielung eine besondere Pointe: Ein König, der nach dem in Ps 72 entworfenen „Programm“ wirkt, steht im Dienst der mit Abraham begonnenen Geschichte Gottes mit Israel, die Israel und die Völker so zusammenführen soll, dass die Welt zum Königreich Gottes wird, in dem die Fülle des Heils sowohl im Bereich der Gesellschaft als auch im Bereich der Natur gegeben ist.

Spätestens zur Zeit Jesu wurde der Psalm von vielen als Bittgebet um eine Einzelgestalt verstanden, die als endzeitlicher König Israel aus der Fremdherrschaft befreien und ein weltumfassendes Reich der Gerechtigkeit und des

Friedens errichten würde. Diesem endzeitlichen Retter Israels gab man den Titel Maschiach, der in der gräzisierten Form Messias lautet. Maschiach bedeutet der Gesalbte und konnte ursprünglich jeden König bezeichnen. Seit dem ersten Jahrhundert v. Chr. bezeichnet Messias jene zukünftige Herrschergestalt, die endgültig das umfassende Heil bringt – zunächst *für Israel*, aber dann auch Frieden mit den Weltvölkern und vor allem in einer Welt, die der Schöpfungsordnung Gottes entspricht. Diesen endzeitlichen Messias, so hoffte und betete man, muss Gott selbst schicken und Gott allein wird ihm die Kraft zu seinem singulären Auftrag geben.

Im Licht von Psalm 72 können *Christen* die Sendung und das Wirken Jesu tiefer verstehen. Sie können das Eintreten Jesu für Recht und Gerechtigkeit sowie seine barmherzige Zuwendung zu den Armen und Notleidenden als Erfüllung der Bitte von Psalm 72 verstehen. Sogar die weltweite Vermittlung der Gottesgerechtigkeit durch Jesus lässt sich im Licht des Psalms als Wirken Gottes begreifen, zumal das Matthäus-Evangelium in seiner Erzählung über die Huldigung und die Gaben der drei Weisen („Könige") aus dem Osten vor dem „neugeborenen König der Juden" (Mt 2,2) unseren Psalm aufnimmt.

Aber, so fragen *Juden* bei solcher christlichen Lektüre des Psalms: Und was ist mit der im Psalm verheißenen Verwandlung der Welt? Ist die Welt seit und durch Jesus wirklich zu einer Welt Gottes geworden? Und vor allem: Hat der Messiasglaube der Christen *den Juden* jenen Frieden gebracht, der doch zentral zur Botschaft des Psalms gehört? Wie können Juden, so fragen sie, den Messias der Christen als ihren Heilbringer begreifen, wo doch die Christen im Namen dieses Jesus über Jahrhunderte hinweg den Juden so viel Unrecht und Leid zugefügt haben?

Schon diese wenigen Andeutungen lassen erkennen: Es

gibt offensichtlich Grundentscheidungen, die zu der einen oder zu der anderen Leseweise der Bibel führen. Das betont ja auch das 2001 unter den Federführung des damaligen Kardinals Joseph Ratzinger veröffentlichte Dokument der Päpstlichen Bibelkommission „Das jüdische Volk und seine Heilige Schrift in der christlichen Bibel“, wo es heißt: „Wir Christen können und müssen zugeben, dass die jüdische Lesung der Bibel eine mögliche Leseweise darstellt, die sich organisch aus der jüdischen Heiligen Schrift der Zeit des Zweiten Tempels ergibt, in Analogie zur christlichen Leseweise, die sich parallel entwickelte. Jede dieser beiden Leseweisen bleibt der jeweiligen Glaubenssicht treu, deren Frucht und Ausdruck sie ist. So ist die eine nicht auf die andere rückführbar.“[5] Aus dieser lehramtlichen Position ergibt sich unweigerlich die Feststellung: Das verweigerte Ja Israels zu Jesus von Nazaret kann von Christen als Treue der Juden zu ihrer ureigenen Tradition verstanden werden. Es kann für uns Christen sogar heilsam sein, das Nein der Juden zu Jesus als ihrem Messias in Ehrfurcht zu respektieren, um dabei die Tiefendimensionen unseres Christusbekenntnisses besser zu erfassen.

Juden und Christen haben im Horizont der ihnen gemeinsamen Bibel zwar eine gemeinsame messianische Imprägnierung, aber doch ein deutlich unterschiedliches Verständnis von Messianismus und von Erlösung. Der jüdische Religionshistoriker und Philosoph Gershom Scholem hat die Unterschiede so beschrieben: „Das Judentum hat, in allen seinen Formen und Gestaltungen, stets an einem Begriff von Erlösung festgehalten, der sie als einen Vorgang auffasste, welcher sich in der Öffentlichkeit vollzieht, auf dem Schauplatz der Geschichte und im Medium der Gemeinschaft, kurz, der sich entscheidend in der Welt des Sichtbaren vollzieht und ohne solche Erscheinung im Sichtbaren nicht gedacht werden kann. Demgegenüber steht im Christentum eine Auffassung, welche die Erlösung als einen Vorgang im ›geistlichen‹ Bereich und im Unsichtbaren ergreift, der sich in der Seele, in der Welt jedes Einzelnen, abspielt, und der eine geheime Verwandlung bewirkt, der nichts Äußeres in der Welt entsprechen muss."[6] Auch wenn man darauf hinweisen kann, dass das Christentum in seiner langen Geschichte, vor allem in der Geschichte der christlichen Orden, eine starke weltgestaltende und heilende Kraft war und bis heute ist, gerade in der Nachfolge Jesu, so bleibt doch die jüdische Rückfrage nach der Erlösung der Welt und dem Frieden für Israel als ein Proprium des Messias im Sinne der *urjüdischen* Tradition bestehen.

Eine kleine chassidische Geschichte kann die Rückfrage verdeutlichen und zugleich das jüdische Nein zur Messianität Jesu verständlich machen. Die Geschichte lautet so:

„Zur Zeit, da Rabbi Menachem im Lande Israel war, ereignete es sich, dass ein törichter Mann, ohne bemerkt zu werden, den Ölberg bestieg und vom Gipfel aus in die Schofarposaune stieß. Im aufgeschreckten Volk sprang die Kunde um, dies sei das Schofarblasen, das den Messias und die Erlösung verkündigt. Als das Gerücht zu den Ohren Rabbi Menachems kam, öffnete er das Fenster, sah in die Welt hinaus und sprach: ‚Da ist keine Erneuerung'".[7]

Diese Geschichte kann die Christen daran erinnern, dass ihr Messias Jesus sie in seinem „Hauptgebet" nicht zum Lobpreis darüber auffordert, dass das Reich Gottes schon da ist, sondern dass er sie beten lehrt: Vater unser im Himmel, dein Reich komme! Jesus ist eben nach gesamtbiblischem Zeugnis nicht nur Erfüllung, sondern zugleich Bekräftigung von Verheißungen, die erst noch erfüllt werden müssen. Auch die Christen warten, wie die Juden, noch auf die Verwandlung der Welt und die Vollendung der Geschichte. Diese messianische Hoffnung trennt und verbindet Juden und Christen zugleich.

4. Dennoch: Juden und Christen in messianischer Weggenossenschaft

Wegen ihres Neins zu Jesus als ihrem Messias wurden die Juden von den Christen jahrhundertelang verachtet, verfolgt und umgebracht. Die christliche Theologie und die lehramtliche Verkündigung erklärten, wegen dieses Neins habe Gott sein Volk verstoßen und den Bund mit ihm aufgehoben. Gott habe die Juden enterbt. An ihre Stelle sei die Kirche getreten als das Gottesvolk des neuen Bundes. Wer als Jude zum ewigen Heil gelangen wolle, müsse dem Judentum abschwören, sich taufen lassen und sich öffentlich zu Jesus Christus als dem Messias und Sohn Gottes bekennen.

Nicht zuletzt im Erschrecken über die mit dieser theologischen Verurteilung des Judentums verbundene Schuldgeschichte der Kirche, aber auch in der Erkenntnis, dass diese christliche Position dem Zeugnis der Heiligen Schrift, sowohl des Alten wie des Neuen Testaments, widersprach, haben die christlichen Kirchen in den letzten 50 Jahren ihre Sicht des Judentums und ihr Verhältnis zu den Juden revidiert. Die neue Sicht betrifft insbesondere zwei Punkte.[8]

1. Altes wie Neues Testament, jüdische wie christliche Theologie lassen keinen Zweifel zu, dass Gott die Zusage seiner Treue, und das heißt: sich selbst, nicht widerruft. Das gilt in gleicher Weise für Juden und für Christen. Seinem Volk Israel schenkt Gott die Tora, nach der es im ungekündigten und unkündbaren Bund leben und das Heil finden kann. Weil Israel im Gottesbund lebt, lebt es in der Gemeinschaft mit Gott und muss nicht wie die Heidenvölker zum wahren Gott bekehrt werden. Wir Christen müssen begreifen und akzeptieren, was der jüdische Bibelübersetzer und Philosoph Franz Rosenzweig 1913 in einem Brief geschrieben hat: „Was Christus und seine Kirche in der Welt bedeuten, darüber sind wir einig: Es kommt niemand zum Vater

denn durch ihn. Es kommt niemand zum Vater – anders aber wenn einer nicht mehr zum Vater zu kommen braucht, weil er schon bei ihm ist. Und dies ist nun der Fall des Volkes Israel (nicht des einzelnen Juden)".[9] Wir Christen glauben einerseits, dass Gott durch die Menschwerdung seines Sohnes Jesus Christus die ganze Menschheit aus Sünde und Tod erlöst. Und wir können andererseits zugestehen, dass Israel ohne das ausdrückliche Bekenntnis zu Jesus Christus auf dem Weg zum Heil ist.

2. Das Verhältnis der Kirche zum Judentum ist einzigartig und kann nicht auf andere Religionen, auch nicht auf den Islam, übertragen werden. Die unverwechselbare und unaufgebbare Beziehung des Christentums zum Judentum hat besonders Johannes Paul II. immer wieder betont. Bei seinem Besuch in der Großen Synagoge Roms im Jahr 1986, dem ersten Besuch eines Papstes in einer Synagoge, wollte Johannes Paul II., wie er selbst sagte, ein öffentliches Zeichen dafür setzen, „dass die alten Vorurteile überwunden werden und man Raum gibt für eine immer vollere Anerkennung des ‚Bandes' und jenes ‚gemeinsamen geistigen Erbes', die zwischen Juden und Christen bestehen." Seine Ansprache gipfelte in folgenden Worten: „Die jüdische Religion ist für uns nicht etwas ‚Äußerliches', sondern gehört in gewisser Weise zum ‚Inneren' unserer Religion. Zu ihr haben wir somit Beziehungen wie zu keiner anderen Religion. Ihr seid unsere *bevorzugten* Brüder und, so könnte man gewissermaßen sagen, unsere älteren Brüder."[10] Das bedeutet: Das Zeugnis der Christenheit vom göttlichen Erbarmen im Erlösungswerk Jesu Christi *und* das Zeugnis der göttlichen Treue zum Volk des niemals gekündigten Bundes ergänzen sich gegenseitig. Israel bleibt, trotz seines Nein zu Jesus, in sich selbst ein Ort in der Geschichte, wo sich die Menschenliebe Gottes aktualisiert hat und weiterhin aktualisiert.

Wie wenig Sensibilität gegenüber der Geschichte die Karfreitagsfürbitte von 2008 zeigt, wird einem bewusst, wenn man sich der eindrucksvollen Szene erinnert, in der Papst Johannes Paul II. im Jahr 2000 bei seiner Pilgerreise ins Heilige Land an der Westmauer, der so genannten Klagemauer, in Jerusalem nach jüdischem Brauch in die Mauerritzen einen Gebetszettel steckte, auf dem die Worte standen, die er zuvor im Petersdom am Ersten Fastensonntag des Heiligen Jahres 2000 selbst gesprochen hatte:

> Gott unserer Väter, du hast Abraham und seine Nachkommen auserwählt, deinen Namen zu tragen.
> Wir sind zutiefst betrübt über das Verhalten aller, die im Laufe der Geschichte deine Söhne und Töchter leiden ließen.
> Wir bitten um Vergebung und wollen uns dafür einsetzen, dass echte Brüderlichkeit herrsche mit dem Volk des Bundes.[11]

Von diesem Geist der Brüderlichkeit ist in der Karfreitagsfürbitte von Benedikt XVI. wenig bzw. nichts zu spüren. Von christlicher Demut in der Nachfolge Jesu und nach dem Vorbild der Päpste Johannes XXIII., Paul VI. und Johannes Paul II. ganz zu schweigen. Dass man dies über einen deutschen Papst sagen muss, ist besonders schmerzlich. Und dass dieser Papst sich von seinem neuen Zeremonienmeister dazu überreden lässt, die Palmsonntagsliturgie 2008, also den Einzug des demütigen und armen Messias Jesus in Jerusalem, im roten Damast des Medici-Papstes Leo X. (1513–1521) zu feiern, insinuiert in der Tat ein anderes Geschichtsbewusstsein.

Anmerkungen

1 J. Oesterreicher, *Kommentierende Einleitung zur Erklärung über das Verhältnis der Kirche zu den nichtchristlichen Religionen*, in: LThK ²1967, Das Zweite Vatikanische Konzil II, 474.

2 Vgl. dazu E. Zenger, *Nostra aetate. Der notwendige Streit um die Aner-*

kennung des Judentums in der katholischen Kirche, in G.B. Ginzel/G. Fessler (Hg.). *Die Kirchen und die Juden. Versuch einer Bilanz*, Gerlingen 1997, 49–81.

3 Die Motive von 1570 „nimm hinweg den Schleier von ihren Herzen" und „Verblendung jenes Volkes" sind 2008 transformiert in die Formulierung „erleuchte ihre Herzen". Die Formulierungen von 1570 „damit sie das Licht deiner Wahrheit, welches Christus ist, erkennen und ihrer Finsternis entrissen werden" bzw. „auf dass auch sie unseren Herrn Jesus Christus erkennen" ist transformiert in die Formulierung „damit sie Jesus Christus erkennen den/als den Heiland/Retter aller Menschen". In rhetorischer Hinsicht ist diese „Kurzfassung" eine diplomatische „Meisterleistung", die offensichtlich die Traditionalisten besänftigen will. Das Ganze erinnert stark an die Auseinandersetzungen beim Zweiten Vatikanum (s.o. Anm. 2).

4 Vgl. E. Zenger, *„So betete David für seinen Sohn Salomo und für den König Messias". Überlegungen zur holistischen und kanonischen Lektüre des 72. Psalms*, in: JBTh 8, 1993, 57–72.

5 Päpstliche Bibelkommission, *Das jüdische Volk und seine Heilige Schrift in der christlichen Bibel* (Verlautbarungen des Apostolischen Stuhls 152). Bonn 2001, 44; vgl. auch ebd. 43f: „So darf man nicht sagen, der Jude sähe nicht, was in den Texten angekündigt worden sei."

6 G. Scholem, *Zum Verständnis den messianischen Idee im Judentum*, in: ders., *Über einige Grundbegriffe des Judentums*, Frankfurt 1970, 121.

7 Vgl. M. Buber, *Die Erzählungen der Chassidim*, Zürich 1949, 298.

8 Vgl. die Erklärung des Gesprächskreises „Juden und Christen" beim Zentralkomitee der deutschen Katholiken von 2005: *„Juden und Christen in Deutschland. Verantwortete Zeitgenossenschaft in einer pluralen Gesellschaft"*, besonders 17–22.

9 F. Rosenzweig, *Die Schrift. Aufsätze, Übertragungen und Briefe*, Frankfurt o.J., 217.

10 R. Rendtorff/H.H. Henrix (Hg.), *Die Kirchen und das Judentum. Dokumente von 1945–1985*, Paderborn/München [2]1989, 109.

11 Vgl. H.H. Henrix/W. Kraus (Hg.), *Die Kirchen und das Judentum. Dokumente von 1986–2000*, 161.

Die Autoren

Rabbiner Henry G. Brandt, Landesrabbiner em. von Westfalen-Lippe, Jüdischer Präsident des Deutschen Koordinierungsrats der Gesellschaften für christlich-jüdische Zusammenarbeit und Vorsitzender der Allgemeinen Rabbinerkonferenz in Deutschland.*

Johannes Brosseder, Professor em. für Systematische (und Ökumenische) Theologie in Bonn und Köln; 1996–2000 Präsident der Europäischen Gesellschaft für Ökumenische Forschung Societas Oecumenica.

Micha Brumlik, Professor für Allgemeine Erziehungswissenschaft an der Johann Wolfgang Goethe Universität. Langjähriger jüdischer Vorsitzender der „Arbeitsgemeinschaft Christen und Juden" beim DEKT.

Elias H. Füllenbach OP, wissenschaftlicher Mitarbeiter am Institut für Kirchengeschichte der Universität Bonn, Vorstandsmitglied der Gesellschaft für Christlich-Jüdische Zusammenarbeit in Düsseldorf.

Albert Gerhards, Professor für Liturgiewissenschaft an der Katholisch-Theologischen Fakultät Bonn.

Günther B. Ginzel, Publizist. Zahlreiche Veröffentlichungen zum christlich-jüdischen Gespräch und zur jüdischen Geschichte und Gegenwart in Deutschland. U. a. „Die Bergpredigt: Christlich-Jüdisches Glaubensdokument"; „Auschwitz als Herausforderung für Juden und Christen". Jüdischer Vorsitzender der „Arbeitsgemeinschaft Christen und Juden" beim DEKT.

Hanspeter Heinz, Professor em. für Pastoraltheologie an der Universität Augsburg; Leiter des Gesprächskreises „Juden und Christen“ beim ZdK.*

Hans Hermann Henrix, Akademiedirektor a. D., Mitglied der Unterkomission der Deutschen Bischofskonferenz für die religiösen Beziehungen um Judentum und Konsultor der Vatikanischen Komission für die religösen Beziehungen zu den Juden.*

Rabbiner Walter Homolka, Honorarprofessor der Philosophischen Fakultät und Rektor des Abraham Geiger Kollegs an der Universität Potsdam. Mitglied des Vorstands der World Union for Progressive Judaism und Chairman der Leo Baeck Foundation.*

Nathan Kalmanowicz, Kultusdezernent und Mitglied des Präsidiums des Zentralrats der Juden in Deutschland, Mitglied des Vorstandes der Israelitischen Kultusgemeinde von München und Oberbayern.*

John T. Pawlikowski OSM, Professor für Sozialethik an der Catholic Theological Union in Chicago und Direktor des katholisch-jüdischen Studiengrogramms dort. Er ist Präsident des International Council of Christians and Jews (ICCJ).

Heinz-Günther Schöttler, Professor für Pastoraltheologie an der Katholisch-Theologischen Fakultät der Universität Regensburg.*

Rabbiner Jonah Sievers, Gemeinderabbiner in Braunschweig und geschäftsführendes Vorstandsmitglied der Allgemeinen Rabbinerkonferenz Deutschlands.*

Rabbiner Michael A. Signer, Abrams-Professor of Jewish Thought and Culture an der Theologischen Fakultät der Universität Notre Dame (Indiana, USA) und Direktor des Notre

Dame Holocaust Project. Er ist Vorsitzender der Kommission für Interreligiöse Angelegenheiten der Union for Reform Judaism in Nordamerika.*

Knut Wenzel, Professor für Fundamentaltheologie und Dogmatik an der Johann Wolfgang Goethe Universität Frankfurt am Main.

Josef Wohlmuth, Prof. em. für Dogmatik an der Katholisch-Theologischen Fakultät der Universität Bonn, Leiter der Bischöflichen Studienförderung Cusanuswerk.*

Erich Zenger, Professor em. für Exegese des Alten Testaments an der Universität Münster, Berater in der Unterkommission der Deutschen Bischofskonferenz für die religiösen Beziehung zu den Juden.*

* Mitglied im Gesprächskreis Juden und Christen beim Zentralkomitee der deutschen Katholiken.